ゼロから分かる！

図解 落語入門

文 稲田和浩
（大衆芸能脚本家）

はじめに

落語知識ゼロからでも大丈夫！
落語は老若男女、
誰もが気軽に楽しめる
エンタテインメントです。

落語は誰が聞いてもおもしろい、わかりやすい芸能です。
笑うところがあるから、飽きずに聞くことができます。
人情の機微、なんていうとちょっと古臭いですが、
昔から変わらない、親子の絆、
他人へのちょっとした思いやりなんかが描かれています。
落語の世界には、ざんねんな与太郎とか、間抜けな泥棒とか、
今の社会ではダメな人とされる人たちも出てきます。
そんな人たちが、生き生きとし、おもしろいことを振りまいてくれる。
そして、どことなく共感する。
気楽で楽しい、噺《はなし》を聞いて、
笑うことができる時間を持つことは、
幸福なことだと思いませんか。

落語の魅力・おもしろさってどこにあるの？

伝承芸だから磨かれて、おもしろい噺だけが残っている！

落語は江戸時代後期の人たちが体験したり創造した、おもしろおかしい話が原点です。それが、いろいろな落語家が口演して練られて洗練され、また時代に合わせて改作されて、よりおもしろい落語になっていきました。

座布団1枚の世界。道具立てはなく、シンプルゆえに想像力は無限！

基本的には、落語の小道具は扇子と手ぬぐいだけ。座っている落語家のしゃべりだけで物語を綴《つづ》っていきます。あらゆる芸能の中で、一番シンプルな芸です。お客さんの想像力で物語が膨らんでいくのも落語の魅力です。

エンタテインメントの中ではリーズナブル！

一人の語り芸なので、演劇みたいに装置や照明にお金がかかることもありません。いたってシンプルゆえ、寄席は2000～3000円、二ツ目の会だと500円～。料金がリーズナブルなので、気楽にふらっと、寄席や近所の地域寄席なんかに出かけてみるのもおすすめです。

落語は毎日のように聞ける！

寄席はほぼ毎日営業していますし、都内および近郊では月に１０００本くらい落語会が開催されています。ＣＤやＤＶＤも売っています。「落語が聞きたい」と思えば、いつでも聞くことができます。

続々と作られている新作落語で同時代を体感！

江戸や明治の話ばかりが落語ではありません。現代をモチーフにした新作落語も次々に作られています。サラリーマンや学生、時には宇宙人までもが出てくる物語を違和感なく聞かせるのも落語家の芸です。

二ツ目に注目！ユニットや企画も目白押し

キャリア15年未満くらいの若手落語家が活躍しています。ユニットを組んだり、新作落語に意欲的に取り組んでいたり、中にはイケメン落語家もいたりします。彼らの勉強会は低料金。将来の名人を応援してみては。

落語は一生つきあっていける芸能です。

心が寂しくなったら落語を聞くといい。
何も解決策なんか教えてくれないし、
生きる希望も与えてはくれないけれど、
とりあえず笑って数時間は過ごせる。
楽しくてしょうがない時も落語を聞くといい。
一人で笑っていたらバカみたいだから、
落語を聞いて、みんなで笑おう。
嬉しいにつけ悲しいにつけ、落語がそばにあると、
ちょっとラクになれそうな気がします。

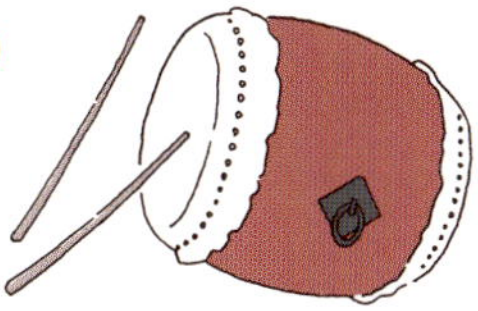

落語に興味が出てきたけれど
どうしたらいいの？

初心者はどこから聞く？

江戸時代のこと
まったくわからない！

今すぐ落語を
聞きに行きたい！

←

こんな時は
この本をぜひ活用してください！

目次

3章 落語で楽しく江戸を知る

4章 落語ライブを楽しもう！

落語を引き立てる色物さんたち

5章 落語家をめぐる世界を垣間見る

6章 落語レジェンドをひも解く

巻末Special ゼロ落流 落語おすすめデータ

※掲載している落語家の名前や階級、寄席や落語会などの情報は2018年2月時点のものです。

1章

落語家のホームグラウンド 寄席を覗いてみよう

寄席は年じゅうほとんど無休で営業しており、
落語家は連日寄席の高座に上がって芸を磨いています。
昼から夜まで、いつ入ってもいつ出ても自由な寄席は、
落語に浸りながら異空間にトリップできる場所なのです。

取材協力：新宿末廣亭

大都会の異空間
寄席に行ってみよう

新宿末廣亭にご案内〜♪

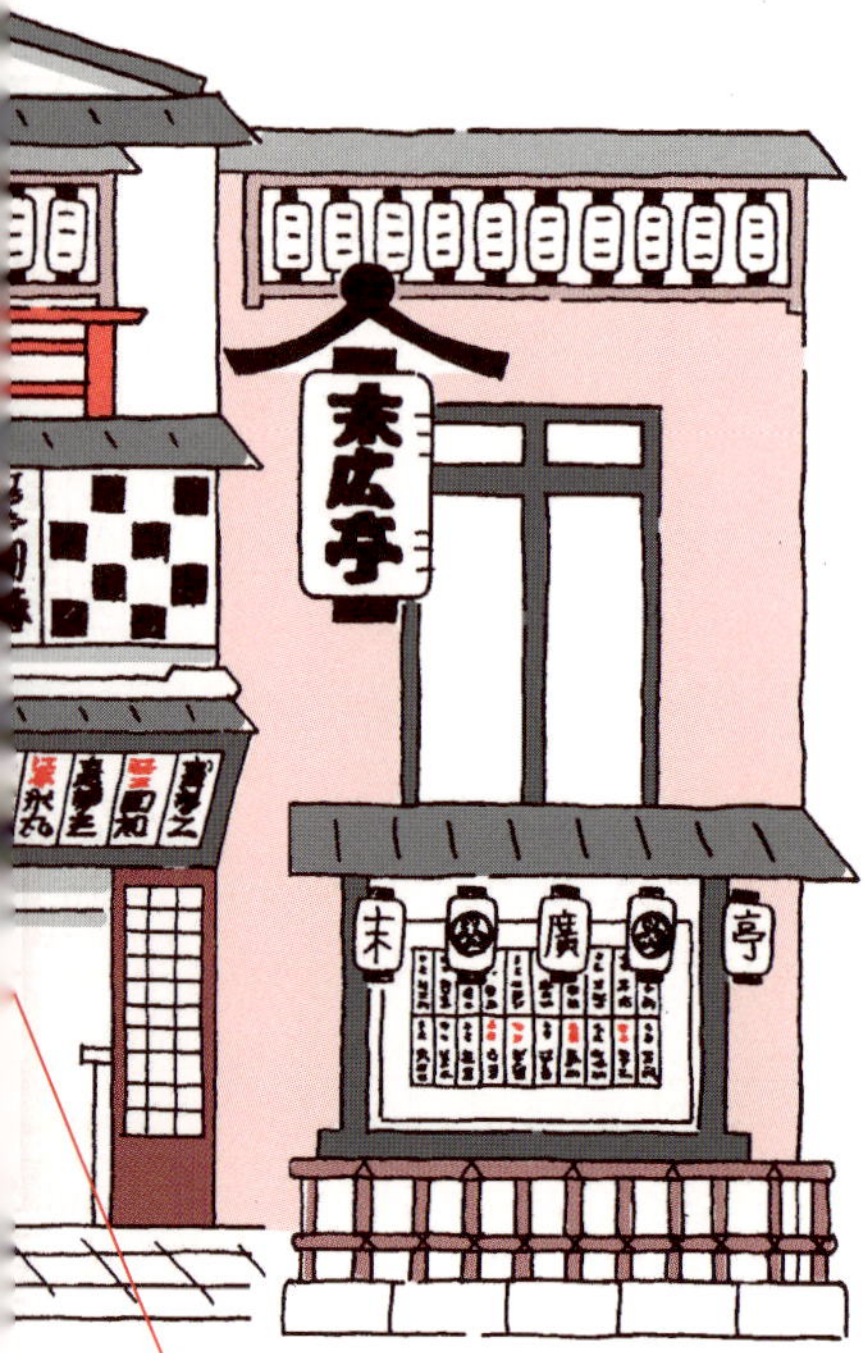

寄席《よせ》とは

落語などの演芸を公演する劇場を総称して「寄席」という。

毎日営業している寄席を「定席（じょうせき）」といい、いわゆる「寄席」というと「定席」を指す場合もある。新宿末廣亭の他、上野鈴本演芸場、浅草演芸ホール、池袋演芸場の４軒が東京の定席の寄席で、これに国立演芸場を加える場合もある。

また、横浜には横浜にぎわい座、名古屋には大須演芸場、大阪には天満天神繁昌亭がある。

STEP 1

木戸（入口）でチケットを購入

入口脇の小窓がチケット売り場。業界用語では「テケツ」という（チケットがなまった）。基本、当日券のみで一般は 3,000 円。各種割引（学生、シルバーなど）もあるので、事前に調べておいたほうがよい。

新宿3丁目、明治通りをはさんで伊勢丹の反対側、2本奥の細い道に、木造2階建て、提灯《ちょうちん》や幟旗《のぼりばた》、看板などで飾られた、昔ながらの寄席がある。「新宿末廣亭」だ。

創業は明治時代。当時は浪曲の寄席だったのが、昭和5（1930）年、現・落語芸術協会の前身の日本芸術協会が発足し、その拠点として昭和7（1932）年に落語の寄席になった。太平洋戦争で焼けた後、初代席亭《せきてい》（寄席の経営者）となる北村銀太郎が自力で建てたのが、今の建物である。戦後すぐ、できた当時の末廣亭に行ったことがあるという落語研究家の山本進氏は「末廣亭から新宿駅が

新宿末廣亭外観図

Pick up!

おもな出演者

おもな出演者が寄席文字で書かれている

提灯

末廣亭の三つ柏紋が入っている

次の席のおもな出演者予告

次回の出演者が書かれていて、告知になっている。朱色で書かれているのは色物という落語以外の演芸

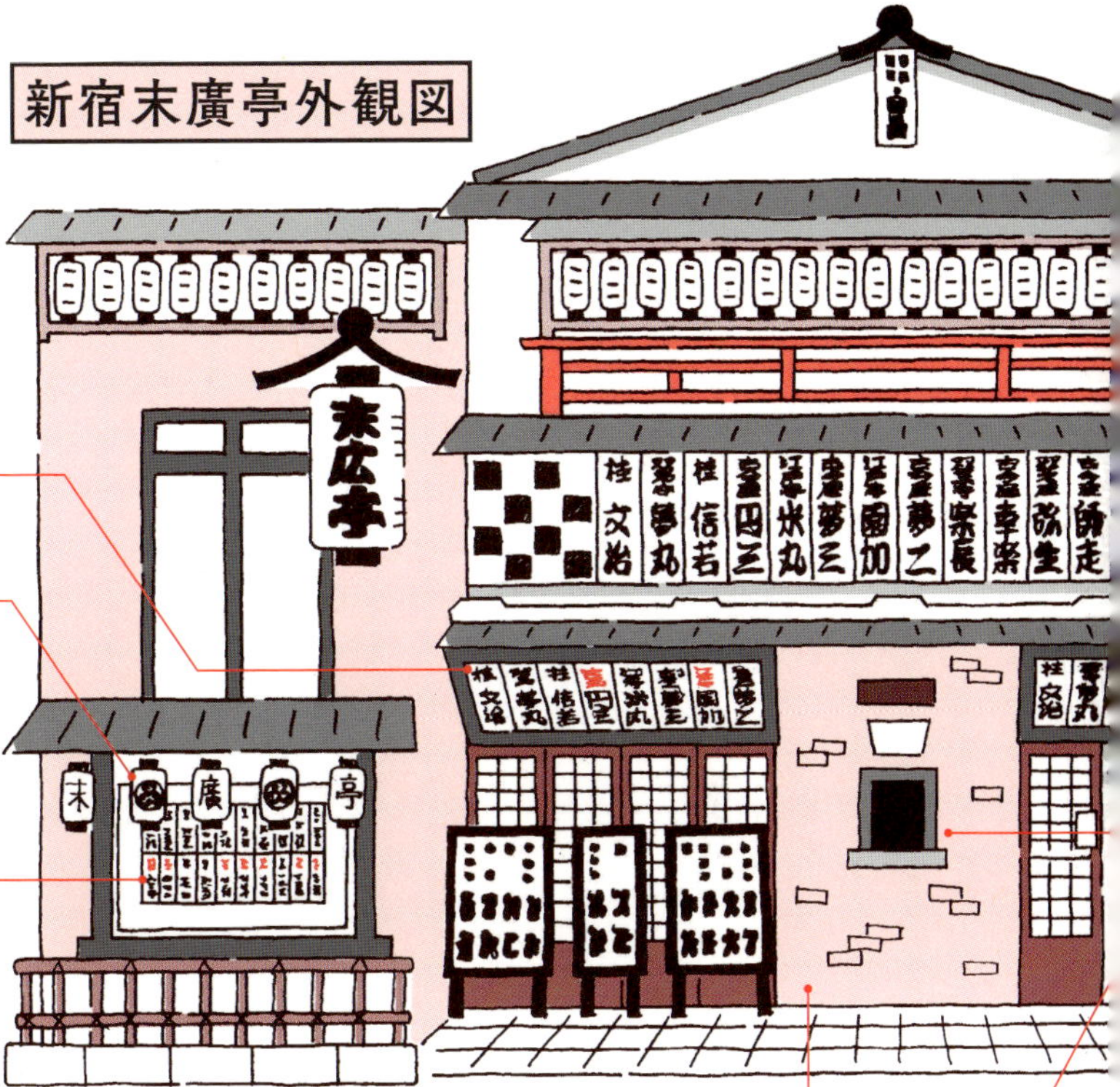

木戸の周りはタイル張り

STEP 2

入口でチケットを渡し、入場

入口でチケットを渡すと、半券とプログラムをくれる。中に入ると、席までスタッフが案内してくれる。すいていれば、前とか、後ろとか、脇の桟敷席(さじきせき)がいいなど、スタッフに伝えてもよい。

見えた」といっている。焼け野原の中、人々は笑いを求めていた。

昭和40年代はテレビの中継もあり賑わっていた。桂米丸《よねまる》、月の家《や》圓《えん》鏡《きょう》（八代目橘《たちばな》家《や》圓《えん》蔵《ぞう》）、四代目柳家小《こ》せん、五代目春《しゅん》風亭柳朝《ぷうていりゅうちょう》らが笑いを振りまいていた。今でもお正月には寄席中継が末廣亭から放送されている。

現在は落語を中心に、漫才、太神楽《だいかぐら》、紙切り、音曲、奇術などの色物が公演されている。番組は10日交代で、落語協会、落語芸術協会で組まれている。

特別公演以外は前売り券を買うことなく、当日、チケット売り場で入場券を買って入ればよい。

それでは、末廣亭を例に寄席のいろいろを紹介しよう。

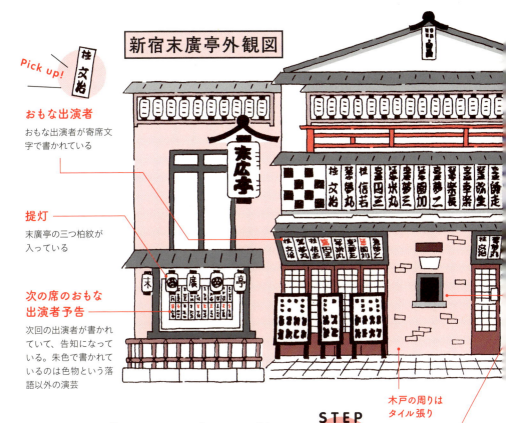

1歩入るだけで手軽にタイムスリップ

STEP 3

好きな座席に着く

基本は自由席。好きな席に座っていいが、案内のスタッフに希望の席を伝えて案内してもらう。

引き戸
桟敷席の出入りは引き戸を開けて。戸のアンティークな細工にも注目

桟敷《さじき》席に机
座布団をもらい２列に座る。前列だと、前に机がある

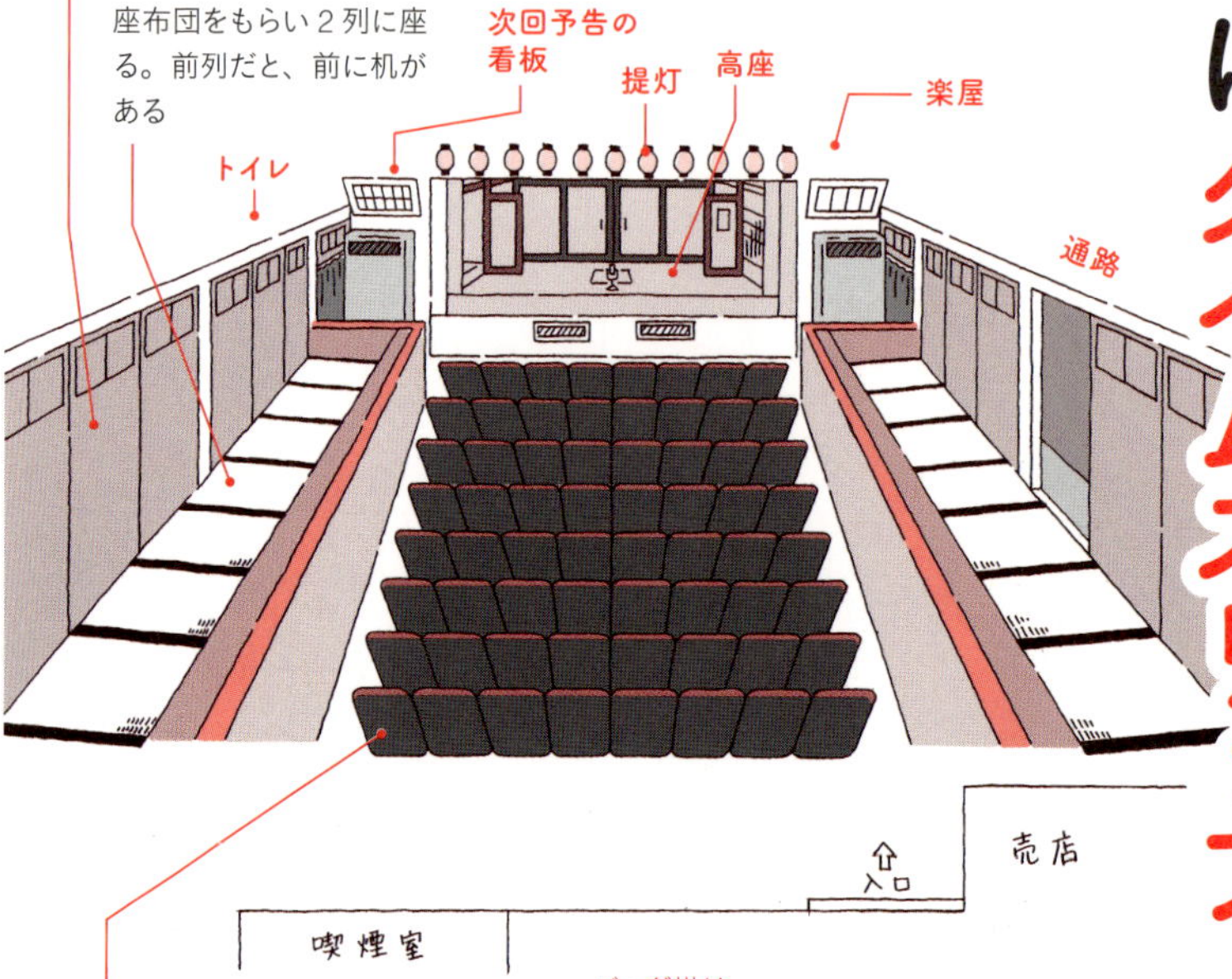

次回予告の看板
提灯
高座
楽屋
トイレ
通路
売店
入口
喫煙室

椅子席
シネコン並みにゆったり座れるから、ラクである。後方でもわりと高座に近い感じがする

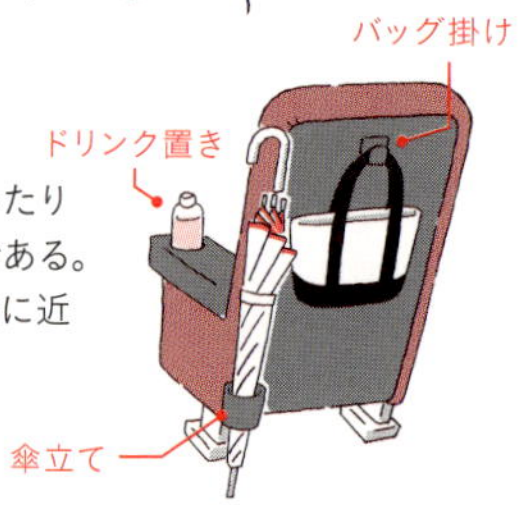

バッグ掛け
ドリンク置き
傘立て

新宿末廣亭内観図

東京の寄席の中では唯一の木造建築だ。古くから続く寄席の構造はこの末廣亭に残っている。客席は１階と２階にあり、計313席ある。

客席に入ると、正面が高座《こうざ》。真ん中に椅子席。左右に桟敷席があるのが末廣亭の特徴。

高座の上や、桟敷席の上に提灯が並んでいるのが、いかにも寄席の雰囲気をかもし出している。特に希望を言わなければ、空いている椅子席に案内される。前方だと、臨場感があるし、後方でもそんなに離れた感じもしない。劇場と違い、どこからでもよく見える。開演までに時間があれば、ぜひ内部を見回ってほしい。今では貴重な木造建築の寄席。柱や建具などの年季の入った木の光沢が古きよき昭和へと誘い、「寄席に来た！」という気持ちを盛り上げてくれる。

見やすさ抜群の桟敷席

靴を脱ぐのに抵抗があるのか、畳に座り慣れていなかったり、長時間座るのはつらいと思う人も多いせいか、敬遠される桟敷席。しかし、椅子席よりも高座の臨場感が感じられる、見やすい席でもある。

靴は靴入れに。
閉じると机になる

香盤《こうばん》

落語家を序列の順に並べたもの。末廣亭の2階席からは、志ん生、圓生などから贈られた木製の香盤が間近に見られる

大入りの時は2階席も開放！

1階席が満員になると、2階席にも入ることができる。前方が桟敷で、後方が椅子席。ただし1階席のような椅子ではなく、長椅子。高座の全体が見えておもしろい。

STEP 4

売店を覗いてみよう

こぢんまりとした売店ながら、お弁当、ドリンク、末廣亭オリジナルグッズ、落語家関連本（サイン入り）などがそろっている。ウクレレ漫談ぴろきのストラップなんてものもある。ちなみに席での飲食はOKだが（上演中は音を立てないなどマナーは守って）、飲酒は禁止されている。

グッズも充実

湯飲み
（700円）

扇子
（1,500円）

落語家の
サイン入り
の本

提灯
（1,500円）

Tシャツ
（2,000円）

食べごたえのある
おにぎり弁当（600円）
寿司弁当の時もある

※2018年1月時点の価格（末廣亭の売店で購入する場合）

末廣亭の高座は
お座敷をイメージ

高座のしくみ

普通のホールの舞台と異なり、欄間（らんま）や提灯が飾られていたり、寄席ならではの独特の雰囲気がある。檜舞台だから、漫才や奇術の立ち芸人も決して靴は履かない。

見出し
演者の名前を表示する名札が出る

額
右から左に向かって「和気満堂」と書かれている

床の間
お座敷ということで床の間もある。こういう構造が昔の寄席の雰囲気をかもし出している

ライト
舞台の下から演者を照らす

障子の窓
障子をはさみ、反対側が楽屋のお囃子席

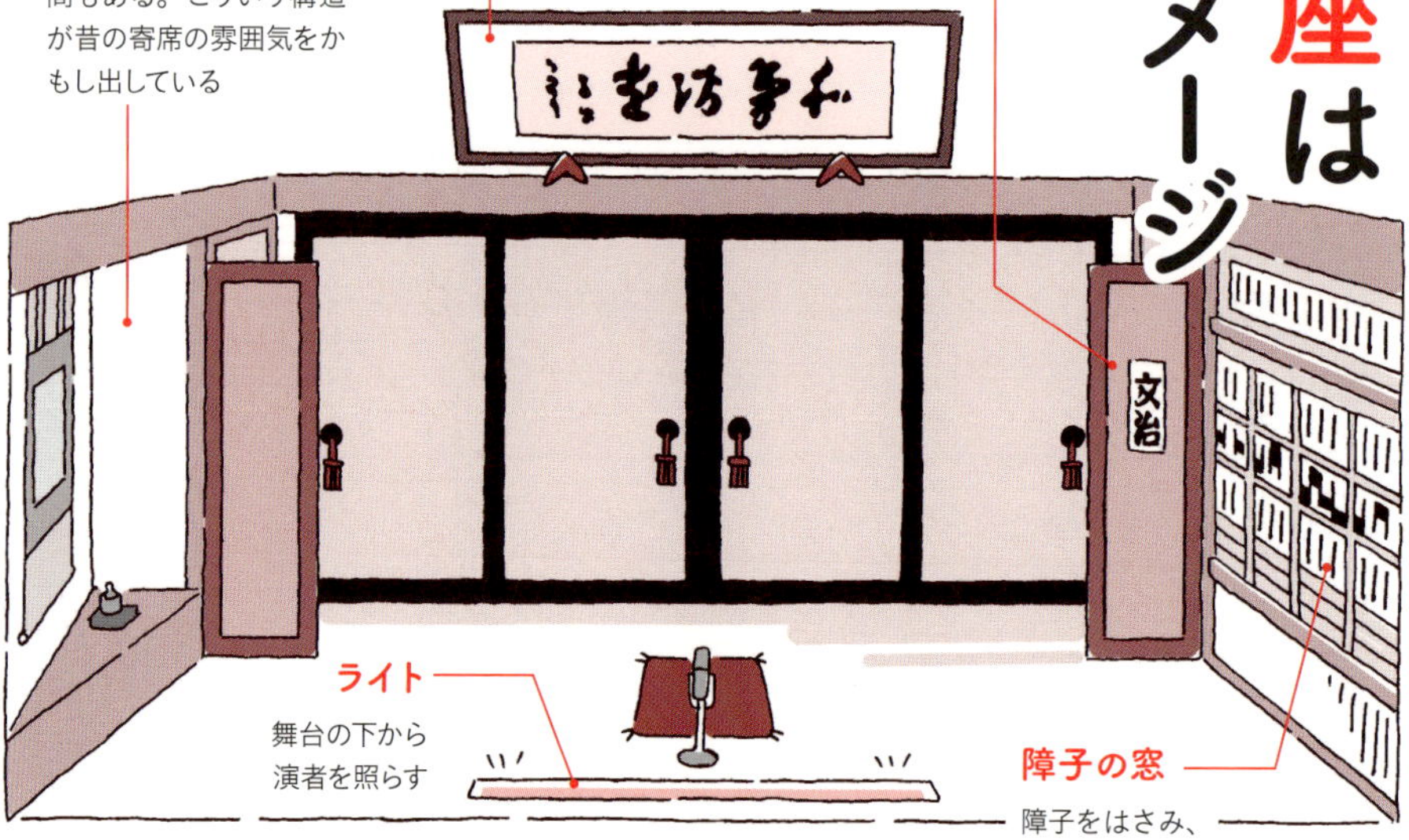

末廣亭の高座のコンセプトはお座敷である。

席に座って高座を眺めてみよう。高座は意外と狭く、出演者が出てくる衝立に小窓（見出し）があり、そこに寄席文字で書かれた名札が出る。芸人の出入りは上手（客席から見て右側）から。落語は中央の座布団に座って演じられる。漫才や奇術は座布団が片づけられて、スタンドマイクが出る。このような高座の転換は前座が行う。

芸人が登場する時は出囃子という音楽が流れる。演奏は上手の楽屋にいる、お囃子さんと呼ばれる三味線を弾く女性と太鼓担当の前座。

楽屋公開

楽屋は芸人さんたちの控え室なので、お客さんは原則入れない。しかも狭い。芸人さんの序列で座る場所も決まっている。もしも楽屋に用があって訪ねる時は、長居はせず、用を済ませたらすぐ退散しよう。

寄席太鼓
一番太鼓から追い出し太鼓まで、寄席の太鼓はこの楽屋で前座が打ち鳴らしている

お囃子席
障子に開けられた窓から、舞台を見ながらお囃子を奏でる

文机(ふづくえ)
ここで前座がその日の演目をネタ帳につける

机がわりの火鉢
年中、楽屋に鎮座する火鉢。この火鉢を囲んで、師匠たちがお茶を飲んだり将棋を指したりする。昭和の名人たちもここでくつろいだ

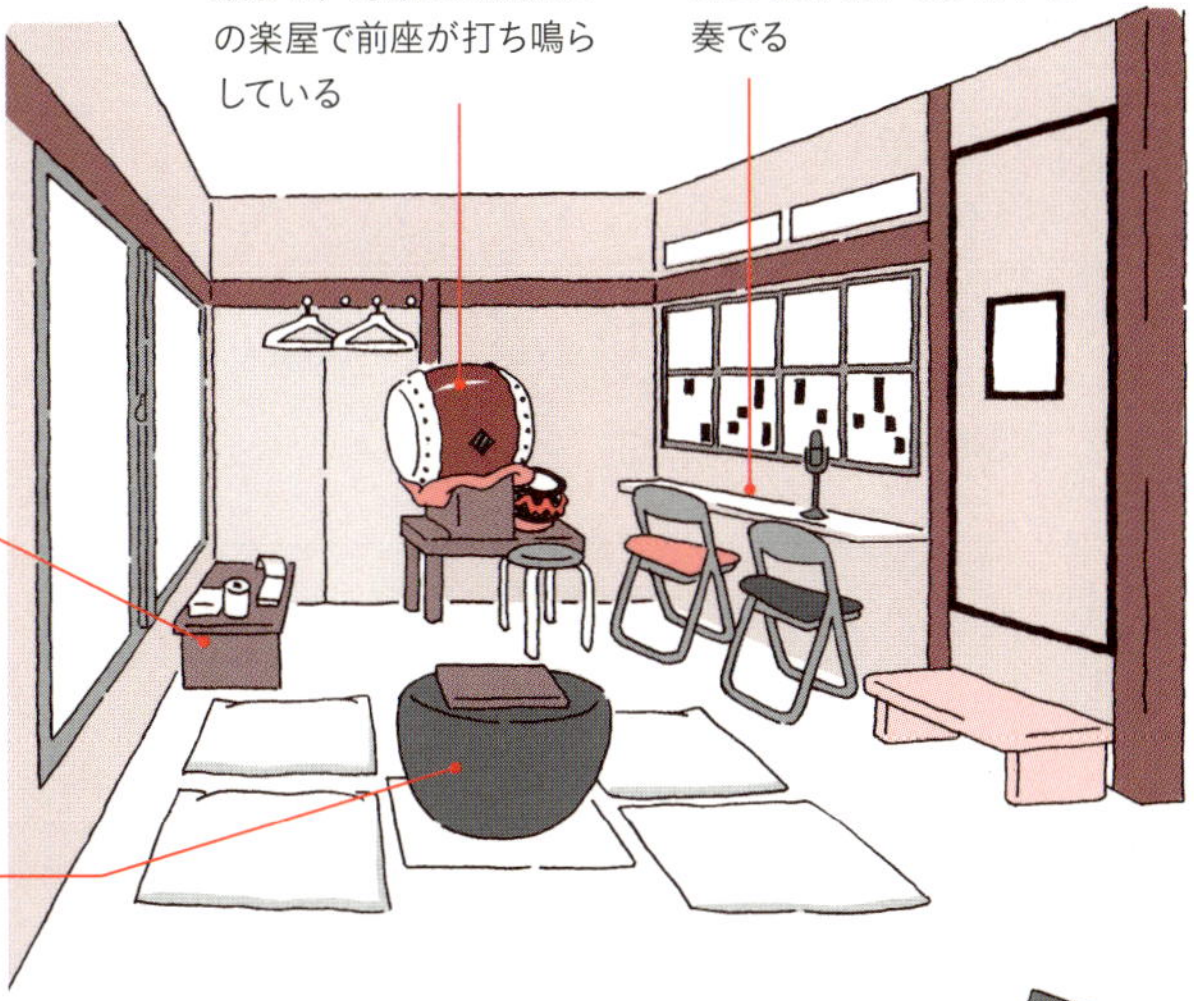

STEP 5 プログラムをチェック!

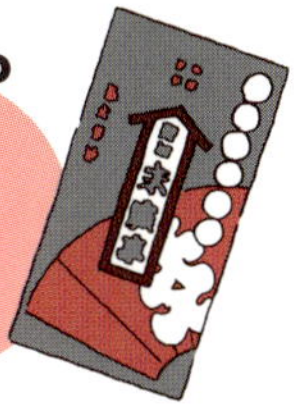

真ん中のページにその日の番組が掲載されている。誰が出るのかが一目でわかる。寄席や落語に関する読み物の他、広告も載っている。寄席の近所の飲食店のものが多い。

寄席の出演者や内容(番組)は、上席(毎月1〜10日)、中席(11〜20日)、下席(21〜30日)ごとに変わる。このプログラムは平成29年11月上席のもの

落語	曲芸	落語	落語	漫才	落語		落語	落語	漫才	落語	俗曲	落語	落語	ハッポウ工芸	落語	
桂文治	ボンボンブラザース	桂伸治	上方交替出演	東京ゆめ子	交互出演 桂春風亭柳鷹若太治	お中入り	桂米丸	江戸家まねき猫	三遊亭円遊	雷門助六	古今亭寿輔	柳家蝠丸	桧山うめ吉	柳亭芝楽	三笑亭小夢	春風亭昇羊 ハッポウくん

主任(トリ)

仲入り前 — 休憩前の前半のラストを締めくくる出番。トリの次に重要で、持ち時間も長め

色物 — 漫才、マジックなど落語家以外の芸人のこと。落語の合間の彩り

開口一番 — プログラムには書かれていないが、前座がまずは一席つとめる

平成二十九年 上席出演者 (一日より十日まで) 当る [十二時より四時三十分まで] 昼夜入替なし

昼の部

ひざがわり(ひざ) — トリの一つ前に出てくる。お客さんの気分を和らげ、トリへとつなぐ役目。寄席では色物が担当することが多い

仲入り — 休憩のこと。15〜20分ぐらい。末廣亭では「お中入り」

二ツ目 — 現在は階級の呼び名だが、もとは前座の次、2本目に高座に上がることから「二ツ目」といわれた

寄席の一日の興行は、昼の12時頃から始まる昼席と、17時頃から始まる夜席からなる。昼の部は昼席のこと

※諸事情により、出演者は当日に変更することもある。

1章 落語家のホームグラウンド 寄席を覗いてみよう

さあ、開演 にぎやかな寄席の始まり

寄席の流れ

11:30

一番太鼓

開場を告げる合図の太鼓。お客さんが来るようにと縁起を担いで、大太鼓で「ドンドンドンと来い」と叩く。二番太鼓はまもなく開演の合図で、大太鼓と締太鼓、場合によっては笛も入る。劇場の１ベル（開演５分前に鳴らすベル）に当たる

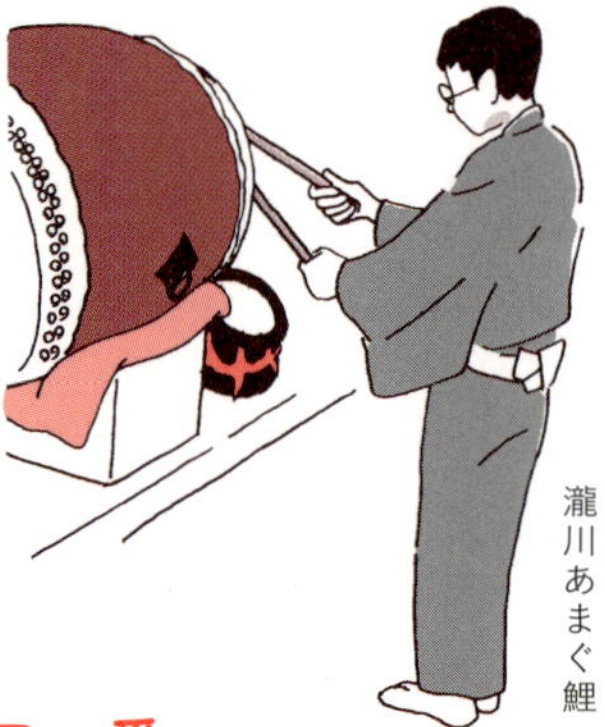

瀧川あまぐ鯉

春風亭昇りん

開口一番

前座がつとめ、いわゆる前座噺を一席演じる。前座とは入門したての若い落語家。羽織の着用も許されず、木綿か化繊の着流しである。前座はプログラムには入っていない。最近では前座が「携帯電話の電源を切るように」などの注意をすることもある

座布団を返す

次の出番のために、座布団を裏返す。縫い目のない縁を客席のほうに向けるのが鉄則（縁の切れ目がないように、とのげん担ぎ）

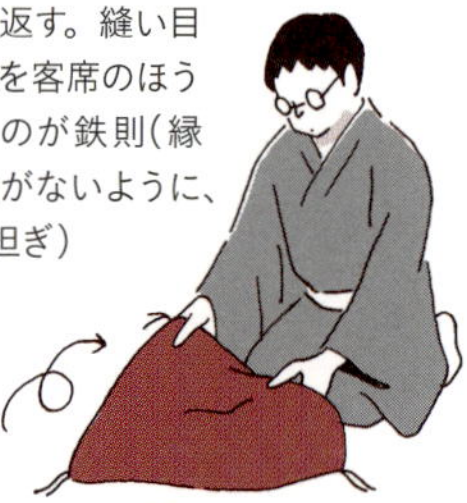

見出しを替える

次の演者の名前が書かれた名札にする

寄席は、開口一番からトリまでの全体で一つの番組となっている。トリの落語家は30分近い持ち時間、あとは平均15分くらいで番組が進む。

前座が出て、二ツ目が出て、あとは真打が出るのが流れで、3組くらい落語が続くと、漫才、太神楽などの色物が出る。

寄席は昼の部だけでも4時間半、昼夜通しで見たら9時間の長丁場。

もちろん、最初から最後まで見てもいいし、途中から入って最後まで見てもいい。途中から入って2時間くらい見て帰ってもかまわない。それぞれのお客さんの都合に合わせて楽しむことができる。

STEP 6

ひたすら楽しむ

あとは客席に座って、ただ楽しめばよい。おもしろかったら笑い、太神楽、奇術などですごい芸を見たら拍手する。おもしろくなかったら笑わなくてもいいが、隣の人とのおしゃべりはNG。

12:00

二ツ目

正式にはここからスタート。フレッシュな二ツ目が出てくる。ひょっとしたら将来名人やスターになるかもしれないので、今のうちに見ておくといい。ならないかもしれないが

12:20

真打

マクラでいろいろな話をしたり、落語もちょっと凝ったネタを聞かせてくれる。彼ももしかしたら、将来名人やスターに……

12:30

色物（音曲）

音曲が入るのも寄席の楽しみ。普段あまり耳にしない三味線の音が心地よかったりもする。寄席の音曲は、長唄や浄瑠璃よりもわかりやすい

13:30

色物（漫才）

息の合った掛け合いで爆笑をとる漫才も楽しい。他にも、奇術、紙切り、漫談、太神楽、曲独楽など、いろんな色物が登場する

14:30

仲入り前（真打）

真打の芸をたっぷり楽しもう。15分くらいできっちりまとめた古典落語をやることもあれば、新作落語、時事漫談をやる人もいる。もっと聞きたいと思ったら、ネットなどで調べて独演会に行ってみるのもいい

14:45

仲入り

仲入りとは休憩のこと。トイレに行ったり、売店でお菓子や飲み物を買ったり。煙草を吸う人は喫煙所もある。客席の後ろには、ポスターなども貼ってあるので、見て回ってもおもしろい。とにかく足腰をのばして、後半も頑張ろう

お楽しみは続く クライマックスはこれから！

STEP 7

トリに向けて徐々にテンションを上げる

トリの真打を目当てに来るお客さんも多いので、自然と盛り上がっていく。トリは時間もたっぷりあるので、充実した落語を聞くことができる。

桂鷹治

15:00

くいつき（真打）

仲入り後は「くいつき」といって、若手か色物が出る場合が多い。仲入りで買ったお菓子を食べているお客さんもいるので、ざわついた雰囲気を高座に戻す重要な役目である

ボンボンブラザース

15:30

ひざがわり（太神楽）

トリの前は「ひざがわり」。色物が出る。太神楽などの見せる芸が多い

桂文治

15:55

主任（トリ）

いよいよ主任、トリの真打登場。どんなネタが出るか、今日一番のお楽しみだ

16:30

トリが終わると「追い出しの太鼓」が鳴る。大太鼓と、前座の「ありがとーございまーす」の声に送られて、楽しい寄席から外の世界に戻ろう

後半は、真打でも、ベテランや若手でも実力派が出ることが多い。落語家がその場の雰囲気を読んで、笑わせる噺、聞かせる噺など硬軟使い分けていろいろな落語を聞かせてくれる。それができる落語家でないと、つとまらないのだ。

色物も太神楽などの見せる芸が出ることが多い。トリの落語家を盛り上げるために番組構成されているのだ。

いよいよトリの登場となる。時間はおよそ30分、たっぷりあるので、人情噺をじっくりやることもあれば、爆笑ネタの時もある。トリの落語家を目当てに来るお客さんも多いので、一番盛り上がる時間である。

寄席ってこんなに素晴らしい!

お中入り後はさらに安くなる

末廣亭の場合、夜の部は時間によって割引料金のシステムがある。通常興行の場合だが、18時を過ぎると2,500円、19時を過ぎると1,500円になる。トリの落語家を聞きたくて行くには、かなりお得なシステムである。会社帰りにちょっと寄席に寄ってみるのもおすすめ。

余《よ》一《いち》会《かい》では特別興行が楽しめる

年に7回ある31日は「余一会」といって特別興行が組まれる。独演会、二人会、三人会や、一門会、企画公演が行われることも多い。寄席の雰囲気を味わいながら、名人や人気者の芸をじっくり堪能できる、滅多にない機会が余一会なのである。末廣亭では12月を除く31日と12月29日に余一会　が開かれる。

1年通していろいろな興行がある

正月興行は「初席」といって、とにかく豪華メンバーが大勢顔見世で出演する。ゴールデンウィークは人気者がトリをつとめることが多い。他にも、真打披露や襲名披露は口上があり賑やか。夏は怪談噺や、トリの落語家がネタ出しをすることもある。いろいろな興行があるのも寄席の楽しみだ。

365日ほとんど休みなし!

寄席のすごいところは、1年を通してほとんど休みのないこと。元日から「初席」もあり、賑やかな番組が組まれている。10日ずつ交互に、落語協会、落語芸術協会で番組が組まれ、31日は余一会(余った一日の会)で、特別番組になる。笑いたいと思ったら、いつでも寄席は待っている。

昼・夜、通しで見続けられる

末廣亭の場合、昼の部と夜の部に分かれているが、特別興行以外は、続けて見ることができる。つまり最大9時間、寄席の客席にいることができる。たとえば、昼の部の後半から、夜の部の前半まで見る、などということも。観客の都合で、好きな時間に見てもよいのが寄席だ。

たくさんの芸人が見られる

末廣亭では、だいたい30～35組くらいの落語家や色物が出演する。持ち時間は15～20分程度だが、とにかくたくさんの芸人を見ることができるので、気に入った芸人を見つけやすい。寄席は芸の博覧会ともいえる。

まだまだ知りたい
寄席に関するQ&A

Q　一番古い寄席はどこ？

A　建物が古いのは戦後すぐに建てられた新宿末廣亭。寄席の歴史でいえば上野鈴本演芸場であり、江戸時代の安政4（1857）年に講釈場として始まった軍談席本牧亭が、明治になり落語の寄席の鈴本亭になったという経緯があります。

Q　寄席の番組や出演者はどうやって決まるの？

A　落語協会、落語芸術協会と席亭の会議で決まります。

Q　寄席は何時から行けばいいの？

A　開演時間は決まっていますが、都合のいい時間に行って大丈夫です。好きな時間に出ていいのが寄席のいいところです。ただし、土日祝日や、人気者が出ている時は混雑も予想されるので、早めに行ったほうがいい場合もあります。

Q　お弁当はいつ食べるのがいい？

A　お腹が空いたら食べてください。ただし、寄席は新宿や上野、浅草、池袋など、盛り場にあるので、終わってからご飯を食べたりお酒を飲んだりするお店がまわりにたくさんあります。終わってからさっき聞いた落語を肴にお酒を飲むのも寄席の楽しみの一つです。お酒が飲めなくても、新宿なら追分だんご本舗で甘味を食べるとか、浅草なら昼の部が終わって急げば、洋食屋「ヨシカミ」のランチは17時までやっています。

Q　寄席はなんで落語家以外の芸人さんも出るの？

A　落語ばかりではお客さんが飽きてしまうので、時々、太神楽や手品のような見せる芸を入れているのでしょう。江戸時代から、落語の間に音曲が出たりすることはありました。

　本格的に色物が出るようになったのは、関西の影響でしょう。明治の中頃、関西では素噺中心の桂派に対抗した三友派が中国手品や俄《にわか》（漫才の祖）を高座に上げていました。大正から昭和にかけては、吉本興業が漫才や安来節《やすぎぶし》やショウに力を入れ始めました。大正の頃の東西交流で、色物芸が東京に来て、定着していったのでしょう。

Q 寄席はなぜ毎日営業しているの？

A 近所にも定休日なしで営業しているお店は、あると思います。土日はお客さんがたくさん来るから休めませんし、何曜日定休日としても、その日が休日の人もいるので、お客さんのことを考えて毎日営業しているのです。

Q 落語立川流と五代目円楽一門会が寄席に出ることはある？

A 平成29（２０１７）年に、三遊亭円楽が落語芸術協会の客員になりました。新宿末廣亭の余一会の特別興行では、落語立川流、五代目円楽一門会がゲストで出ることはあります。

Q 席亭になるにはどうしたらいい？

A 今、東京にある4軒の定席寄席は家族経営なので、寄席の娘や息子を口説いて婿《むこ》や嫁になるしか方法はありません。（国立演芸場は独立行政法人日本芸術文化振興会が運営しています。）地域寄席の席亭なら、すぐになれます。会場とお客さんを確保すれば自分の好きな落語家を呼べばいいだけです。

Q 東京以外に寄席はあるの？

A 横浜にぎわい座、名古屋に大須演芸場、大阪に上方落語協会の天満天神繁昌亭があります。

Q 深夜寄席、早朝寄席って何？

A 土曜日の寄席の通常公演が終わったあとに「深夜寄席」（新宿末廣亭）、日曜日の開演前に「早朝寄席」（上野鈴本演芸場）が行われています。基本、二ツ目の勉強会で、寄席は場所を提供するだけで、二ツ目たちが自主運営している会。寄席が減った昭和50年代に、若手の勉強の場として始まりました。

Q 人形町末廣の思い出話をよく聞きますが、どんな寄席だったのでしょうか？

A 客席は畳、定員は３００人。高座の高さは約三尺で、大変見やすい寄席でした。間口が二間半から三間ぐらい。ジョウゴ型といって奥のほうがちょっと狭くて、高座の前面のほうがちょっと広くて、高座に床の間がありました。木戸銭は１００円くらい。冷暖房はなく「火鉢を売る」といって小さな火鉢を貸していました。みんな寒いから、外套を着たまま座っていたのです。夏はまた暑い。都電の走る音が聞こえる……。昭和45（１９７０）年に閉館しました。

【Column】

落語家の看板
寄席文字に親しむ

　寄席の看板やめくり（高座で演者の名前が書かれている紙）は独特な書体の文字で書かれていて、雰囲気を作り出している。

「寄席文字」という書体で、昭和40（1965）年、八代目桂文楽のすすめで、落語家だった柳家右近が寄席文字の専門家となり、橘右近を名乗り、橘流の家元となった。以後、寄席の看板は「橘流寄席文字」で書かれるようになり、歌舞伎の「勘《かん》亭《てい》流《りゅう》」、相撲の「根岸流」とともに伝統芸能の書体として親しまれている。

　寄席文字の原点は江戸時代に大坂から伝わった「ビラ字」に始まる。当時は手習いの教本になっていた「お家流」で書かれた、特に特徴のない書体だった。

　寄席が流行った江戸後期、天保の頃に紺屋の栄次郎が勘亭流に提灯屋の文字を混ぜた独自の書体を編み出し、ビラを作った。それを床屋などに貼ったのが評判を呼び、栄次郎のビラ字が親しまれるようになった。ビラ字は幕末にさらに発展、明治にはビラ清、ビラ辰などというビラ字の専門家が現れた。しかし戦後、寄席も減り、ビラ字の専門家も減っていった。そんな中で、落語家だった右近が時々ビラ字でポスターなどを書いていた。

　ビラ字の基本は、太い字で右肩上がり。余白を少なく書くのは、余白が空席を意味するから。基本をもとに、昔のビラ字の読みづらいものを今風に直したり、右近が時代に合った文字として創作し、「寄席文字」が誕生した。橘流は寄席やいろいろな落語会の看板、めくりを書く他、一般に教室を開講するなどもして、寄席文字の普及にもつとめた。

　平成7（1995）年に右近は没したが、弟子、孫弟子が都内の寄席の看板やめくりを書き、寄席文字の伝統を現代につないでいる。

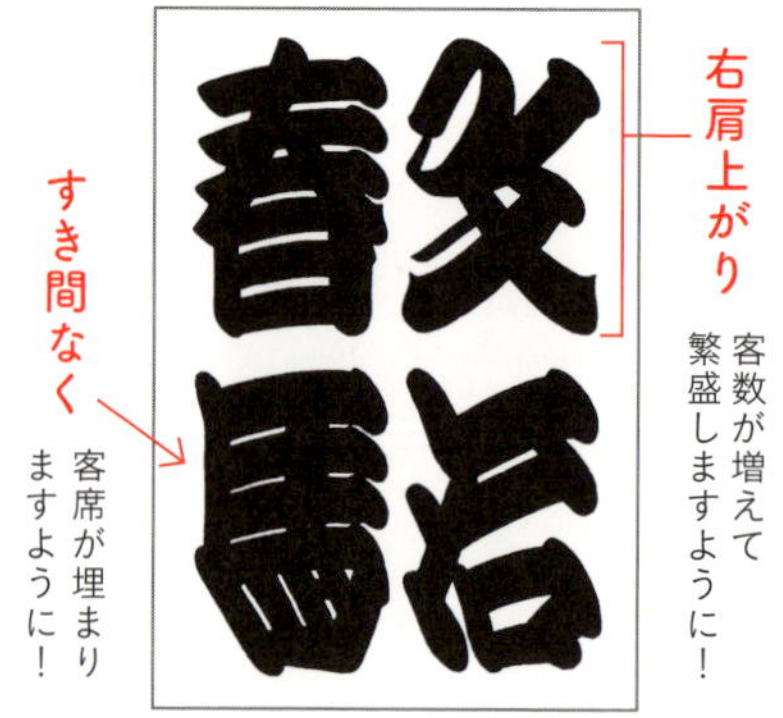

右肩上がり
客数が増えて繁盛しますように！
すき間なく
客席が埋まりますように！

※参考文献『寄席文字字典』橘右近 グラフィック社

2章

落語を知ろう

聞けばわかる落語だけれど、
成り立ちなどの基礎知識や、
噺のバリエーションを知ることで、理解が深まります。
落語の自由さ、何事も笑いにしてしまうしたたかさに
感心してしまうことでしょう。

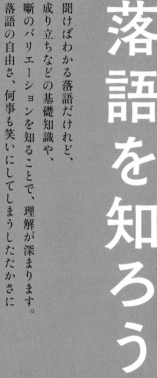

そもそも落語ってどういうもの？

落語の構成

① Hop!
マクラ
落語に入る前に、軽いトークをしたり本編にちなんだ小噺を語る。ここで、客席を温めたり、客席の様子をうかがったりする。

↓

② Step!
本編
落語は 10 分以内のものから、1 時間を超える大ネタまである。何回かに分けて演じる連続ものもある。出番により持ち時間が変わるので、それによってネタの長さも変化する。

↓

③ Jump!
落ち（サゲ）
噺の最後に持ってくる結びの言葉。もしくは終わり方、エンディング。いくつものパターンがあり、笑えるもの、感心するもの、拍子抜けするものなどさまざま。

「落ち」を聞かせる噺

「落語」と書いて「らくご」と読まれるようになったのは明治時代からのこと。その前は「落とし噺」といわれていた。「落とし噺」というのだから、「落ち」が重要で、落語が発生した頃は、「落ち」を聞かせる噺だった。

しかし、時代の流れで落語が練られ、ストーリーが語られるようになり、登場人物の言葉や行動、人情の機微などが落語のおもしろさに変わっていく。落語が単に「落ち」を聞かせるだけのものではなく、「落ち」は落語の終わりを告げるものに変貌し、それほど重要なものではなくなっていく。

落語という言葉ができる以前は、一般的に「落とし噺」「滑稽噺」、総じて「噺」といわれた。また、滑稽を主題としない、物語を聞かせる人情噺もあった。幕末から明治の初めは、人情噺が人気で主流となり、人情噺を語れなければトリがとれない、真打になれない時代もあった。

新作落語

大正期以降に新しく作られた噺

「新作落語」という言葉は昔からあり、明治38（1905）年の「落語研究会」でも新作落語の創作が目的の一つに挙げられている。

古典落語偏重の時代もあったが、時代に応じた新作は今日でも求められている。

落語家の創作が多いが、落語作家（演芸作家）に委嘱する場合もあったり、落語家が何人かのブレーンと共同作業で作る作品もある。

最近では古典、新作のボーダーがあまりなくなり、落語家の半分以上はなんらかの新作を演じている。

設定	現代を描くものや、未来、異次元の話もある。もちろん、江戸の世界を描く新作があってもいい
作者	落語家自身の創作が多いが、落語作家（演芸作家）も何人かいる
噺の数	次々に作られるので、数の把握は不可能
長さ	古典に準じる長さで作られるが、ショートショートのような短いものや、連作の長編もある

古典落語

江戸中期から明治にかけて成立した噺

江戸、明治に作られ、師匠から弟子に受け継がれてきた落語。それぞれの時代の落語家により練られ、洗練されていったので、名作が多い。

物語の多くは江戸が舞台で、長屋や商家、あるいは吉原などが描かれるものが多い。中には明治期の東京が描かれるものもあるが、江戸っ子的な登場人物に大きな変化はない。

「古典落語」という言葉は戦前からあったが、浸透したのは戦後で、評論家の安藤鶴夫氏が使い、広まった。

設定	長屋や商家など、江戸庶民の暮らしが多く描かれる
作者	**「花見の仇討ち」**の滝亭鯉丈のようにわかっているものもあるが、ほとんどはわかっていない
噺の数	今日演じられているのは200〜300席くらいだろうか。寄席に限るともっと少ない
長さ	寄席では15〜20分。トリが演じる30分くらいのネタも多い

江戸時代の平和な時に生まれた芸能

落語は江戸時代という、外圧もなく、内乱もあまり起こらない、平和が300年近く続いた時代の、100年目（元禄の頃）、200年目（文化・文政の頃）に、江戸や大坂、京という都市で、町人たちの中から起こり確立していった。平和な時代だからこそ、笑いが娯楽として求められ、笑って過ごす呑気な時間が庶民生活の中に浸透していった。

そういう背景がある落語は、「悪人が出てこない芸能」「人を不幸にしない芸能」といえるかもしれない。泥棒は出てくるが、間抜けな泥棒ばかり。あるいは、やむにやまれず犯罪に手を染めてしまう心の弱い人。男を騙す遊女は、聞き手である男性客にとっては、かわいい女でもある。

落語の登場人物で不幸になる人はいない。死ぬ人はいるが、人間はどうせいつかは死ぬ。女に振られる男は不幸ではない。妄想でも、わずかの間は幸福だった。そして、落語を聞いて笑っている人は、その時、幸せな時間を過ごしているのだ。

古典落語の種類 ジャンル分けすると

古典落語には、

滑稽噺 と 人情噺 がある

噺の終わりに落ちがある

一般的にイメージする落語。軽率で言葉達者な江戸っ子や、間抜けな与太郎、能天気な若旦那らが活躍する。そうした人物たちのユニークな言動や人情の機微、たとえば、やせ我慢や、片思いの恋愛、ちょっとした勘違い、自慢話、失敗、親子の情などがおかしみになる。

破天荒な人物が暴れるものや、伏線を張り、それが後半炸裂するものもあり、結末として落ちがある。

◆ おもな演目

「天災」「三方一両損」「道具屋」「かぼちゃ屋」「湯屋番」「紙屑屋」「強情灸」「酢豆腐」「粗忽(そこつ)**長屋」「蛙茶番」「船徳」「初天神」「子別れ」「野ざらし」「片棒」「子ほめ」「短命」**

ストーリーがある

人情噺は本来は圓朝作品のような長編のことをいったが、今日では心温まる内容の物語を聞かせる落語をいう。**「芝浜」**のような夫婦愛、**「井戸の茶碗」**のような清廉な人が報われるという落語もある一方、**「黄金餅」**のような悪いヤツが成功することで、人間の業、欲望や虚栄心など本来の姿を描くというものもある。

「落ち」はあるものとないものがあるが、あってもとってつけたような地口(洒落:しゃれ)のものが多い。

物語を語る、人物を描くという意味では、怪談噺なども、人情噺に位置する。

◆ おもな演目

「芝浜」「子別れ」「柳田格之進」「唐茄子屋政談」「ねずみ穴」「火事息子」「紺屋高尾」「黄金餅」「牡丹灯籠」「真景累ヶ淵(しんけいかさねがふち)**」「江島屋騒動」「もう半分」「死神」「お富与三郎」「塩原多助一代記」「鰍沢**(かじかざわ)**」「徂徠豆腐」**

古典落語の演目で大ネタといわれるものがある。真打が演じる噺で、時間も30分以上あり、寄席ならトリでしか演じることはできない。骨格のしっかりしたストーリーがあって、内容もおもしろく深みがある。「**明烏**《あけがらす》」「**居残り佐平次**」「**富久**《とみきゅう》」「**死神**」「**三軒長屋**」「**らくだ**」などがある。

人情噺というのは、本来は寄席のトリが連続で演じた長編もののことをいった。「**塩原多助一代記**」など三遊亭圓朝《えんちょう》作のものや、「**お富**《とみ》**与**《よ》**三郎**《さぶろう》」「**島**《しま》**鵆**《ちどり》**沖**《おき》**津**《つ》**白浪**《しらなみ》」など。

だが、今日では、しみじみと聞かせる落語を総じて人情噺という。「**紺屋**《こうや》**高尾**《たかお》」「**ねずみ穴**」「**柳田**《やなぎだ》**格**《かく》**之**《の》**進**《しん》」「**芝浜**」など。「**徂徠**《そらい》**豆腐**《どうふ》」「**陸奥**《むつ》**間違**《まちが》**い**」など滑稽な講談のネタを落語風にさらにおもしろく聞かせるものもあったりする。

寄席では何人も落語家が出るので、同じ日に類似した落語が出ないよう工夫がされている。楽屋にネタ帳というものがあり、それを見て落語家が自分の演じる落語を判断する習わしになっている。

季節で分ける

落語は季節感を楽しむところから、新春は**「かつぎ屋」「初天神」**、春は**「長屋の花見」**、夏は**「船徳」「鰻のたいこ」**、秋は**「目黒のさんま」**、冬は**「二番煎じ」「うどん屋」**、暮れは**「掛取り」「尻餅」**などがよく演じられる。寄席は季節を先取りするので、**「長屋の花見」**などは２月頃からよく掛けられている。

音曲もの

落語の中に三味線や鳴物の伴奏による唄が入る**「豊竹屋」「包丁」「稽古屋」「紙屑屋」**などがある。歌舞伎や音曲が一般的な時代には大いに受けたのだろうが、芸を聞かせるという意味で、今日でも十分に通用するネタである。

地語りもの

だいたいの落語はストーリーを会話でつなぐが、中には「地語り」という、落語家自身のナレーションで語っていく地噺もある。**「源平盛衰記」「お血脈**（けちみゃく）**」「大師の杵**（きね）**」**など、歴史物語が多いが、落語家が独自のセンスで話を膨らませておもしろく語ってゆくこともできる。

舞台で分ける

長屋、廓（くるわ）、お店（たな）など、住んでいたり、働いたりしている場所、旅先などで分けられている。

なりわいで分ける

商人、職人、花魁（おいらん）、たいこもち、泥棒など。泥棒も職業かどうかということはさておき、落語には間抜けな泥棒が出てきて、失敗して捕まったり、ひどい目に遭うものがいくつかある。花魁は、だましたりだまされたりという男女の駆け引きを描くものが多い。

人物で分ける

与太郎は落語の登場人物の中でも大立者。与太郎が主人公というだけで、落語の一つのジャンルにもなっている。他にも、八つぁん、熊さん、大家さん、隠居、おかみさんなど、落語にはキャラクターの濃い人物が多彩に登場する。

前座噺

10～15分で笑いの要素が多く、前座がやってもそこそこおもしろく聞くことができるネタには、**「寿限無**（じゅげむ）**」「たらちね」「金明竹**（きんめいちく）**」**などの言い立てがある口ならしのネタや、二人の人物の会話で進める落語の基本形の**「道灌**（どうかん）**」「子ほめ」**などや、**「道具屋」「牛ほめ」**などの与太郎もの、エチュード的な**「八九升**（はっくしょう）**」**などがある。寄席などでは、真打が前座噺を巧みに演じることもある。

落ち（サゲ）もいろいろあるけれど……

昔から一般的に、地口落ち、考え落ち、見立て落ちなど、落ちを分類されていたが、これには、筆者はあまり意味を見いだせない。

あえて、落ちを分類するなら、二つだ。落ちを目的に落語が構成されているものと、落語のストーリーとはあまり関係なく落ちがついているもの。

物語の流れから「落ち」までの導線がしっかりとできていて、納得する落ちがあるともっとも落語らしい。**「試し酒」「お直し」「文違い」「茶の湯」**など。

一方、ストーリーをきっちり聞かせて、最後にとってつけたような落ちがあるものもある。**「ねずみ穴」「たらちね」**などだが、それも物語が落語的でおもしろければ構わないと思う。

上方落語は江戸落語とどう違う？

上方落語の高座

見台が置かれ、小拍子で叩いて場面転換を表現したりする。鳴り物も入り、陽気な落語が多い。衣装も派手な色紋付が多い。見台を用いない場合もある。

見台《けんだい》
昔は講談のように本を置いて、読むために用いられた
小拍子
見台を叩き、拍子をとりながら言い立てを語ったり、場面転換を表現したりする
ひざ隠し
見台の前に置く。現代では、見台とひざ隠しの間にマイクを置く

華やか！ ハメモノ入りの噺

ハメモノとは、落語の途中で入る、三味線、太鼓の囃子（はやし）のこと。

旅の落語や、歌舞伎などを題材にした落語に入ることが多い。旅の落語では、「その道中の賑やかなこと」で陽気な囃子が入る。**「立ち切れ」**では地歌「雪」、**「親子茶屋」**では端唄「夜桜」が入る。桂あやめの新作**「営業一課の高田君」**では「ラブミーテンダー」のハメモノが入る。

現代では、言葉の違いと、出てくる地名の違いくらいで、上方落語と江戸落語のボーダレス化が進んでいる。

30年前くらいまではすみ分けがあって、東京で上方落語を聞こうと思ったら、大御所が出演するホール落語か特別な会ぐらいだった。また、関西で江戸落語を聞く機会にいたっては、ほとんどなかった。

それが今では、上方の若手の会が東京で行われているだけでなく、東京を拠点に上方落語を演じている落語家が何人かいたりする。東京の落語家が関西に呼ばれることもあるようだ。

江戸&上方落語、それぞれの特徴と違い

粋 江戸落語		上方落語 華
江戸弁	言語	関西弁
座敷などの室内芸能（1800年頃）	ルーツ	江戸落語よりも歴史が古く、大道芸能
噺を聞かせ笑いを誘う	笑いの特徴	爆笑をとる
なし	演出	ハメモノが入る噺がある
扇子と手ぬぐい	道具	扇子と手ぬぐいと小拍子
真打、二ツ目、前座	階級制度	なし

言葉遊び、嘘話、ささやかな誇張、露骨でない下ネタ、考え落ちの話、人情の機微を描いた笑いを求める。着物も粋なものを着る。扇子は小振りなものを用いる。

派手で陽気。ストーリーも奇想天外なネタが多い。鳴り物が入ったり、しぐさなども大きく、大劇場で演じるような演出も見られる。扇子は大きな舞い扇の白扇を用いる。

上方から江戸へ移植された噺

大正時代に鉄道が発達し、東西交流が行われ、出囃子やめくりなどが東京に伝わった。同時にネタも東京に移植されたものが多い。三代目柳家小さんが上方落語を積極的に江戸落語に直して演じた。**「らくだ」「かぼちゃ屋」「うどん屋」**などが有名。

大正から昭和初期には、三代目三遊亭圓馬（えんば）ら、東西で活躍した落語家もいた。江戸落語の昭和の名人の一人、八代目桂文楽は大阪生まれの三代目圓馬の薫陶を受けた。文楽を通じて、圓馬のネタや落語に対する考え方も、東京の落語に影響を与えた。

喜六と清八の絶妙コンビ

上方落語の代表的な登場人物は、喜六と清八。気の合った二人で伊勢参りなどの旅にも出かける。

ものを教えてくれたり、仕事を世話してくれたりする、江戸落語の隠居さんや大家さんに当たるのが甚兵衛。

女性では、雀のお松なんていうすごいおかみさんも出てくる。他にも、胴乱の幸助、変ちきの源助、松本留五郎など個性的な人物が活躍する。

噺のおもしろさ 1

貧乏でも生き生きと楽しそう

長屋の花見

噺の舞台：長屋、花見の景勝地
登場人物：大家さん、長屋の住人たち

大家さんが貧乏長屋の住人を花見に連れて行ってくれるというが、酒は番茶、蒲鉾は半月形に切った大根のコウコ（漬物）に、玉子焼きはたくあん。それでも花見に行けば、何かいいことがあるかもしれない、と長屋一同出かけてみたのだが。

落語の舞台でよく出てくるのが貧乏長屋。棒手振《ぼてふ》りの商人や日雇いの労働者などが住んでいる。「九尺二間《くしゃくにけん》の裏長屋」といって、広さは約10平方メートル、一間の板敷きの部屋に筵《むしろ》を敷いて暮らしていた。家賃は低額だが、それすら払えない住人もいて、中には親の代から払っていない強者もいたりする。大家さんはそんな住人も花見に連れて行ってくれるのだから親切だ。

大工などの職人や稼ぎのいい小商人たちが家族と暮らす、二間か三間の部屋がある長屋も出てくるが、彼らも生活は決してラクではない。質屋通いをしたり、年の瀬ともなれば借金取りとの攻防があったりもする。

それでも住人たちは、陽気で楽しく、いつも笑って暮らしている。江戸の長屋のバイタリティが落語にはみなぎっている。

だくだく

噺の舞台：長屋
登場人物：男、絵師、泥棒

貧乏な男が引っ越しをしたものの、新居の家具を買う銭がない。そこで知り合いの絵師に壁一面に家具の絵を描いてもらい、家具があるつもりで生活を始める。そこへ目の悪い泥棒が、大層な物持ちの家だと勘違いして入ってきた。

こんな噺も！

長屋ものの抱腹噺

長屋ではいつもいろんな事件が起こる。「**黄金**（きん）**の大黒**」では、子供たちが普請場（ふしんば）で遊んでいて、大家の子供が黄金の大黒を見つけた。大家は長屋の住人に祝いの酒肴を振る舞う。長屋はまさに共同体である。また、町内の若い衆が長屋に集まれば、酒。酒は高価でなかなか飲めないが、誰かが酒を用意すれば、皆で肴を工面する。「**寄合酒**」や「**酢豆腐**」「**うん廻し**」などは楽しい酒の噺。酒がなければ「**まんじゅうこわい**」。楽しみは皆で分かち合うのが長屋の暮らしなのだ。

浮世床《うきよどこ》

噺の舞台：町内の床屋
登場人物：町内の若い衆たち

床屋の順番待ちの座敷には、今日も町内の若い衆が集まっている。将棋を指すもの、本を読むもの、いろいろな連中がいる。皆が退屈しているので、本を読んでいる男に「読み聞かせてくれ」と言ったら、たどたどしく『太閤記』を読み始めたが……。

掛《かけ》取《と》り

噺の舞台：長屋
登場人物：夫婦、借金取りたち

大晦日の夜は借金取りとの攻防。「好きなものには心を奪われる」というから、夫婦は借金取りの趣味で追い返してしまおうと考えた。狂歌好きの大家には狂歌で、歌舞伎好きの酒屋の番頭には、役者の声色で対応し、借金取りを次々に追い返す。

あくび指南

噺の舞台：あくび指南所
登場人物：男、友達、
あくびの師匠

町内にあくびを教える「あくび指南所」ができたと聞いて、習い事の好きな男は友達を連れて出かける。師匠はただのあくびは「駄あくび」だと言い、せりふ入りの夏のあくびを教えてくれるが、粋なあくびは難しい。

落語国のアイドルといえば与《よ》太《た》郎《ろう》さん

与太郎とは？

短所

- 常識なし
- 間抜け
- のんびり屋
- 精神的に成長しない

長所

- おおらか
- 素直・正直
- 世に惑わされない
- 意表をついたギャグ
- いつまでも子供の心を持っている
- 意外と哲学的

与太郎名ぜりふ

「ろくろ首」より

叔父「お前はこれからなんで飯を食っていく」
与太郎「茶碗と箸で」
叔父「母親が泣いてるぞ」
与太郎「年増泣かせた」

「かぼちゃ屋」より

叔父「二十はハタチっていうんだ」
与太郎「三十はイタチだ」

落語の登場人物で特筆すべきは与太郎だ。単に間抜けというだけでは説明しがたい。子供がそのまま大人になったようだったり、少し悪知恵が働く与太郎もいたりする。言動が物事の本質を突く、油断のならないキャラクターでもある。

落語には与太郎口調といって、口を半開きにしながら、ゆっくりしゃべると間抜けに聞こえる演技術がある。

一人称は「あたい」。親戚は心配して**「道具屋」**や**「かぼちゃ屋」**をやらせるが長続きはしない。たいていは母親と二人暮らしで早い話がニート。女房がいる場合は、尻に敷かれて楽しそうに暮らしている。**「佃祭《つくだまつり》」「寄合酒」「酢豆腐」**などでは、貴重な脇役としても登場する。

五代目柳家小さんは与太郎でなく松公という名前で演じた。知り合いに松公という与太郎みたいな人がいたのだそうだ。

かぼちゃ屋

噺の舞台：叔父の家、長屋
登場人物：与太郎、叔父、
長屋の住人

上を見ろと言われたっけ…

二十歳になった与太郎に仕事をさせようと、叔父はかぼちゃ屋をやるように勧め、天秤棒とかぼちゃを用意する。与太郎の亡き父は八百屋だったらしい。かぼちゃを天秤棒でかついで売りに行く与太郎がどんな失敗をやらかすか。

錦の袈《け》裟《さ》

噺の舞台：長屋、与太郎の家、吉原
登場人物：与太郎、女房、和尚、
町内の若い衆、吉原の人たち

町内の若い衆が錦の褌（ふんどし）のそろいで吉原に行くことになるが、与太郎の分が足りない。吉原に行きたい与太郎は女房に錦の褌をなんとかして欲しいと懇願。女房は寺で袈裟を借りてくれば、褌にして締めてあげると言う。

牛ほめ

噺の舞台：与太郎の家、佐兵衛の家
登場人物：与太郎、父、佐兵衛（叔父）

与太郎の叔父の佐兵衛が家を新築した。そこで父が与太郎に家のほめ方を教える。叔父の家へ行く与太郎だが、家をほめる口上を覚えていられず、失敗しながらもお小遣いをゲット。叔父は牛を飼っていて、牛のほめ方も教わってきた与太郎だが。

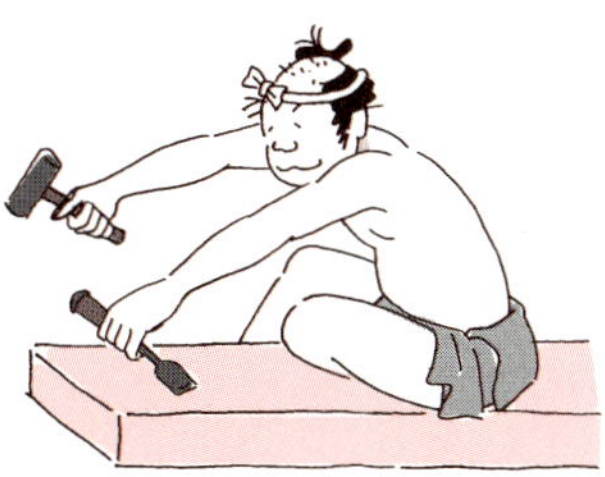

大工調べ

噺の舞台：与太郎の家、六兵衛の家
登場人物：与太郎、政五郎、六兵衛（大家）

与太郎は腕のいい大工で母親を養っていたが、たまたま仕事がなく家賃が払えなかったので、大工の大事な道具箱を大家に取られた。棟梁（とうりょう）の政五郎が怒り、威勢のいい啖呵（たんか）を切る。

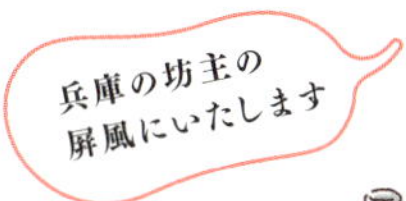
兵庫の坊主の
屏風にいたします

金《きん》明《めい》竹《ちく》

噺の舞台：道具屋
登場人物：与太郎、主人、内儀、加賀屋の使い

親戚の道具屋で働いている与太郎の話。いろいろ失敗をやらかす与太郎だが、店番をしているところに、新たな訪問者。「わて、中橋の加賀屋佐吉方から参じました」と、上方言葉で早口で、口上をまくし立てる。

噺のおもしろさ
3

尻に敷く、騙《だま》す
断然、女が強い！

品川心中

噺の舞台：品川の相模屋、親分の家
登場人物：お染、金蔵、相模屋の若い衆、親分、町内の若い衆、犬

品川の遊女、お染は金策に困り、心中で浮名を立てて死のうと思う。客の金蔵に心中を持ち掛け、金蔵が海に飛び込んだところで、「金ができた」との知らせ。お染は死ぬのをやめる。品川は遠浅で、金蔵も命拾いをしたが……。

江戸時代は男社会だと思われがちだが、今も昔も女性は強い。落語の女性は特に！　男を手玉に取る百戦錬磨の遊女もいれば、夫がいても自由に恋愛を楽しむロマンチックな内儀《ないぎ》もいる。とりわけ長屋の女房は亭主を尻に敷くのは当たり前。

長屋の男たちはといえば、怖い女房にビクビクして暮らしているかと思いきや、さにあらず。女房の指示のもと手足となって働くのを案外楽しんでいるし、女房の腰巻の洗濯を喜んでやる男も多い。

男が女を口説《くど》く方法は、強引に行くか拝み倒すか。一方、女だって男を口説いてもいい。女が男を口説く文句は、今と昔では違う。「お前さんと一緒に苦労がしたい」。この一言に男はコロリときてしまう。惚《ほ》れたと見せて惚れさせる。一番頭がいいのは、男を立てながら、うまく働かせる女だね。

熊の皮

噺の舞台：甚兵衛の家、医者の家
登場人物：甚兵衛、おみつ（女房）、医者

女房の尻に敷かれている甚兵衛。近所の医者から祝い事で赤飯をもらったので、その礼に行く。医者の家には熊の皮の敷物があり、そこに座るように言われる。熊の皮の敷物を触っていたら、甚兵衛はあることを思い出す。

鰍《かじか》沢《ざわ》

噺の舞台：雪の鰍沢、お熊の家
登場人物：新助、月の兎お熊、
伝三郎（お熊の亭主）

身延山（みのぶさん）参詣の帰路、鰍沢のあたりで雪に難渋した新助は一軒のあばら家に辿り着く。そこには妖艶な女がいたのだが、この女の正体は何者か。雪で遭難を免れた新助に新たな危難が襲いかかる。

紙入れ

噺の舞台：旦那の家
登場人物：新吉、内儀、
旦那

新吉は出入り先の内儀から「今夜は旦那が帰らないから遊びにおいで」という誘いの手紙をもらい、出向いたが、帰らないはずの旦那が帰ってきた。新吉は逃げたが、内儀からの手紙が入った紙入れを忘れてきてしまう。

こんな噺も！

けなげな女だっています

「**厩火事**（うまやかじ）」のお咲は亭主のことが好きでしょうがない。髪結いという高収入の仕事があるだけに、貢いで世話して、棄てられたくないと尽くす。それも女の真理である。
「**青菜**」「**代り目**」の女房は、亭主関白な男目線から見ればかわいい女たち。亭主を立ててコントロールしながら、自分も亭主関白ごっこを楽しんでいる。

一番強い女は年齢を経たお婆さん。怖いものなんてない。「**二人旅**」の茶店のお婆さんは半年前の煮物を客に勧めて動じない。最強だ。

宮《みや》戸《と》川《がわ》

噺の舞台：霊岸島の叔父の家
登場人物：お花、半七、九太（半七の叔父）、
叔母

お花は幼なじみの半七が好きだった。ある夜、たまたま家から閉め出された二人。半七は霊岸島（現在の茅場町の近く）の叔父の家に行くというので、お花は強引について行く。そこで二人の運命が決まる。女の子が頑張って恋の勝者になる噺。

噺のおもしろさ 4

慌て者はココロの救世主

粗《そ》忽《こつ》の使者

噺の舞台：大名の屋敷
登場人物：地武太治部衛門、田中三太夫、留っ子

大名家に使者の役目に立った地武太治部衛門（じぶたじぶえもん）は粗忽者で、使者の口上を忘れた。使者受けの役人・田中三太夫も大慌て、口上が思い出せねば治部衛門は切腹しなければならない。粗忽も命懸けである。

堀の内

噺の舞台：長屋、妙法寺、銭湯
登場人物：粗忽者、女房、金坊

昔は医学が発達していなかったので、病気はおもに神信心で治した。そそっかしいのも病気の一つと思った男が、堀の内の祖師（妙法寺の日蓮大聖人）に参詣すれば治るだろうと出かけるが、そそっかしいのの連発で、なかなか辿り着けない。

落語には「粗忽《そこつ》」という言葉が出てくる。今はほとんど死語だけれど、辞書には、「不注意なこと、軽はずみ、念のいらないこと、そそっかしい」とある。私たちの周りにも「粗忽者」は案外いたりする。

そうした粗忽者に対して周りの人は「あなたも落ち着けば一人前」と慎重な行動を取るよう注意するが、持って生まれた不注意な性格は、なかなか治るものではない。

こういう人は少し離れて見ている分にはおもしろい。落語の登場人物としてはうってつけで、次は何をやらかすか、期待で胸が膨らむ。だが、関わり合いになると迷惑このうえない。家族や仕事の仲間に粗忽者がいたら、毎日が尻拭いに明け暮れる。落語だから許される、そんなヤツらのバカバカしく楽しい世界。

粗忽の釘

噺の舞台：長屋、新居の長屋
登場人物：熊五郎、女房、長屋の住人たち

引っ越しをした熊五郎夫婦だが、熊五郎が粗忽者。長屋の壁に八寸の瓦釘を打ち込んだ。隣家に詫びに行くが、隣がどっちかもわからない。粗忽者が引っ越してきて、隣近所はおもしろがったり不安だったり。

こんな噺も！

規格外のすごいヤツ

粗忽者が集まって住んでいる「**粗忽長屋**」。身元不明の行き倒れが友人だと思い込んで、長屋に帰って当人を連れてくる。また、当人も「死んだ気がしない」と言いながら、死骸を見て自分だと確信する。突っ込みどころ満載でこれぞ落語。

上野に行く客に「北へ」と言われて津軽までひた走る人力車夫の「**反対俥**」など粗忽の暴走は止まらない。人から聞いたおもしろい話をすぐに他人に話したがって失敗する「**つる**」の男も、粗忽者。わざとじゃない。粗忽なんだ。許してね。

百《もも》川《かわ》

噺の舞台：日本橋浮世小路の料亭「百川」
登場人物：百兵衛、河岸の若い衆たち、
百川の主人、鴨池玄林（医者）

日本橋浮世小路の料亭「百川」に新しく雇われた奉公人の百兵衛は田舎者で、少しボーッとした男。河岸の若い衆に常磐津（三味線音楽）の師匠を呼んでこいと頼まれるが、名前の似た外科医の先生を呼んできてしまい大騒ぎになる。

くわいを丸ごと
飲み込むでがんすか

野ざらし

噺の舞台：長屋、大川の河原
登場人物：八五郎、尾形清十郎、釣り人たち

浪人、尾形清十郎は野ざらしの屍（しかばね）を回向（えこう）するが、その夜、屍が美女になって礼に現れた。それを聞いた八五郎は、美女が訪ねて来るなら屍でもいいと、釣り人が大勢いる河原に出かけて大騒ぎ。

早く
成仏したい……

噺のおもしろさ 5

この世にないものが大活躍

化け物使い

噺の舞台：人使いの荒い男の家
登場人物：人使いの荒い男、下男、化け物たち、狸

人使いの荒い男が化け物屋敷だと噂のある家に引っ越した。それまで仕えていた下男は、化け物が怖いと辞めてしまった。困っている男のところへ、次から次に化け物が出てくる。

落語にはこの世に存在しないものも多く登場する。民話的なほのぼのしたものでは、人間を化かす狐や狸。

幽霊が出てくる怪談噺は定番で、怖いものから陽気な幽霊、笑いを誘う間抜けな幽霊まで、いろいろ出てくる。ろくろ首、一つ目小僧などの妖怪も。それらと人間との交流が一味違うおもしろさを描き出す。

江戸時代は電気がないから夜は暗く、窓の外には果てしなく闇が広がっていた。闇の向こうには何がいるのかわからず、江戸の人たちはいろんなものを想像した。

中には奇抜なものもあったり、異界のものと恋に落ちたりする話もある。SFファンタジー的な世界も広がる。

現代だって、科学で解明できないものはいくらもある。存在しないと思っているものでも、本当にないとは限らない。

疝《せん》気《き》の虫

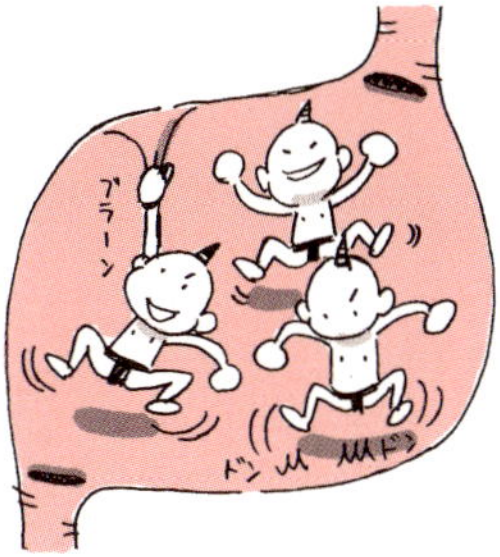

噺の舞台：医者の家、患者の家
登場人物：医者、患者、患者の女房、疝気の虫

　この世にいないものが出てくる落語の極めつけは「疝気の虫」だ。昔は原因不明の腹や腰の痛みは「疝気」と診断された。疝気の虫をつかまえた医者が、疝気の原因と、苦手なものを虫から聞き出した。患者に早速治療を試みる。

地《じ》獄《ごく》八《ばっ》景《けい》亡《もう》者《じゃ》戯《のたわむれ》

噺の舞台：地獄
登場人物：亡者たち、えんま大王、鬼 他

　あらゆる遊びに飽きた金持ちが、「ひとつ地獄にでも旅に行こうか」と、芸妓、幇間（ほうかん）などを巻き込み、河豚（ふぐ）に当たって地獄の旅に出る。陽気で賑やかな地獄道中が展開する、上方落語らしい奇想天外な噺。

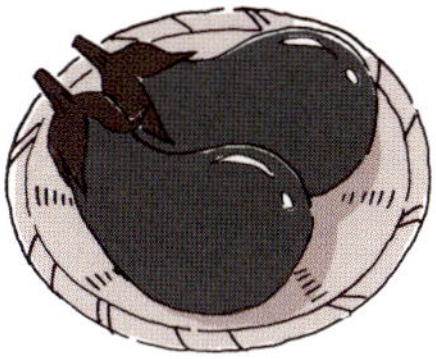

茄子娘

噺の舞台：寺
登場人物：和尚、寺男、茄子の精、茄子の娘

　寺の和尚（おしょう）がある夜、茄子の精だと名乗る女と間違いを犯してしまう。和尚は旅に出て、数年後寺に戻ると、幼い娘が一人で住んでいた。茄子は花が咲くと必ず実を結ぶ。娘は一度の過ちでできた茄子の娘だった。

死神

噺の舞台：男の家、
患者たちの家、
死神の部屋
登場人物：男、死神、
女房、患者たち、
患者の家族や奉公人たち

　金に困った男が死神と出会う。死神は助けてやると言い、死神の見える神通力を授け、死神退散の呪文を教える。男は医者になり成功するが、金に目がくらみ、退散させてはいけない死神に呪文を使ってしまう。

こんな噺も！

本格的な怪談噺

「**怪談牡丹灯籠**（ぼたんどうろう）」は三遊亭圓朝作の怪談噺。根津に住む新三郎に恋焦がれて死んだお露が幽霊になって訪ねてくる。かつては川だった今のへび道のあたりが新三郎の家で、夏の夜の蛍が飛ぶ中、お露が乳母のお米に導かれて新三郎を訪ねる姿が美しく描かれる。やがて新三郎はお露とともにあの世に旅立つのだが、実は……。幻想的なファンタジーがリアルなミステリーに、と変幻自在に綴られるのも圓朝の怪談の魅力の一つ。

大《おお》旦《だん》那《な》 vs 若旦那 男の理想はどっち？

百年目

噺の舞台：お店、向島
登場人物：治兵衛、大旦那、奉公人大勢、芸妓、幇間

丁稚（でっち）から修業して大番頭になった治兵衛が、芸妓らと向島に花見に出かけたところで、一番会ってはならない人、店の大旦那とばったり会ってしまった。翌日、クビになると思った治兵衛に、大旦那は意外な話を始める。

船徳

噺の舞台：船宿、大川
登場人物：徳さん、お客二人、船宿の主人、女将、船頭大勢

道楽で勘当された若旦那が船頭になりたいと言い出した。船頭初心者の徳さんがお客二人を乗せて大川に漕ぎ出す。「四万六千日様お暑い盛り」の一言から始まる、柳橋から浅草までの危険な船旅。

コツコツ働いて財をなした親の金を道楽で湯水のように使う若旦那、なんていうのが落語にはよく出てくる。

金なんていうものは貯めるだけではダメで、使って社会を巡ってこそ経済は活性化する。しかし、若旦那の使い方は常識を超えていて、それゆえにおもしろい。

商家は武家と違って世襲ではなく、息子であっても商才がなければ家を継ぐことはできなかったのだが、そこは落語。やはりお気楽な若旦那がいてこそのおかしさがある。

一方、大旦那は息子の多少の放蕩には目をつぶる、そんな懐の大きさを見せる。

商家は財をなして、子々孫々に残すのも重要であるが、その稼業で社会貢献をすることも大切。財よりむしろ顧客の信用をつなぐことを大切にし、結果として財を得るわけだ。

明烏《あけがらす》

噺の舞台：日向屋、吉原
登場人物：時次郎、浦里、源兵衛、多助、
時次郎の両親

堅物の若旦那・日向屋の時次郎が、町内の札付きといわれる、源兵衛と多助に連れられて吉原へ。お稲荷さんの参詣だと思っていた時次郎、そこが吉原だと知り恐怖に泣き叫ぶ。真面目な若旦那の運命やいかに!?

茶の湯

噺の舞台：根岸の隠居所
登場人物：隠居、定吉、
家作の住人、客、お百姓

根岸に隠居した男が茶の湯を始めようと思い立つ。茶の湯なんかやったことがないのに小僧の定吉の手前、知らないとは言えない。知ったかぶりの自己流茶の湯に、周りの人たちはうんざり。風流も実はそんなにラクではない。

火事息子

噺の舞台：店
登場人物：父、母、息子、番頭

火消しになりたい若旦那。親はもちろん反対する。若旦那はある日家を出て、臥煙(がえん)になった。臥煙とは定火消し配下の火消し人足のこと。荒くれ者が多く、庶民の嫌われ者。ある時、家の近くが火事になり、そこへ救世主のように臥煙姿の若旦那が現れる。

こんな噺も!

もう一つの理想・遊び人

太く短く生きるといえば博打打ち。元博打打ちの老人が、博打の空しさを若者たちに伝える**「看板のピン」**だが、老人の真意は若者には伝わらないもの。

そして、知恵と弁舌で世の中を調子よく生きるのが**「居残り佐平次」**の佐平次。居残り稼業っていうのは、憧れの仕事かもしれない。

洋の東西を問わず髪結いの亭主も男の憧れといえそうだ。女に寄生して生きる**「厩火事」**の亭主。それには男っぷりとテクニックと優しさが必要だが。

ケチと泥棒は寄席に来ないから

味噌屋の主人はケチで、奉公人に満足に食事もさせない。内儀の出産で主人は出かけるが、留守に奉公人たちが造反を起こす。主人がいないことを幸いに、店の金で、日頃食べられないごちそうを注文して食べようというのだ。

味噌蔵

噺の舞台：味噌屋
登場人物：主人、内儀、
番頭以下奉公人たち

落語のネタには、泥棒の噺とケチの噺がよく出てくる。なぜかといえば、泥棒とケチの噺だけは一切苦情が来ないからだ。「俺は泥棒だが、あんな間抜けじゃない」と苦情を言ってきたら、警察を呼べばいい。ケチに至っては、入場料を払って寄席に来ることはないので、どれだけ悪口をいおうが苦情が来る心配はない。

だから、落語に出てくる泥棒はとことん間抜けで、ケチは常識を超えた究極の「しみったれ」が登場する。

だが、間抜けな泥棒でも他人の金品を盗むのは、後ろめたい思いがあったりもする。ケチは言い換えれば倹約、物を大切にするということだ。悪いと知りつつ、いろいろな事情で泥棒をする人や、行き過ぎた倹約をケチとバカにしつつも、彼らの生き方を決して否定しないのも落語なのである。

出来《でき》心《ごころ》

噺の舞台：泥棒の親分の家、長屋
登場人物：新米の泥棒、親分、長屋の住人、大家

　新米の泥棒が親分から空き巣のやり方を教わる。留守の家で戸締りをしていない家を探して町じゅうを歩き、貧乏長屋に入るが、盗むものがない。呆れていると、その家の住人が帰ってきたので、新米の泥棒は慌てて隠れる。

夏《なつ》泥《どろ》

噺の舞台：貧乏長屋
登場人物：泥棒、裸の男

　泥棒が貧乏長屋に入る。留守だと思ったら、住人の男が全裸で寝ていた。「騒ぐと殺すぞ」と言うと、「殺してくれ」。貧乏で銭もなく何日も飯を食っていない、どうせ死ぬんだから殺してくれという。泥棒は男に同情してしまう。

締め込み

噺の舞台：長屋
登場人物：泥棒、亭主、女房

　泥棒が空き巣に入り帰ろうという時に、亭主が帰ってきた。泥棒は慌てて床下に隠れる。亭主は泥棒の荷物を見て、女房が男と駆け落ちをしようとしていると勘違い。女房が帰ってきて夫婦げんかになる。

こんな噺も！

まだある、泥棒噺

　泥棒の手口もいろいろある。土間の下を掘って穴から腕を入れて鍵をはずす「**もぐら泥**」や、芋俵の中に隠れて商家に潜入する、まるでトロイの木馬のような「**芋俵**」なんていう落語もある。

　だが、落語の泥棒はどれも間抜けだ。究極の間抜けは、泥棒に入った家の女に色仕掛けで騙されて、夫婦約束をして翌日訪ねて行くが、女は夜中のうちに引っ越してしまっているという「**転宅**」。

　落語の泥棒は決して悪人ではない。人がよくて、生き方がヘタだから、泥棒をやっているのだ。

しわいや

噺の舞台：ケチの先生の家、ケチの家など
登場人物：ケチの先生、男、その他ケチ多数

「しわいや」とはケチの別称。ケチのいろんなエピソードを集めたもの。どれほどケチかというと、「梅干は食べずにらみ、口が酸っぱくなったところで飯を食う」というほど。ある日、ある男がケチの先生のところへケチの極意を教わりに行く。先生は男に庭に出て松の木にぶら下がるように言う。これがいかなる極意なのか。

噺のおもしろさ 8

酒そこまでして飲む？だけはやめられない

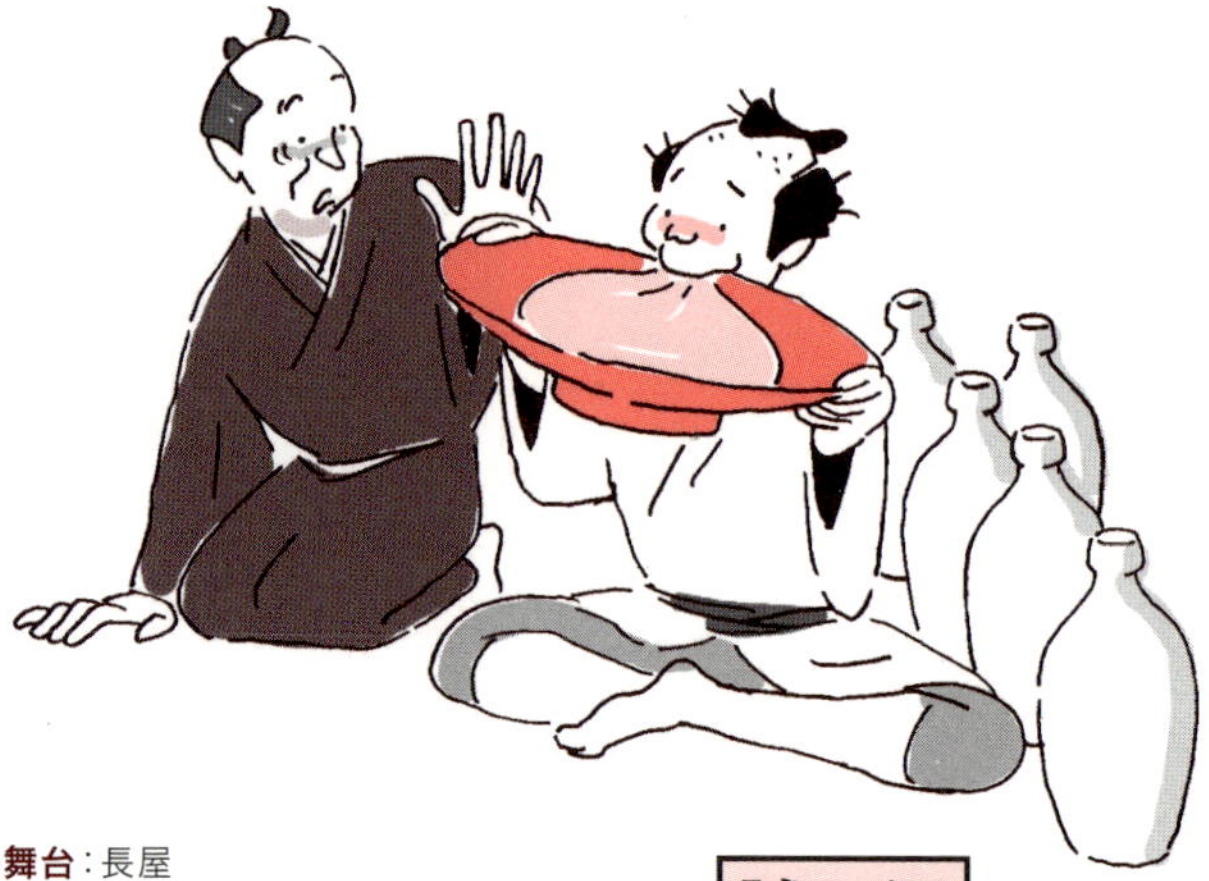

試し酒

噺の舞台：知り合いの旦那の家
登場人物：近江屋、下男の久造、近江屋の知り合いの旦那

近江屋の下男の久造は大変な酒飲み。そこで近江屋と知り合いの旦那が、久造が5升の酒が飲めるか否かで賭けをする。「5升は飲める」と言う近江屋に、久造は「5升は飲んだことがない」と言い、考えさせてほしいと席を立つ。

猫の災難

噺の舞台：長屋
登場人物：男、友達、隣家のおかみさん

男が隣の家のおかみさんから、病気の猫が食べた鯛の余った頭と尾をもらった。友達が訪ねてきて鯛の頭を見て、その鯛の頭で飲もうと酒を買いに行く。今さら、頭と尾だけで身はないとは言えない男は、ある考えを思いつく。

酒の落語も多いが、実は江戸時代、酒は高価で庶民はめったに飲むことはできなかった。晩酌をやるなんていうのは明治以降の話で、江戸の庶民が酒を飲むことができるのは祝い事かお通夜の席くらいだった。**「長屋の花見」**でわずかの酒に長屋中が大喜びするのは高価だからで、だからこそ酒が番茶だとわかった時の落胆が笑いにつながる。

酒は「百薬の長」ともいい、「命を削るカンナ」ともいう。ほどほどに飲めば薬だが、中には酔って暴れ出す酒乱もいる。「矢でも鉄砲でも持ってこい」なんて騒いでいるヤツは、遠くで見ている分にはおもしろい。

うれしい時には喜びを増幅させ、悲しい時には人の心を慰め、常に人と人とを結びつけてくれるのが酒。酒にはおもしろいドラマが満載なのだ。

禁酒番屋

噺の舞台：酒屋、番屋
登場人物：酒屋の主人、小僧たち、番屋の役人二人、近藤

ある藩で武士の飲酒と城内への酒の持ち込みが禁止され、門に酒を取り締まる禁酒番屋ができた。酒豪の武士・近藤より酒の注文を受けた酒屋の小僧たちは知恵を巡らし、番屋を潜り抜けようと試みる。

ずっこけ

噺の舞台：居酒屋、路上
登場人物：酔っ払い、友達、酒屋の小僧、酔っ払いの女房

居酒屋で小僧に絡みながら、酒を飲んで泥酔した男を、女房に頼まれた友達が迎えに来る。なんとか表に連れ出すが、泥酔していて歩くのもままならない。しょうがないから、友達が担いで帰ることになる。

親子酒

噺の舞台：家
登場人物：父、母、息子

酒好きの父と息子。父は息子が酒で失敗をするのではと心配になり、父子で禁酒の約束をする。しかし、寒い晩、息子が仕事で帰らない。一合くらいならいいだろうと、父親は酒を飲み始める。

こんな噺も！

まだある、飲んべえ噺

「銭がかからなくて、酒飲みの食い物らしくて、歯あたりがよくて腹にたまらねえ、さっぱりして衛生によくて、他人に見られて体裁のいいような夏の食べ物」と、「**酢豆腐**」で江戸っ子の兄貴分が酒飲みが好きな肴について述べている。古漬けなどが紹介されるが、飯のおかずとは違う、酒の肴は独自の食べ物だったことが落語から知ることができる。

何かにつけ酒を飲みたがる酒好きな男の口ぐせを禁じた噺「**のめる**」の顛末は秀逸。

酒を飲んで豹変する者もいれば、酒が飲みたくて意地汚くなるヤツもいる。まったく酒は不思議な存在である。

噺のおもしろさ 9

江戸っ子の粋な美学？ 威勢のよさとやせ我慢

三方一両損《さんぽういちりょうぞん》

噺の舞台：柳原の土手、吉五郎の家、奉行所
登場人物：吉五郎、金太郎、それぞれの大家、大岡越前守

金太郎が柳原の土手で財布を拾う。中には3両。落とし主が吉五郎とわかり届けるが、吉五郎は落とした金は自分の金じゃないと受け取らずけんかになる。ついには3両の金の行方を南町奉行所の裁きに委ねる。

江戸っ子というのも不思議な存在だ。

粋で、おしゃれで、短気で、でも根には持たない、困っている人を見ると見捨ててはおけない。あと、宵越しの銭を持たない、なんていうのもある。

江戸に住む町人、おもに職人が江戸っ子気質を備えていた。職人だから、腕があればいくらでも稼ぐことができる。明日の銭の心配をするのは腕のないヤツ。だから貯金なんてしない。宵越しの銭は持たないで、稼いだ銭は景気よく使うから、3度の食事に白いご飯を食べ、ほぼ毎日床屋へ行き、月代《さかやき》や髭《ひげ》を青々とさせるおしゃれを好んだ。グルメでおしゃれで、歌舞伎や音曲なども好む文化的な都市生活を営む。仲間が病気やケガをすれば助け合う、相互扶助の精神も持っていた。そうした気持ちが人情につながる。そんな江戸っ子たちが落語の世界では大いに活躍する。

文《ぶん》七《しち》元結《もっとい》

噺の舞台：長兵衛の家、吉原・佐野槌、
吾妻橋の上、萬屋（よろずや）
登場人物：長兵衛、女房、お久（娘）、
佐野槌の女将、藤吉、文七、萬屋の主人

左官の長兵衛は博打好きで仕事をしない。娘のお久が自らを吉原の佐野槌（さのづち）に売り、再起の金 50 両をつくる。佐野槌の女将は 1 年後に返せばお久は店に出さないと約束する。帰り道、長兵衛は吾妻橋で身投げをしようとする若い男に会う。

強情灸

噺の舞台：友達の家
登場人物：男、友達、
粋な女、灸師

男が熱いと評判の灸をすえてきたことを自慢気に話す。負けず嫌いの友達は「灸なんぞたいして熱くない」と言い、腕に山のように百草（もぐさ）をのせて火をつける。最初は威張っていた友達だが、やがて百草に火が回ってきた。

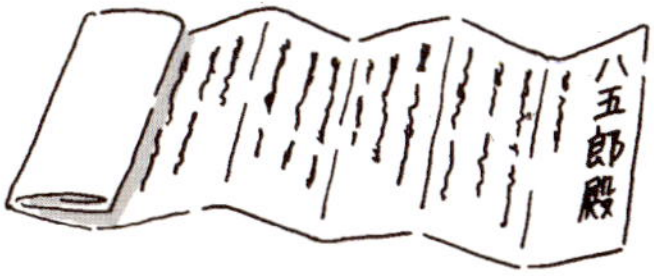

手《て》紙《がみ》無《む》筆《ひつ》

噺の舞台：兄貴分の家
登場人物：字の読めない男、兄貴分

字の読めない男が手紙をもらう。普段は近所の書生に読んでもらうのだが留守なので、兄貴分に読んでもらいに行く。ところが兄貴分も字が読めなかった。見栄っぱりの兄貴分は手紙の差出人から内容の推理を始める。

こんな噺も！

上方落語のけんか噺

江戸っ子はけんかっ早いといわれているが、実はめったに自分から仕掛けることはなく、殴り合いのけんかになっても終わらせる、落としどころを知っていた。だから根に持たないのだ。

上方落語にもけんかの落語はある。「**胴乱の幸助**」の割り木屋の親っさんの道楽（趣味）はけんかの仲裁。けんかと見ると間に飛び込んで、「待った待った、このけんかは預かった。こっちへ来い」。けんかをしているヤツらに酒を飲ませて仲直りさせる。酒を飲みたい若者たちはわざとけんかを始めたりもする。けんかも庶民にはちょっとしたイベントのようなものだった。

天災

噺の舞台：大家の家、紅羅坊名丸の家、長屋
登場人物：八五郎、紅羅坊名丸、
大家、熊五郎、八五郎の女房

けんかっ早く妻や母親にも手を上げる八五郎に手を焼いた大家は、心学者の紅羅坊名丸（べにらぼうなまる）のところへ行って話を聞くようにいう。名丸は八五郎に、すべて天災だと思えば怒りも収まると話をする。八五郎は名丸の話に感心する。

噺のおもしろさ 10

親子と夫婦 情に泣いて笑って

藪入《やぶい》り

噺の舞台：長屋
登場人物：父、母、息子

　住み込みの奉公人が実家へ帰ることのできる休日を藪入りという。昔は10歳前後で丁稚奉公に行き、里心がつくからと、3年は親元に帰してはもらえなかった。3年目の藪入り、待ち望んでいた息子を迎えた両親は、その成長ぶりに驚き、嬉しい半面ぎこちない。

芝浜

噺の舞台：勝五郎の家、芝の浜
登場人物：勝五郎、女房、友達たち

　魚屋の勝五郎は酒に溺れるが、女房の励ましで、朝早く起きて河岸に行く。芝の浜で時間を潰していると、大金の入った財布を拾う。急ぎ家に帰った勝五郎は一寝入りしたあと、友達を呼んで酒を飲む。その翌朝……。

　どんな人でもわが子はかわいいし、子供は親が大好きだ。いつかは親元を巣立っていく子供だが、それまでは愛情を注いで育てたい。貧乏だったり、迷ったりすることはあっても、子に勝る宝はないのだ。

　そして、夫婦。生まれ育ちの違う男女が一つ屋根の下に住んで人生を共にする。昔は所帯を持って一人前といわれ、年頃の独身者には仲人が嫁や婿《むこ》を世話した。**「たらちね」「不動坊《ふどうぼう》」**などさまざまな事情を抱えた男女も、夫婦になってうまくいくこともある。中には「仲人なしのくっつき合い」という夫婦もいて、惚れた相手と一緒になったことを、ちょっと照れてそんなふうに言ったりもした。倦怠期もあるだろうが、亭主と女房が共通のおもしろさを分かち合い、楽しく暮らす術を知っていた。そんな夫婦、家族の話がたくさんある。

初天神

噺の舞台：家、天神様の参道
登場人物：父、息子、母、団子屋、飴屋、凧屋

父親が息子を連れて初天神に参詣に行く。参道には、お菓子やおもちゃを売っている露店が並び、息子は「なんか買って」と大騒ぎ。最後は凧を買い、親子で凧揚げをすることになる。

こ ん な 噺 も ！

大人顔負けの子供たち

落語には小生意気な子供がたくさん出てくる。明治から昭和のはじめは、親は職人で教養がなくても、子供は学校に行っていろいろなことを学ぶので、親をやり込める**「桃太郎」「勉強**（清書無筆）」なんていう落語に説得力があった。他にも、策を駆使して親から小遣いを奪おうという**「真田小僧」「雛鍔**（ひなつば）」などもあるが、親も子供との、そんなやりとりを楽しんでいる。

三年目

噺の舞台：家
登場人物：男、女房（幽霊）、新しい女房、赤ん坊

病床の女房が死に際に、「あなたが新しい女房を持つのが口惜しい」と言う。男が「幽霊になって出てくれれば、新しい女は逃げ出す」と言うと、女房は安心して死ぬ。新しい女房をもらったが幽霊は出ず、3年が経った。

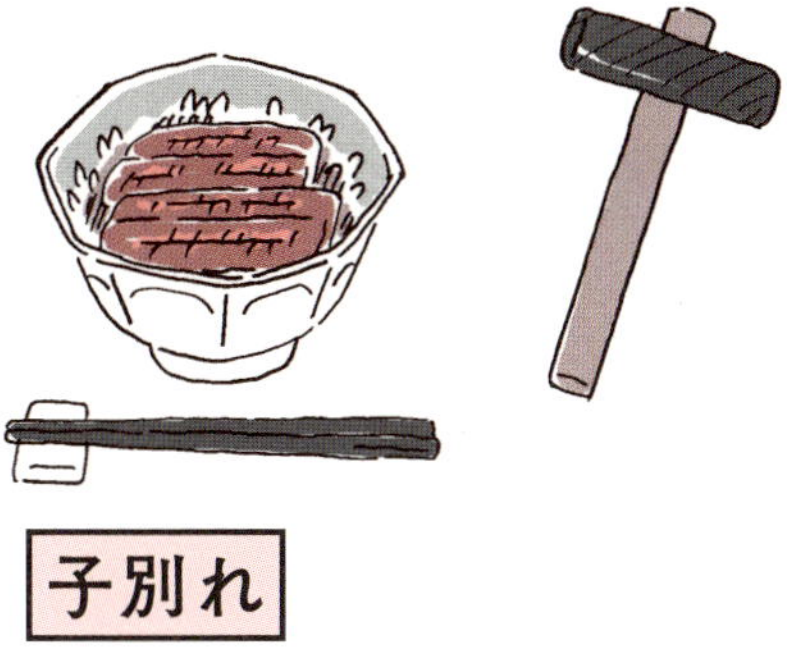

子別れ

噺の舞台：路上、亀坊の家、鰻屋
登場人物：熊五郎、亀坊、母親

熊五郎は酒と女に溺れて、女房、子供と別れた。改心して酒を絶った熊五郎は、3年ぶりに息子の亀坊と再会する。別れた女房と亀坊が貧しい暮らしをしていると知った熊五郎は、かつての自分を心から悔やむ。

噺のおもしろさ
11

純愛から暴走愛まで 落語にある愛の形

紺屋高尾《こうやたかお》

噺の舞台：紺屋六兵衛の家、吉原
登場人物：久蔵、高尾太夫、六兵衛、藪井竹庵（やぶいちくあん：医者）、留っこ（職人）

紺屋（染物屋）の職人・久蔵は花魁道中を見て、三浦屋の高尾太夫に一目惚れし、恋煩（こいわずら）いになった。最上位の花魁の高尾太夫に会うには 15 両いると聞いた久蔵は、3 年必死に働いて金を貯め、高尾に会いにいく。

「男女七歳にして席を同じうせず」といって、江戸時代の人は男女の恋愛には無縁だったように思われるが、年頃の男女が異性にときめかないわけがない。

とりわけ町人の男がおしゃれに気を使うのは、女にモテたいからだ。それも今と違って若い女よりも酸いも甘いも嚙《か》み分けた乙な年増とねんごろになるのが夢だった。

また、吉原へ通う者もいた。今の風俗と違い、金を出せばサービスが受けられるわけではない。気に入らなければ客をふる花《おい》魁《らん》もいた。花魁に好かれるために、男を磨きに行く場所が吉原だった。

好いて好かれて結ばれる男女もいれば、親や親戚に反対されて手に手を取って駆け落ち、あるいは心中なんていう男女もいたが、それはそれで愛を貫いたと賞賛されて浮名が立ったのだ。

崇徳院《すとくいん》

噺の舞台：若旦那の家、熊五郎の家、清水観音、床屋
登場人物：熊五郎、若旦那、お嬢様、若旦那の父親、床屋の主人、床屋の客大勢、熊五郎の女房、お嬢様の家に出入りの男

　若旦那が病になり、何か心に思うことがあるというので、幼なじみの熊五郎が問い正すと恋煩いであることがわかる。熊五郎は父親に頼まれて、恋の相手のお嬢様をわずかな手掛かりで探すことになる。

蛙茶番《かわずちゃばん》

噺の舞台：お店、半次の家、風呂屋、路上、舞台
登場人物：半次、番頭、定吉、ミィちゃん、風呂屋、道で会う男、芝居の客大勢

　お店の素人芝居で、半次は役者でなく舞台番（場内整理）をやらされることになりおもしろくない。だが、半次が片思いのミィちゃんが半次の舞台番を見にくると聞き、急にはりきるが、褌を風呂屋に忘れてきた。

立《た》ち切《ぎ》れ

噺の舞台：若旦那の家、小糸の家
登場人物：若旦那、小糸、父親、番頭、小糸の母、幇間、定吉、若旦那の親戚

　道楽が過ぎる若旦那は父親から百日の蔵住まい、つまり軟禁されてしまう。若旦那には相思相愛の芸妓の小糸がいたが、若旦那からの連絡が途絶えたため、振られたと思い死んでしまう。若旦那は小糸の家に駆けつける。

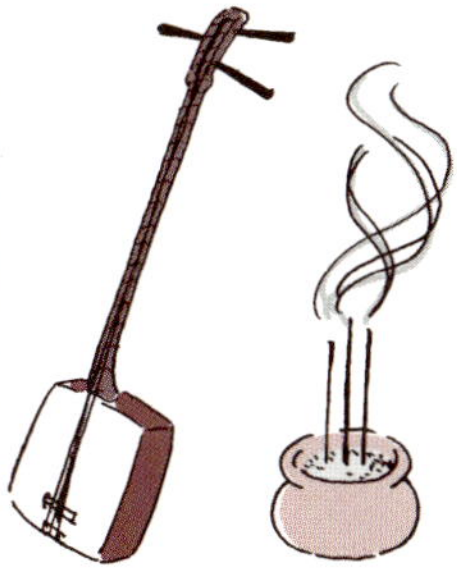

おせつ徳《とく》三《さぶ》郎《ろう》

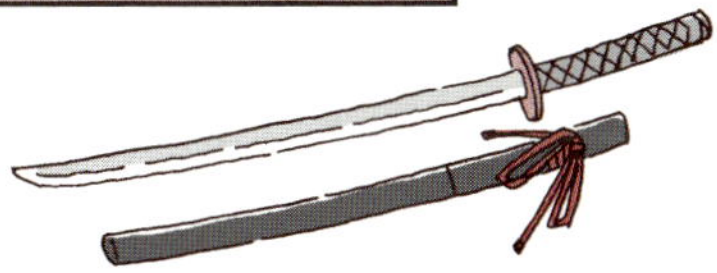

噺の舞台：お店、叔父の家、刀屋、橋の上
登場人物：おせつ、徳三郎、定吉、おせつの父親、お清（女中）、徳三郎の叔父、刀屋の主人、近所の人大勢

　お店のお嬢様のおせつと、年長の丁稚（または手代）の徳三郎は恋仲になり、親に別れさせられてしまう。叔父からおせつが婿を取ると聞いた徳三郎は、おせつを殺して自分も死のうと刀を買いに行く。

こんな噺も！

お店は女中を巡り恋の騒動

　お店の奉公人は、丁稚から番頭まで、10〜30代までの男性ばかりで寝起きを共にしている。思春期の手代、番頭もいるわけで、そんなお店に美人の女中が来たらどうなるのか。争奪戦の一夕を描いているのが**「引越しの夢」**。

　美人でなくても過ちを犯してしまう場合がある。美人でない女中が妊娠してしまい、この女を赤ん坊ともども誰かに押しつけてしまおうという**「持参金」**なんていう落語もある。

無我夢中は騒動の元　好きもほどほどに

寝床《ねどこ》

噺の舞台：商家の主人の家、長屋
登場人物：主人、繁蔵（番頭）、長屋の住人たち、定吉、奉公人たち

　商家の主人で長屋の大家でもある旦那は、義太夫が大好き。素人義太夫の会を開き、長屋の住人たちに聞かせてくれるのだが、これがヘタでひどい声。長屋の住人は忙しいふりをして誰も来ないので、旦那は怒る。

　落語が発展した江戸時代後期は、江戸の街にさまざまな文化が開花した。歌舞伎、浄瑠璃などの音曲、読本、洒落本などの庶民にわかりやすい文学や、俳句、短歌、川柳、狂歌も流行した。また、数学の難問を解くなどというのも文化的な遊びの一つだった。江戸っ子はグルメでおしゃれ。美食やファッションも江戸の文化だった。

　見たり聞いたりするだけでなく、音曲を習って唄ったり、素人歌舞伎など、自分も演じてみたり、俳句、短歌、川柳、狂歌などを創作した。

　落語も、おもしろおかしい話を作って披露する富裕町人や文化人たちの集まりがはじまりで、それが作る人、しゃべる人、聞くだけの人に分かれて、今日の寄席のような場所ができていったのだ。

二階ぞめき

噺の舞台：若旦那の家の２階
登場人物：若旦那、番頭、大工、定吉

吉原通いがやめられない若旦那。話を聞いてみると、女が好きなんじゃなく吉原が好き。「吉原の雰囲気を楽しめればいい」と言うので、番頭が腕のいい大工に頼み、２階に吉原のミニチュアを作った。若旦那は大喜び。

七段目

噺の舞台：若旦那の家、その２階
登場人物：若旦那、定吉、大旦那、番頭

歌舞伎が大好きな若旦那は、父親に２階でおとなしくしていろと怒られる。小僧の定吉が歌舞伎好きとわかり、二人で「仮名手本忠臣蔵 七段目」のお軽と平右衛門の場面を演じてみようということになる。

笠《かさ》碁《ご》

噺の舞台：男の家、友達の家
登場人物：男、友達、その家族

幼なじみで、もう息子たちに家業を譲った隠居の二人。楽しみは囲碁しかないが、二人ともヘタ。ヘタ同士だからいい勝負をするので毎日やっても飽きないが、一目の「待った」「待たない」でけんかになる。

へっつい幽霊

噺の舞台：道具屋、熊五郎の家
登場人物：熊五郎、長兵衛（幽霊）、
若旦那、道具屋夫婦

左官の長兵衛は博打（ばくち）で儲けた大金をへっついに塗りこんで隠したまま死に、金に気が残って幽霊になる。博打打ちの熊五郎は幽霊が出る噂のへっついを引き取る。へっついとは、飯を炊く竈（かまど）のこと。

こんな噺も！

夢の噺がいっぱい

落語には「夢」を題材にした噺もいくつかある。夢の中では現実とはまた違うおもしろいことが起こるのだ。うたた寝をしていた亭主の見た夢の話を聞こうとする女房から騒動に発展する「**天狗裁き**」。

欲張りで金のことしか考えていない船頭が、悪い浪人をやっつけてお嬢様の危難を救う「**夢金**（ゆめきん）」はちょっとしたヒーローものだが、お嬢様を助け、親から礼の大金をもらう、夢でも欲しいのは金という噺。「**夢の酒**」は新婚の内儀が、亭主が夢で会った女に嫉妬するという色っぽい噺。

いい夢ばかりではなく、火事で全財産を失い自殺する夢を見る「**ねずみ穴**」なんていう話も。

噺のおもしろさ 13

気分すっきり！逆転劇＆出世物語

らくだ

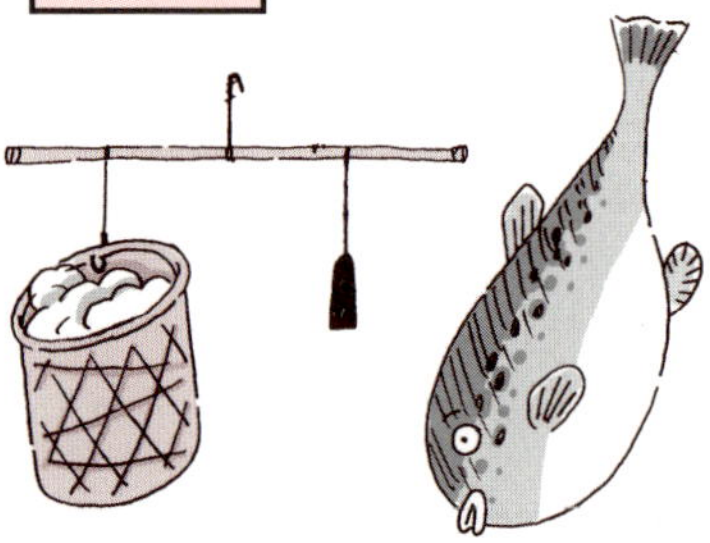

噺の舞台：らくだの家、長屋、大家の家、落合の火葬場
登場人物：久六、丁の目の半次、大家夫婦、長屋の人たち、火葬場の男、らくだの馬

　らくだという仇名の乱暴者が死に、その兄貴分の半次と、通りかかった屑屋の久六が葬式を出すことになる。半次の命令で、香典集めをやらされる久六だが、実は久六は酒乱で、通夜の酒を飲み豹変する。

はてなの茶碗

噺の舞台：音無の滝の茶店、茶金の店
登場人物：油屋、茶屋金兵衛（茶金）、番頭、茶店の主人、関白、天皇

　京で目利きといわれる骨董屋の茶屋金兵衛が茶店で湯呑み茶碗を手にして「はてな」と首をかしげた。それを見かけた行商の油屋、これは名器に違いないと、有り金をはたいて湯呑み茶碗を買い取り、茶金の元へ持っていく。

　落語の笑いどころのせりふで「どうか出世するような災難には遭いたくない」というのがあるが、これは笑いどころではなく、職人にとっては本心かもしれない。職人の出世は棟梁になることだが、棟梁は職人たちの頭であるとともに、職人集団の経営者であり、仕事の内容は今で言うところの職人たちのマネージメントになる。腕で銭を稼ぐ職人にとっては、「棟梁なんかにはなりたくない」。

　一方、商人は違う。丁稚から修業して、手代、番頭と出世をすれば大きな仕事ができ、大金が動かせる。のれん分けして店の主人にもなれる。あるいは天秤棒一つから、銭を儲《もう》けて店を持つなどということもあり得ることだった。中には一攫千金を企む者もいて、商人というよりはギャンブラーなのかもしれない。そういうヤツは失敗しても成功しても、落語のネタになる。

火《か》焔《えん》太《だい》鼓《こ》

噺の舞台：道具屋、大名の屋敷
登場人物：甚兵衛、おみつ、定吉、武士

道具屋の甚兵衛は商売がヘタ。女房のおみつが店を支えているが、ある日、甚兵衛が買ってきた太鼓が大名の目に留まった。太鼓を屋敷に持参しろと言われた甚兵衛だが、おみつは冷ややかに送り出す。ところが……。

妾《めか》馬《うま》

噺の舞台：長屋、大名の屋敷
登場人物：八五郎、赤井御門守（あかいごもんのかみ）、田中三太夫（さんだゆう）、お鶴、八五郎の母、大家与太郎、八五郎の仲間大勢

八五郎の妹のお鶴は、大名の赤井御門守に見初められ側室となり、跡取りを産んだ。御門守は喜び、お鶴の兄の八五郎に会いたいと言う。八五郎は大家から紋付きを借りて大名の屋敷へ出かける。

こんな噺も!

落語では出世は災難!?

明治以降の教育で立身出世が奨励され、田舎から出てきて炭屋を開業して成功した人物を描いた人情噺**「塩原多助一代記」**は教科書にも載った。だが、たいていの落語は江戸時代の噺で、職人の江戸っ子たちは「どうか出世するような災難には遭いたくない」という了見の連中ばかり出てくる。

一方、商人の出世は儲けて店を大きくすること。だが、あくせくしていても案外儲からず、**「火焔太鼓」**の甚兵衛みたいなボーッとした人がドカンと儲けたりするのが、落語のおもしろいところである。

ねずみ

噺の舞台：奥州仙台の街はずれの宿屋・ねずみ屋、宿屋・虎屋
登場人物：左甚五郎、ねずみ屋の主人・卯兵衛、息子の卯吉、虎屋の主人（元番頭）、虎屋の女将（元女中）、生駒屋、飯田丹下、二代目政五郎

左甚五郎が奥州を旅し、客引きの少年に会いねずみ屋という小さな宿屋に泊まる。主人の卯兵衛は元は大きな宿屋の虎屋の主人だったが、番頭らに店を乗っ取られた。甚五郎は卯兵衛のために、ねずみの彫刻を作る。

噺のおもしろさ 14

くじけないたいこもちに元気をもらう

幇間《ほうかん》、たいこもちってこんな人

落語に出てくる一八（いっぱち）は俗に言う「野だいこ」が多い。野だいこは見番（花柳界のプロダクション）に所属しないフリーランスのたいこもち。旦那に直接雇われてお座敷（宴会）を盛り上げる。

旦那にうまく取り入るためには必要以上に世辞を言い、無理を聞き、命令には絶対服従となる。「あいつおもしろいヤツだね」と思われたら成功で、またお座敷に呼んでもらえて、ご祝儀も頂けるのだ。

ヨッ
持ち物は商売道具の扇子だけ
江戸時代の初期から活躍

お座敷で歌ったり踊ったり芸を見せ、話術で座を持たせる幇間《ほうかん》、たいこもちという職業。扇子でおでこを叩いて、「よぅ、スゴイ！」。何がスゴイのかよくわからない。口から出任せに、世辞をまくし立て、お客さんの機嫌をとる。旦那には絶対服従で、どんな命令にも従うが、ご祝儀はしっかり頂く。

そんなところから、権威者に媚《こ》びへつらって、何かおこぼれの利益に預かろうというヤツを「たいこ」などといい、陰口に使われたりもする。それは明治時代もそうで、夏目漱石の『坊っちゃん』に出てくる「野だいこ」はそんな人物だ。

だが、実際のたいこもちは、いわゆる宴会コーディネーター。旦那から財布を預かり、予算内で芸妓や料理を手配し、宴会が盛り上がらない時は、芸を披露する。うまく予算内で楽しい宴会を仕切るのがいいたいこもちだったそうだ。

鰻のたいこ

噺の舞台：路上、鰻屋
登場人物：一八、浴衣を着た男、
鰻屋の女中、下足番

野だいこの一八がなんとかお客にありつこうと道をうろついていると、浴衣を着た男と会う。どこかで会ったことがあるが誰だか思い出せない。男は一八を知っていて、鰻をご馳走してくれると言うので、鰻屋へ行く。

富久《とみきゅう》

噺の舞台：久蔵の家、旦那の家
登場人物：久蔵、旦那、
富くじ屋、近所の人、
火事見舞いの客大勢

幇間の久蔵は年の瀬に酒で旦那をしくじり出入り止めになった。最後の望みに富くじを買う。旦那の家の近所が火事になり、見舞いに駆けつけたので出入りを許されたが、その夜、自分の家も火事になり……。

愛宕山《あたごやま》

噺の舞台：愛宕山、谷底
登場人物：一八、繁蔵、旦那、芸妓たち

旦那のお供で京都に来た一八。同じく幇間の繁蔵や芸妓たちと愛宕山に登る。山の上で瓦投げをしようという旦那。小判を谷底に投げ、拾った者にやると言う。一八は谷底に飛び込んで小判を拾おうと悪戦苦闘する。

たいこ腹

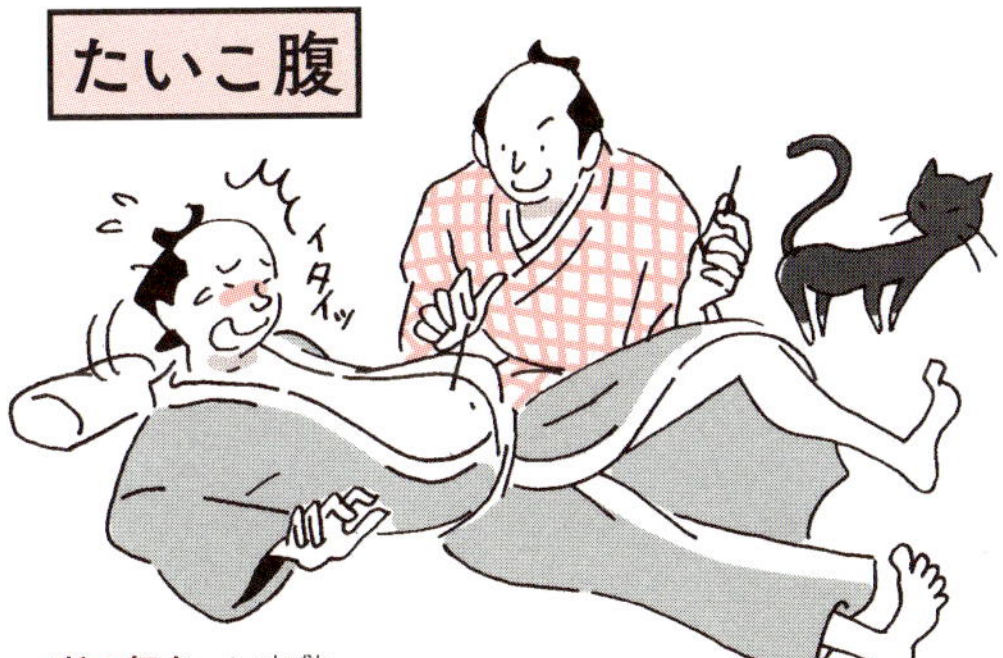

噺の舞台：お座敷
登場人物：一八、若旦那、料理屋の女将

若旦那はいろんな遊びに飽きて、鍼をやってみようと思い立つ。壁、枕、猫に鍼を打ったが、どうしても人間に打ってみたい。そこでたいこの一八を座敷に呼んで、鍼を打ってみようと考える。

つるつる

噺の舞台：芸者屋、座敷
登場人物：一八、お梅、旦那

一八は芸妓のお梅に惚れていて、拝み倒して逢い引きの約束をする。お梅からは時間厳守と言われるが、その夜、旦那のお座敷で一八は無理矢理に酒を飲まされる。うたた寝をして気がついたら朝だった。

思わず食べたくなる垂涎《すいぜん》の落語

時そば

噺の舞台：そば屋の屋台
登場人物：最初の男、最初のそば屋、
二番目の男、二番目のそば屋

　荷を担いで売り歩く屋台のそば屋が繁盛していた時代、そばの値段は十六文で、俗に二八そばといわれた。ある男が銭を数える途中で時刻を聞いて、一文ごまかした。その様子を見ていた男がいた。

「**時そば**」や「**うどん屋**」で、落語家が扇子を箸に見立てて、うまそうに食べる場面をよく見る。他にも、まんじゅう、羊羹《ようかん》、握り飯など、食べるしぐさを見るのも落語の楽しみの一つかもしれない。

　食べ物の出てくる落語では、江戸の人の食生活を垣間見ることもできる。江戸時代は長屋などに一人暮らしをしている独身の男性が多く、屋台のそば屋やうどん屋が繁盛した。長屋には必ず、ご飯を炊くへっつい（竈《かまど》）があった。おかずは、味噌汁に、たくあんか梅干しという質素なものだったが、庶民でも江戸っ子はぜいたくに白米を食べていた。

　旬の魚や野菜を棒手振りの八百屋や魚屋が売りに来て、たまにはそれらが食卓に上ることもある。食生活を楽しみながら暮らしていたことがよくわかる。

二番煎じ

噺の舞台：夜道、番小屋
登場人物：月番、惣助、
　　　　　夜回りの人たち、役人

火事が多い江戸の街、自分たちの財産を火事から守ろうと、旦那衆が「火の用心」の夜回りをすることになる。寒い夜、ようやく一回りして番小屋に戻ると、一人が寒さしのぎに酒を持ってきていた。

目黒のさんま

噺の舞台：屋敷、目黒、他の大名の屋敷
登場人物：殿様、家来、目黒の住人、
　　　　　他の大名家の台所役人

殿様が目黒に遠乗りに出かけた。お腹がすいたが弁当がない。そこへ農家で秋刀魚を焼いているいい匂いがしてきて、殿様が食べることに。秋刀魚は庶民が食べる魚。殿様は食べたことがなかったので、旬の秋刀魚のうまさに驚く。

まんじゅうこわい

噺の舞台：家
登場人物：町内の若い衆たち

町内の若い衆が集まり、バカ話をしている。「何が怖いか」という話になると、一人の男が「怖いものなんてない」と威張り出すが、男はある怖いものを思い出し、ブルブルと震え出す。

青菜

噺の舞台：お屋敷、長屋
登場人物：植木屋、女房、旦那、奥様、
　　　　　友達の大工

植木屋がお屋敷で旦那から酒と鯉のあらいを振る舞われる。旦那が菜を持ってくるよう奥様に言うが、奥様が菜を切らしていることを隠し言葉で伝える。植木屋は家に戻り、隠し言葉を真似しようと女房に頼む。

こんな噺も！

食通を気取るとタイヘン

日本の三大珍味と呼ばれるものが、雲丹（ウニ）、海鼠腸（このわた）、からすみ。海鼠腸はナマコの腸の塩辛、からすみはボラの卵巣の塩漬け。知らないで口にするのは勇気がいる。珍味とゲテモノの区別はなんだろう。落語の珍味といえば**「ちりとてちん」**と**「酢豆腐」**。豆腐の腐ったものを珍味と偽り、食通を気取ったヤツに食わせちゃおうといういたずら。だが、食通を気取った男も負けてはいない。強烈な臭いをものともせず一気に口に入れてはみたが。

新作の名作 1

人間性もナンセンスで超落語的

悲しみは埼玉に向けて

作者&演者：三遊亭圓丈
噺の舞台：北千住駅の電車内
登場人物：男、
電車の中で
見かけた女、
女の恋人らしき男、
女の母

今でこそ賑やかな北千住も四半世紀前は、限りなく埼玉に近い悲しみの街だった。北千住を通る東武線の車内で、泣いている女を見かけた男は、彼女の人生を勝手に想像する。

幽霊の辻

作者：小佐田定雄
演者：桂枝雀、柳家権太楼他
噺の舞台：山道
登場人物：男、茶店の婆さん

男が山で道に迷い、茶店の婆さんに道を尋ねるが、目印の地名が「首くくりの松」やら「幽霊の辻」。男はその場所に来るごとに恐怖におののく。

「古典落語」というと、さも高尚な、伝統的な古典芸能に思われるが、そんなことはない。くだらない噺があるから「落語」で、中には人間の真理の奥深さを描いて笑いに結ぶものや、江戸の人たちをユーモラスに綴るものもあり、それらが洗練されて、素晴らしい古典落語になっている。

新作落語はどちらかというと軽いネタが多い。新作落語は現代性が重視されると思われがちだが、落語である以上、そこには普遍的なテーマやストーリーも重要である。普遍的なテーマがあるゆえ、新作落語が洗練されて、もしかしたら、将来古典落語として残っていくのかもしれない。残ることが目的ではないが、その可能性はある。

ナンセンスでくだらないネタが残っていくのは、それが普遍的なテーマだからである。時代が変わっても間抜けなヤツや思い込みの激しいヤツはいるのである。

マキシム・ド・呑兵衛《のんべえ》

作者&演者：三遊亭白鳥
噺の舞台：居酒屋・呑兵衛、銀座のフレンチレストラン
登場人物：呑兵衛の主人、女将、孫、客

老夫婦のやっている居酒屋・呑兵衛。孫に銀座の高級フレンチに連れて行ってもらった女将が感化され、店をフレンチレストラン風にしてみるが。

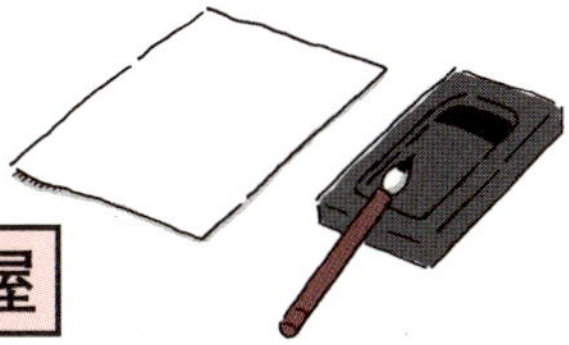

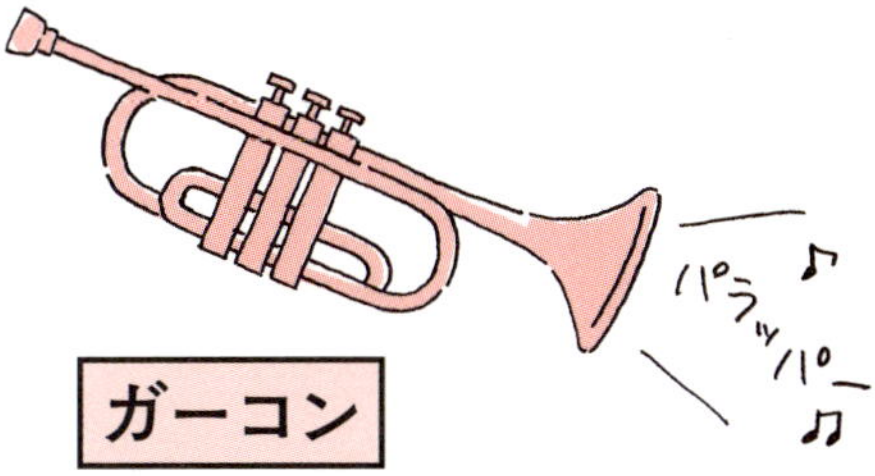

代書屋

作者&演者：四代目桂米團治　**演者**：多数
噺の舞台：代書屋
登場人物：代書屋、松本留五郎、代書屋、いろんな客たち

字が書けないうえに世間のことを何も知らない中年男（松本留五郎）が、代書屋に履歴書を書いてもらいに来る。上方の爆笑落語。東京で演じる落語家も多い。

ガーコン

作者&演者：川柳川柳
噺の舞台：新宿あたり
登場人物：ジャズに興じる若者、田舎のお父さん

日本の近代音楽史を、昭和歌謡、軍歌などを熱唱しながら綴る、川柳川柳（かわやなぎ せんりゅう）の寄席でおなじみの爆笑ネタ。軍歌を通じて、太平洋戦争史も折り込まれている。そして、戦後はラジオから衝撃的なジャズの音が流れる。

新作落語今昔

300以上の新作落語を作った柳家金語楼《きんごろう》

大正から昭和にかけて、新作落語で活躍した柳家金語楼は300以上の新作落語を作ったという。水道の蛇口をひねったら酒が出てきて街中の人が酔っ払うという**「酒は乱れ飛ぶ」**などナンセンスなネタが多かった。今でも**「アドバルーン」「バスガール」**などのネタを演じる落語家は多い。1980年代に**「グリコ少年」**で脚光を浴び、新作落語の寵児となった三遊亭圓丈。ナンセンスなギャグで押す落語を得意とした。知的な設定や落語的なテーマも、演じ方と破壊力でブッ飛ぶ笑いに作り変える。それ以後も落語の枠を超えた新作を演じ続けている。

憧れの甲子園

作者&演者：笑福亭福笑
噺の舞台：旅館
登場人物：監督、選手たち

弱小野球部がようやく甲子園に出場したものの、15対0で初戦敗退。監督は「お前らのせいやない」と言うが、酒を飲み始め、やがて、ぼやきが狂気に豹変する。

新作の名作
2

メルヘンの世界もお手のもの！

ナンセンスや爆笑ものだけが新作落語ではなく、ペーソスあふれるほのぼのとした落語もある。古典落語にも描かれる親子の情や夫婦愛は時代を超えても変わらない。

古典落語では狐、狸が活躍するが、新作になると、もっと違う動物や物が擬人化されて、言葉をしゃべったり悩んだりもする。メルヘンチックなものにも新しさを感じるし、意外性はそんなところからも生まれる。発想は自由で限りない。

現代を描くだけが新作ではなく、俗に「まげもの新作」という江戸時代を舞台にした新作もある。

ただし、このジャンルは長谷川伸《しん》氏、宇野信夫氏、村上元三《げんぞう》氏、平岩弓枝氏ら作家の手による文芸落語が多く、落語というよりは人情噺に近い。与太郎や八つぁん、熊さんが活躍する、爆笑の江戸新作の登場に期待が大きい。

ハワイの雪

作者&演者：柳家喬太郎
噺の舞台：新潟県上越、ハワイ
登場人物：留吉、孫・恵理子、千恵子、千恵子の孫、ジェームス安田、酒屋の清吉

新潟で孫と暮らす90歳の留吉のもとにハワイから手紙が来る。留吉の昔の恋人でハワイに移住した千恵子が余命わずかで、一目会いに来てほしいという千恵子の孫からのものだった。

鯛

作者&演者：桂文枝　**演者**：柳家はん治他
噺の舞台：料理屋の生けす
登場人物：ギンギロ、ロク、ペガ、料理人、不動産屋の南部、南部の妻、南部の友達他

料理屋の生けすの魚たちはいつ料理されるか戦戦恐恐と暮らしている。開店から20年生けすにいる鯛のギンギロは新入りのロクに生けすで生き残る極意を話し始める。

ラーメン屋

作者：柳家金語楼
演者：五街道雲助、五代目古今亭今輔他
噺の舞台：屋台のラーメン屋、ラーメン屋の家
登場人物：ラーメン屋の老夫婦、失業している男

老夫婦の屋台のラーメン屋で食い逃げをしようとした男は、失業中で親もいない。老夫婦は男を家に連れて行く。柳家金語楼が昭和30年代に作り、五代目古今亭今輔が口演した。五街道雲助は江戸の噺に改作して口演。

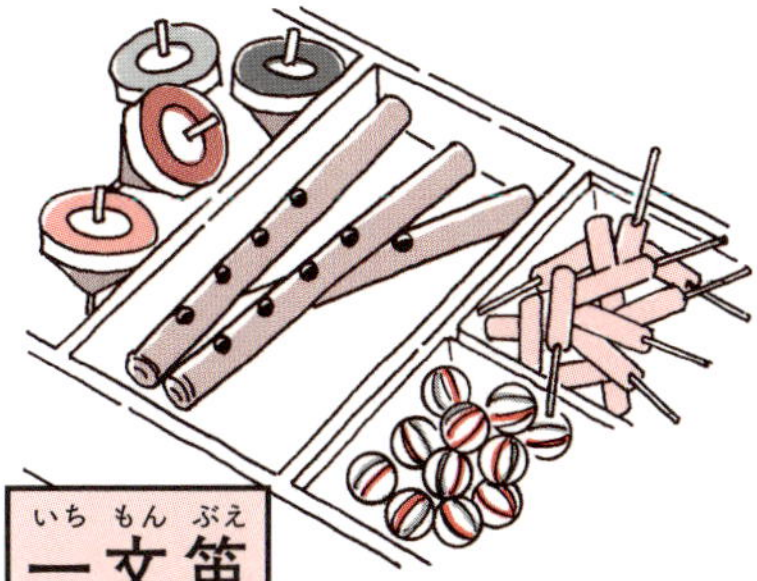

一《いち》文《もん》笛《ぶえ》

作者&演者：桂米朝　**演者**：三遊亭円楽他
噺の舞台：兄貴の長屋
登場人物：スリ、兄貴、貧乏な子供、
駄菓子屋の婆、医者

スリの男が元の兄貴分の家を訪ねたが留守で、近くの駄菓子屋で貧乏な子供がのけ者にされているところを見かける。スリは駄菓子屋で一文笛を盗み、子供の袂(たもと)にそっと入れて帰る。

鬼の涙

作者：清水一朗
演者：八代目林家正蔵
噺の舞台：香具師の家
登場人物：香具師、女房、鬼、酔っ払い、友達、
酔っ払いの女房

貧乏な香具師(やし)の夫婦は節分の夜、豆を拾って糧にしようと街に出たが、鬼の赤ん坊を拾ってしまう。香具師は鬼の赤ん坊を見世物にしようと言う。

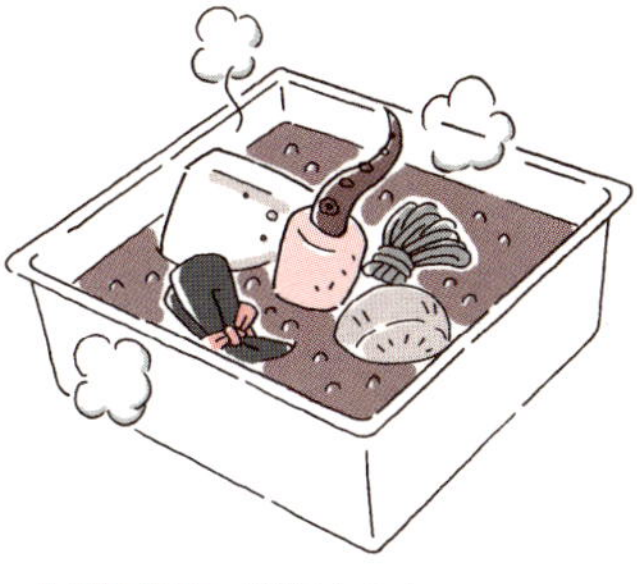

ぐつぐつ

作者&演者：柳家小ゑん
噺の舞台：東急目黒線西小山駅前の屋台のおでん屋
登場人物：おでん屋の主人、おでん屋の客たち、おでん

屋台のおでん屋では、さまざまな客がおでんを肴に一杯やっている。それと同時におでん鍋の中でも、もう一つの物語が始まっていた。ちくわぶや大根たちが鍋の中で語り始める。

新作落語今昔

おもしろければいい！

30年くらい前の寄席では、新作をやる人はあまりいなかった。当時の客が寄席に古典落語の世界観を求めていたからかもしれない。

今は落語家の2/3くらいは自作他作を問わなければ、新作を持ちネタにしているといっていいだろう。新作、古典といった分類に聞き手はあまり関心がない。古典でも新作でもおもしろいものを聞きたい、そんな時代になっているのかもしれない。

世情の粗《あら》は大いに笑って ちょっと身につまされて

グググ…
プシュー
あなた、ストレスは
よくないのよ

ストレスの海

作者&演者：春風亭昇太
噺の舞台：家、海
登場人物：夫、妻、弔問客

夫のストレスを心配する妻が、『ストレス解消法』という本を手に入れる。ストレス解消法には行楽がいいと書いてあるので、休みの日、無理矢理夫を海に連れて行く。

ディア・ファミリー

作者&演者：立川志の輔
噺の舞台：相模大野の家
登場人物：父、母、たかし（息子）、娘・夏美、宅配便の配達員

父の勤続30周年を祝う家族のもとに、会社から記念品として鹿の頭の剥製（はくせい）が送られてきた。正直、いらない。処分したい母だが、記念品だから、父は簡単には捨てられない。

「噺家は世情の粗で飯を食い」などという。やはりその時代の社会問題や風俗は旬のネタで、客席の関心が高い分、ちょっとしたワードだけでも笑いが起こる。政治や社会問題などをマクラで語る落語家もいるし、古典落語の中で世の中を皮肉る話を織りまぜることもある。当然、社会問題をテーマにした新作落語も、これまでに多く作られている。

とはいえ、政治問題に声を大にしないのも落語の美学。昭和40年代に五代目柳家つばめは「**佐藤栄作の正体**」で、時の首相をおちょくりまくった。政権批判でなく、ひたすらおちょくる。洒落《しゃれ》のめす。こういう精神が落語には生きている。

政治や社会問題の中にもおかしみがあり、それを落語家が独自の違う視点で切り取って笑わせるのが、新作落語のおもしろさの一つかもしれない。

老婆の休日

作者&演者：桂文珍
噺の舞台：市役所、病院他
登場人物：老婆他

市役所に置かれた箱の前で叫んでいるお婆さんがいた。箱には「あなたの声をお聞かせください」。高齢化社会を強く生きるお婆さんたちをユーモラスに描く、桂文珍のウォッチングネタ。

マザコン調べ

作者&演者：春風亭百栄
噺の舞台：和枝のアパート
登場人物：和枝、まきひこ、母、祐二

大手スーパーの若旦那・まきひこは女店員の和枝と付き合いたいと思っていたが、和枝にはその気がない。まきひこは母を連れて掛け合いに来る。春風亭百栄が「**大工調べ**」（P.35参照）を改作して作った異色ネタ。

熱血怪談部

作者&演者：林家彦いち
噺の舞台：学校
登場人物：流石先生、
怪談部の部員たち

怪談部の新しい顧問・流石（ながれいし）はジャージを着た体育会系ノリの先生。文化系のぬるい部員たちに号令を掛けたり、早口言葉をやらせたり。そのあとは、校内の見回りに出かける。

ユキヤナギ

作者&演者：桂枝太郎
噺の舞台：家
登場人物：父、母、息子、娘、祖母

10年ぶりに祖母が来るので、家族は大忙し。実はこの家族は東日本大震災で死んでいて、祖母だけが助かっていた。天寿をまっとうした祖母は家族に、その後の東北とともに強く生きてきたことを語る。作者の桂枝太郎は岩手県出身。

新作落語今昔

漫談風ドキュメント&自伝落語

ストーリーを綴る落語だけでなく、漫談風に話を進めるネタもある。新作落語では「**食堂風景**」「**電車風景**」「**結婚式風景**」などのウォッチングネタがある。一般的なおもしろい話を取り上げ、落語家ならではの視点も生きてくるので、楽しめる。寄席などでもよく演じられている。

三遊亭圓丈「**グリコ少年**」はお菓子から見た自分史で、自分を主体にした視点が同世代の共感を得た。東京の落語家だけでなく、桂文珍「**老婆の休日**」などに影響を与えた。

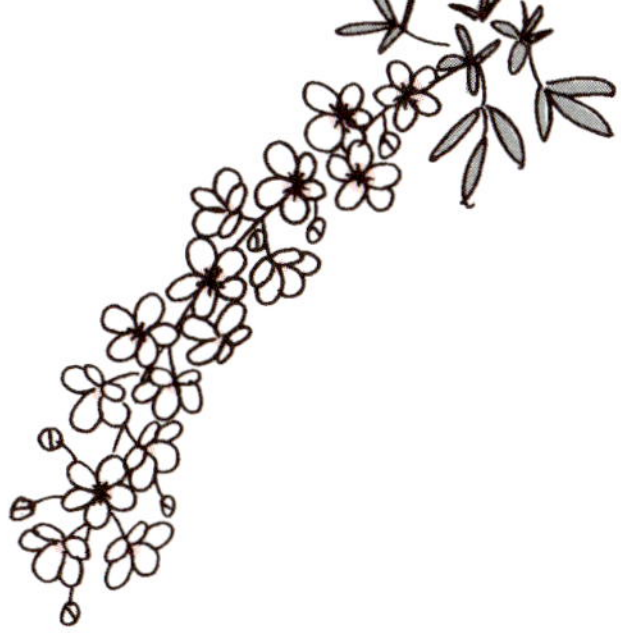

【Column】

季節を先取り！
落語で四季を感じる

春

【春の噺】

かつぎ屋／七草／初天神
長屋の花見／明烏／愛宕山
花見の仇討ち／崇徳院
王子の狐

初春から桜へ

江戸の春は正月に始まる。**「かつぎ屋」**など正月の風景を描くネタもある。

「王子の狐」「明烏」は初午（2月の初め）の噺。

季節が暖かになり、花が咲けば**「長屋の花見」「花見の仇討ち」「花見酒」**など。花見は江戸っ子たちの楽しみの一つだった。寄席は季節を先取りするので 2月頃から桜の噺が出る。

夏

【夏の噺】

船徳／大山詣り／佃祭
鰻の幇間／青菜／たがや
宮戸川／唐茄子屋政談

暑い夏もまた楽しい

クーラーのない時代でも、暑さをしのぐ、あるいは暑さを楽しむのが江戸人。**「青菜」**のお屋敷では水をまいた庭を通る風が涼を運び、対照的な長屋の暑さが笑いにつながる。
「たがや」「佃祭」「大山詣り」など夏の風物詩がモチーフの噺も多い。**「汲み立て」**は、舟で夕涼みに行く男女の噺。もちろん、やきもちをやく連中がいて騒ぎになるのだ。

落語には季節を感じさせるネタが多くある。
暑さ寒さが今よりも生活を左右した時代で、それゆえに四季の楽しみもあった。
落語にも季節感や風物が描かれ、
落語を聞いて季節を先取りするのも楽しみの一つだった。

秋

【秋の噺】

目黒のさんま／野ざらし
甲府い／そば清／笠碁
柳田格之進／立ち切れ

名月、虫の声、秋も楽しい

「柳田格之進」はクライマックスが正月だから暮れから正月に演じられることも多いが、発端が中秋の宴なので秋にも演じられる。

秋の落語といえば、**「目黒のさんま」**。旬のさんまのうまさが語り口から伝わってきて、お腹がすく。落語は食べ物の噺も多く、季節の趣が伝わる。

冬

【冬の噺】

二番煎じ／味噌蔵
うどん屋／時そば／鰍沢
富久／芝浜／文七元結
掛取り／尻餅

江戸の冬は寒かった

筑波下ろしが吹きすさぶ江戸の街は、寒かった。暖房なんてないから、布団をかぶって寝ちゃうしかない。熱いものを食べて腹の底から温まろう。そんな思いから**「うどん屋」「時そば」**なんていう落語が冬に聞かれることが多い。**「掛取り」「芝浜」「尻餅」**など大晦日の落語も多い。借金取りとの攻防など貧乏な噺が多いのは、懐も寒い、ということだ。

【Column】

自作自演以外もある！

落語作家による噺

新作落語は落語家自身による創作だと一般的に思われるが、落語作家に依頼する場合もある。

江戸時代まで遡れば、「噺の会」の烏《う》亭《てい》焉《えん》馬《ば》（P.145 参照）は落語の作り方のマニュアル本『落噺《おとしばなし》六《ろく》儀《ぎ》』を著している。また、今日のホール落語の原点である明治 38（1905）年の「落語研究会」でも、落語の本筋を守ることと同時に新作が奨励されている。

明治から大正の頃の落語作家に益《ます》田《だ》太《た》郎《ろう》冠《か》者《じゃ》がいる。太郎冠者はちょっと別格だ。三井財閥の経営陣の一人で、夏目漱石より一足早くヨーロッパ留学し、ムーランルージュに通い詰めていた国際的寄席通。会社の役員をやりながら、帝国劇場の芸術監督となり、喜劇の台本を書き、女優と浮名を流し、ついでに落語も書いた。代表作に今日も演じられている「**かんしゃく**」「**堪忍《かんにん》袋**」などがある。

落語作家（漫才なども含めて演芸作家）が活躍するのは、昭和のラジオやテレビの時代。今日の放送作家のような形で演芸番組に関わり、台本を提供する作家が多くいた。昭和37（1962）年には「落語漫才作家長屋」が結成され、作家側からの新作落語の提供が積極的に行われた。玉川一郎、鈴木みちを、名《な》和《わ》青《せい》郎《ろう》、神津友好、大野桂、古城一兵などが活躍した。

三遊亭圓丈は「実験落語」という新作落語の会をやっていて、初期の頃（昭和 50 年頃）にボールペンクラブという素人作家の集団をブレーンとしていた。素人でなければ思いつかない斬新なアイデアを求めていたし、彼らが初期の圓丈の相談相手でもあった。きくち一〇四〇・作「**下町せんべい**」などがある。

現代では、八代目林家正蔵に「**鬼の涙**」を書き、その後も若手に古典風の新作を提供している落語作家の長老・清水一朗や、関西で活躍している小佐田定雄、くまざわあかねらがいる。

日本脚本家連盟でも「演芸」のカテゴリーの脚本家が 50 人ほどはいる。演芸番組の放送作家が多いが、本田久作、山田浩康らは落語作家としても活躍している。

3章

落語で楽しく江戸を知る

時代劇など映像で見る江戸と、
落語で聞く江戸は同じようで違います。
落語は決して難しい内容ではありません。
江戸で生き生きと暮らす落語の登場人物たちが
魅惑的な江戸へと案内してくれます。

江戸ってどんなところ？

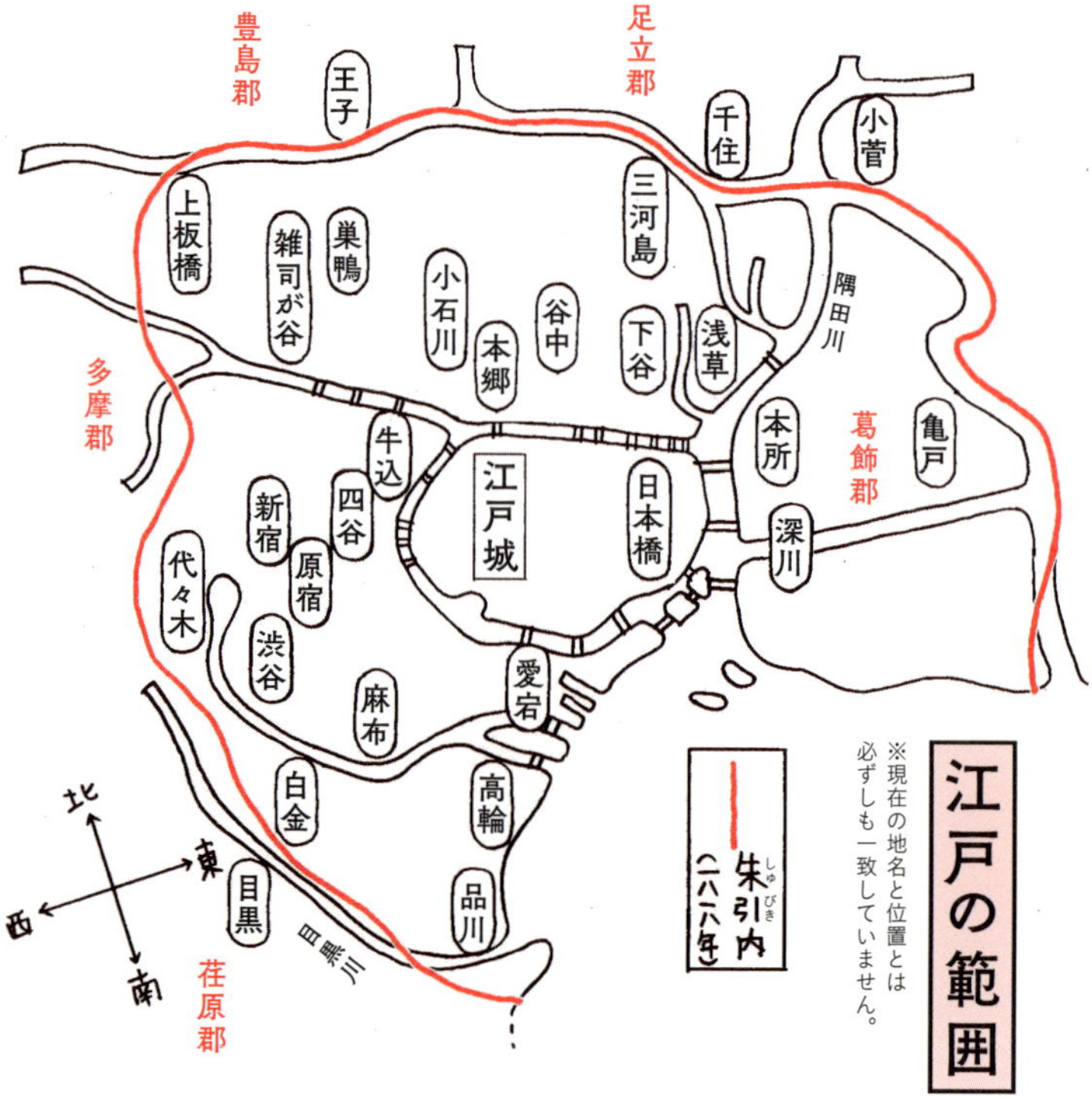

江戸はどんどん増殖する街

初期の江戸の街は、北は本郷、南は高輪の大木戸（田町あたり）、西は四谷の大木戸（今の四谷３丁目の新宿寄り）、東は隅田川までだった。

下町というのは、今の墨田区、江東区あたりではなく、江戸時代は千代田区、中央区あたりをいった。ダウンタウンではなく城下町の意味だった。

だが、江戸は地方から来る人も多く、人口も増え、どんどん増殖していった。文政元（1818）年、幕府によって上の図のように朱い線の内側が江戸の市中と定められた。

「文七元結」の長兵衛が住む本所は隅田川の向こう側。**「牡丹灯籠」「真景累ヶ淵**（しんけいかさねがふち）」に出てくる根津、谷中のあたりにも多くの人が住み、町が形成されていた。

「千代田のお城は徳川様のお城」と「**道灌**《どうかん》」の中で八五郎が言う通り、今の皇居の場所にあった、千代田城（江戸城）は徳川将軍家の城で、江戸の街は将軍配下の大名、旗本らの屋敷が建ち並ぶ武士の街だった。町人は武家屋敷の隙間にひっそりと住み、物を売ったり、職人として働いたり、武士たちの生活のサポートをするために存在した。

しかし、武士は消費するだけ。やがて、物を生産し、売り、サービスを提供する、働く町人たちが勢いを持つようになる。落語が発展した江戸時代の後期には、町人たちの活気あふれる街になっていった。

時刻

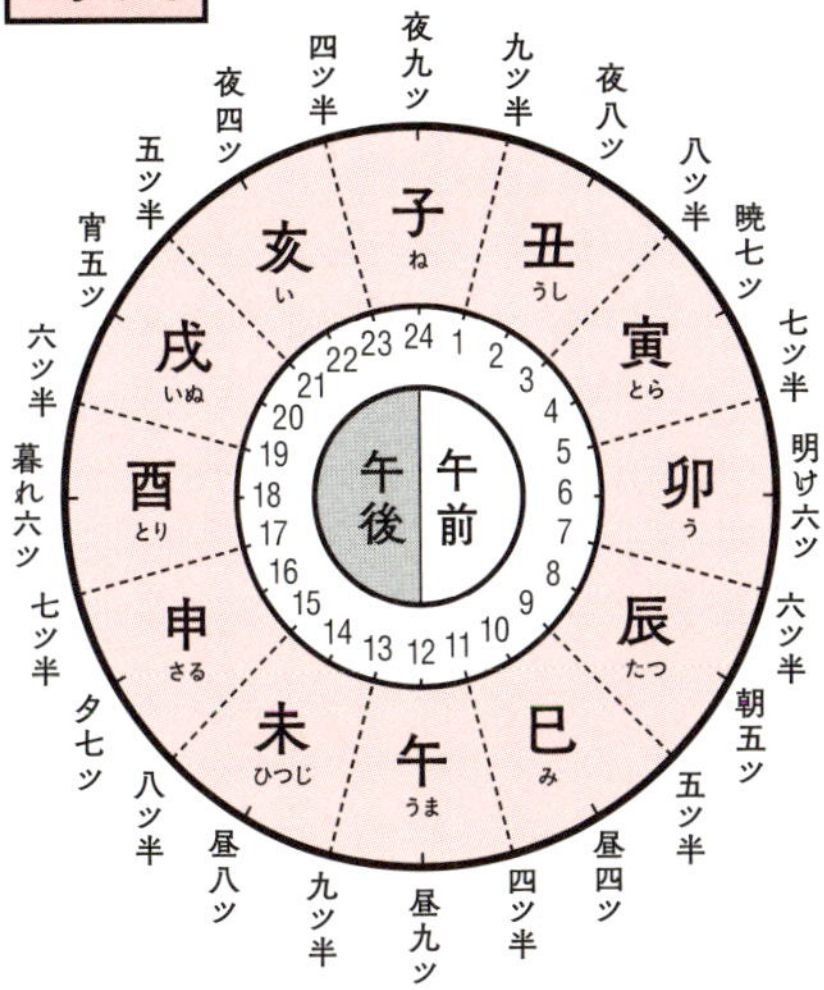

「時そば」の時間は？

江戸時代は昼と夜で時刻を分けていた。昼は日の出から日の入りまで、夜はその逆をそれぞれ6分割にして一刻とする、12刻制だった。よって一刻はおよそ2時間と考えるといい。江戸は朝の活動が早く、明け六ツ(6時)には町木戸が開き、商店や湯屋が営業を開始し、芝居も始まる。職人は六ツ半(7時)には仕事場へ出かけた。

「時そば」では、最初の男が夜九ツ(24時)に時間を聞き、二人目の男は気が焦ってか早めに出かけたために時刻がまだ夜四ツ(22時)だったというのが落ちになる。**「芝浜」**でも一刻間違えたことで、話が展開する。

時刻は数字の他、十二支で表したりもした。幽霊が出るのは真夜中の「丑三ツ刻」。人を呪い殺そうと藁(わら)人形に釘を打つ(**「悋気(りんき)の火の玉」**などに登場)のを「丑の刻参り」などといった。

午後に軽食をとる「おやつ」の時間も、八ツ刻(14時)からきている。

長さ・重さ

粗忽《そこつ》な男は24cmもの釘を薄い壁に打ちつけた！

メートル法が日本に導入されたのは明治24(1891)年。しばらくして尺貫法は法的には廃止されるが、長年の習慣からメートル法と尺貫法が併用され昭和まで続いていた。だから、長さや重さの昔の表記は、現代でもわりとなじみがある。日本酒の一升、一合は今でも普通に用いる。

落語にも長さや重さの昔の表記は出てくる。貧乏長屋は九尺二間。**「粗忽の釘」**では八寸の瓦釘を壁に打ち込み大騒ぎになる。**「見世物風景」**には六尺の大イタチが見せ物になっていたりする。

よく使われる「男一匹五尺の体」という言葉からは、当時の男性の平均身長が150～160cmだったことがわかる。

「大山詣り」の大山は、神奈川県の厚木を過ぎたあたりで、日本橋を基点に往復で約18里(約70km)であった。

長さ

1丈《じょう》＝10尺《しゃく》＝3.03m
1尺＝10寸《すん》＝30.3cm
1寸＝10分《ぶ》＝3.03cm
1分＝3.03mm

距離

1里《り》＝36町《ちょう》＝3.93km
1町＝60間《けん》＝109.09m
1間＝6尺＝1.82m
1尺＝30.3cm

重さ

1貫《かん》＝1,000匁《もんめ》＝3.75kg
1斤《きん》＝160匁＝600g
1匁＝3.75g

容積

1石《こく》＝10斗《と》＝100升《しょう》＝0.18kℓ
1斗＝10升＝18.04ℓ
1升＝10合《ごう》＝1.8ℓ
1合＝10勺《しゃく》＝0.18ℓ
1勺＝18.04mℓ

面積

1町《ちょう》＝10反《たん》＝3,000坪《つぼ》＝99.17a
1反＝10畝《せ》＝300坪＝9.91a
1畝＝30坪＝99.17㎡(0.9a)
1坪＝6尺平方＝3.3㎡
1尺平方＝0.09㎡

長屋の生活

長屋の中　フローリングの1ルーム

入口は土間で、玄関兼簡単な台所になっている。飯を炊くへっつい（竈）は備え付け。へっついでは米を炊く他、鍋をのせて味噌汁を作ることができた。江戸っ子は米を食べるので、煮炊きができるへっついは必需品だった。

水瓶は各自で買って設置した。水瓶の大きさは、家族の人数で各家庭ごとに違った。

九尺二間の長屋はたいていが板敷き、現代でいえばフローリングの１ルームになる。そこに筵（むしろ）を敷いて座る。

布団は寝る時以外は畳んで部屋の隅に置き、屏風で隠す。たんすのある家の多くは金持ちで、着替えなどの衣類は柳行李（やなぎごうり）にしまっていた。

冷暖房はもちろんないが、江戸の冬は寒いのでアンカくらいは用いた。**「たらちね」**で、嫁入り道具の夏冬のものが渋団扇（しぶうちわ）とアンカというのは、むしろリアルな話で、それで寒暖差をしのいだのだろう。

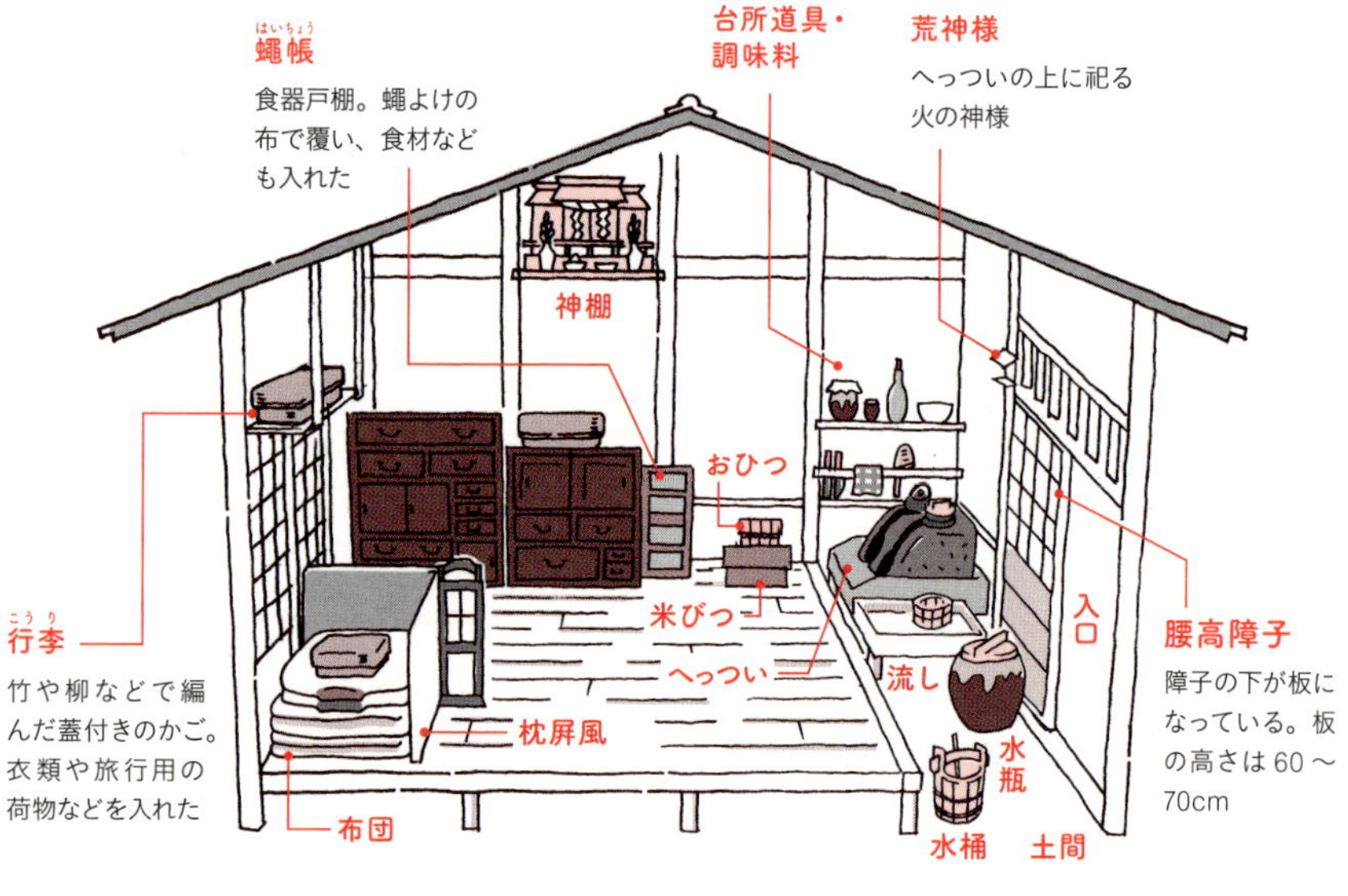

蠅帳《はいちょう》
食器戸棚。蠅よけの布で覆い、食材なども入れた
台所道具・調味料
荒神様
へっついの上に祀る火の神様
神棚
おひつ
米びつ
へっつい
流し
入口
腰高障子
障子の下が板になっている。板の高さは60～70cm
行李《こうり》
竹や柳などで編んだ蓋付きのかご。衣類や旅行用の荷物などを入れた
枕屏風
布団
水瓶
水桶
土間

長屋にも、いろいろある。たとえば、**「三軒長屋」**に出てくる剣術の道場や、鳶《とび》の頭《かしら》が大勢若い者を家で待機させられるような広いものもあれば、**「お化け長屋」**に出てくる部屋が二間に小さな庭付きの小ぢんまりしたものもある。

「小言幸兵衛《こごとこうべえ》」の長屋は、借りた部屋で豆腐屋や仕立て屋などが営業できるのだから、かなり広い部屋なのだろう。

落語によく出てくる貧乏長屋は、俗に「九尺二間」といって、間口が九尺（約2m70cm）、奥行きが二間（約3m60cm）の一間。「棟割り」という隣家との間も薄い板の壁で仕切られている、寝るだけの家である。

おもに独身男性が住んだ。職人

表長屋と裏長屋があった

落語に出てくる人々が暮らすような庶民的な長屋は、たいてい裏路地にある。

表長屋は店舗兼住宅で、その間にある裏路地に裏長屋が建っている。路地の真ん中にはどぶ(排水溝)があり、板で蓋をしていた。裏長屋の棟割長屋は、入口以外は三方が壁で囲まれていて採光も風通しもない分、家賃が安かった。俗に「九尺二間」といわれ、江戸の町人の7割はこのような長屋に住んでいた。

長屋の配置

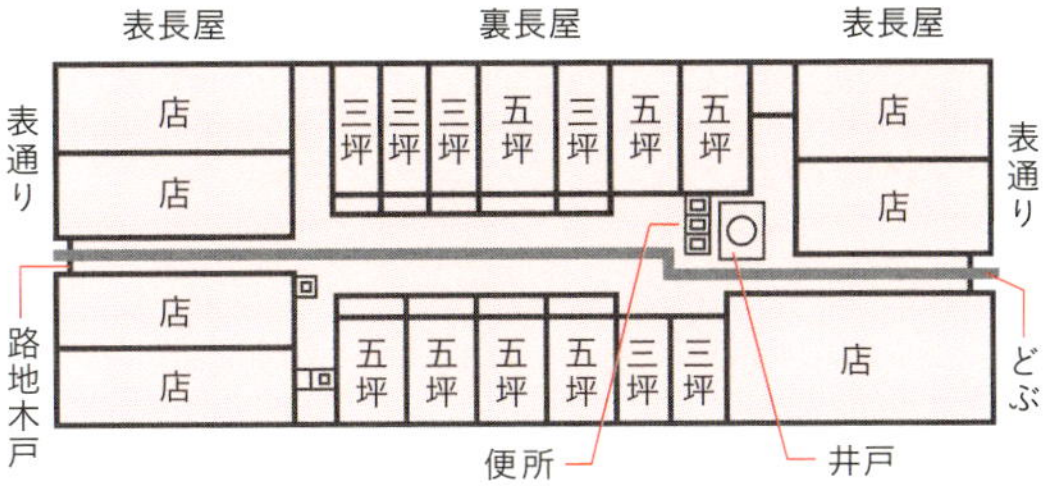

長屋の中央部

井戸端が社交場(サロン)

井戸と後架(便所)は各長屋に一か所。井戸はほぼ中央にあり、長屋のかみさん連中の社交場であった。中にはかみさんの腰巻の洗濯をさせられている亭主もいて(「**熊の皮**」など)、カカア天下の家庭はすぐにわかった。

井戸の水質は悪く、洗濯などに用いて、飲料水は水屋が売りに来た(「**水屋の富**」)。長屋の通路の脇にはどぶがあり、汚水はそこに流した。

後架に溜まる排泄物は、江戸郊外の農民が買いに来た。これが大家の貴重な収入になった。

や商人で年季が明けて独立した若い者や、地方から働きに来た者たちだ。そこから、職人なら腕を上げ、商人なら商売を成功させて銭を稼ぎ、広い家に引っ越すのが江戸っ子の目標だった。だから、江戸っ子は引っ越しが大好きだった。一方、「**お化け長屋**」で同じ長屋に何年も住んで古狸《ふるだぬき》と仇名で呼ばれている男もいた。

江戸っ子は宵《よい》越《ご》しの銭を持たないのは本当？

お金

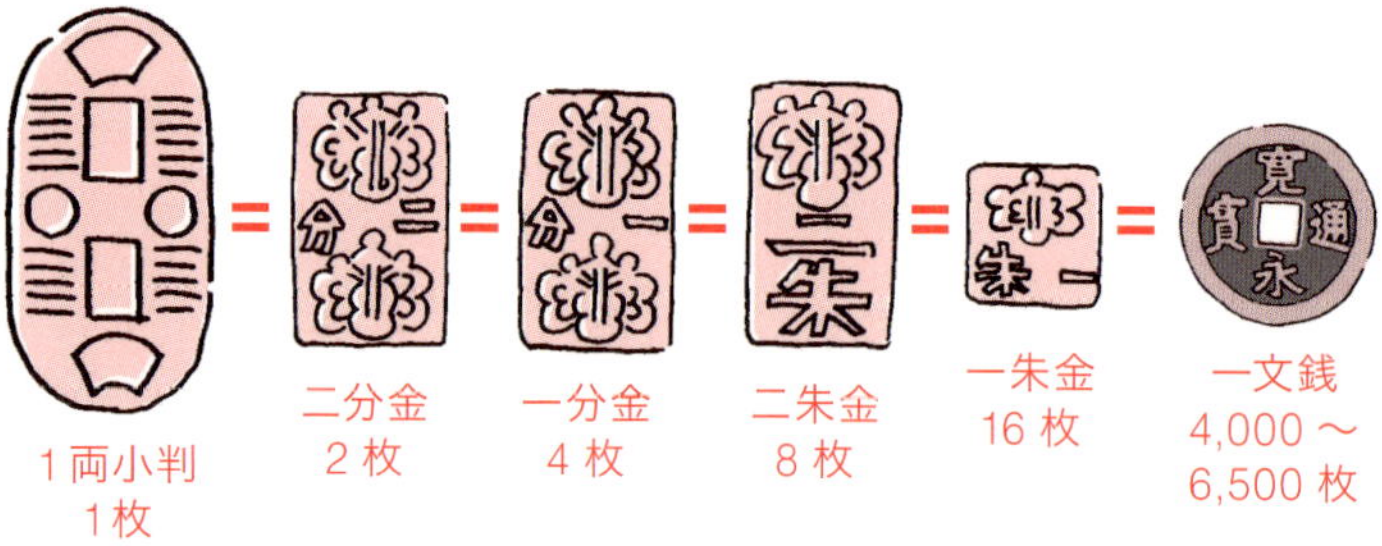

1両小判
1枚
二分金
2枚
一分金
4枚
二朱金
8枚
一朱金
16枚
一文銭
4,000～
6,500枚

江戸のお金は３種類

江戸では金貨、銀貨、銅貨(銭)の３種類の通貨が用いられていた。

上の図にある金貨は、小判(１両)が一番大きな単位で、それぞれに補助硬貨として、分、朱などが用いられた。分、朱は小粒と呼ばれた。小判を持っているのは武家や豪商で、庶民にはなかなか手に入るものではなかった。**「火焔太鼓**(かえんだいこ)」は小判が50両入った包み6個で300両が支払われた。**「芝浜」**の財布の中身は小判でなく、小粒である。

銀は丁銀という銀塊のような硬貨が用いられ、目方(重量)で価値が決まる。銀で支払いをする時は秤(はかり)のある店でないと買い物ができなかった。銀60匁(もんめ)が約1両に当たる。

銭は四文銭と一文銭。**「時そば」**の客は一文銭で支払い、**「雛鍔**(ひなつば)」の若様が拾うのは波の模様の入った四文銭である。

庶民の買い物はほぼ銭で支払う。銭は五円玉のように穴が開いていて、大きな買い物の時は、銭をサシという藁(わら)でできた紐で100枚、200枚束ねたもので支払った。

「江戸っ子は宵越しの銭は持たない」といったのは、腕のいい職人なら、稼いだ銭を全部使っても、次の日働けばまた稼げたからだ。脳天気といえば、それまで。平均寿命が50歳以下だった江戸では、老後の貯金をする必要もあまりなかった。

職人は、日当で給料をもらう者と、15日、晦日《みそか》など半月ごとにもらう者がいた。

支出は、長屋の店賃《たなちん》と、米、味噌、酒などはまとめて注文して、支払いは月末の後払いでよかった。何かの都合で払えなくても、たいていは待ってくれるが、どうしても待てないのが大晦日。「**掛取り**」では借金取りとの攻防が描かれる。

家具、衣類などの買い物は、古道具屋、古着屋を利用することが多かった。町内には買い物に長けた者がいて、値段交渉などもしてくれた。「**壺算**」「**人形買い**」「**古着屋**」など買い物の落語も多い。

物価

＊江戸後期 1文＝25円で換算
＊1両＝10万円で換算

酒は高価でぜいたくなものだった

4文約100円というのは、江戸後期の米や食べ物から換算したおおよその金額で、それでいくと1両は約10万円になる。

江戸時代は約260年あるので、前期と後期では物価が異なるし、幕末にはインフレも起こっている。文化文政の頃に16文のそばが寛政の頃は14文だった。

今の物価と違うものでは、家賃は極めて安く、酒は高かった。酒は気軽に飲めなかったので、「一杯飲める」ことに落語の登場人物たちの喜びは大きかった。

団子

4文
100円

酒

316文
7,900円

貸本

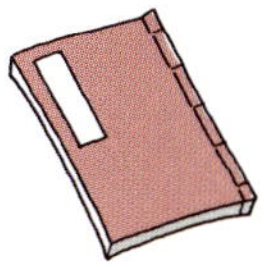

新本24文 600円
古本16文 400円

湯屋

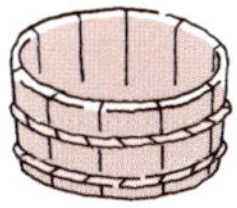

8文
200円

そば

16文
400円

髪結い床

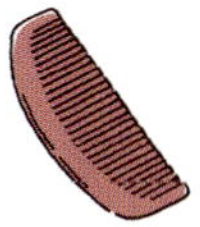

32文
800円

◆落語に出てくる物の値段

	値段	現代の値段	出てくる噺
豆腐	4文	100円	甲府い、徂徠《そらい》豆腐
納豆	4文	100円	納豆幽霊
熱田～桑名の船賃	45文	1,125円	桑名船
芝居の木戸銭（幕見）	16文	400円	芝居の喧嘩《けんか》
吉原・羅生門岸の揚代	200文	5,000円	お直し
葬式百日仕切り	天保銭6枚	15,000円	黄金餅
親孝行の褒美 青ざし	5貫文	125,000円	孝行糖
間男の示談金	7両2分	75万円	七両二分
富くじの一等賞金	1,000両	1億円	富久、御慶《ぎょけい》、宿屋の富など

収入

「高田馬場」の大工の日当は少なかった

「高田馬場」の見物人たちの会話の中で「大工の日当は銀三匁五分（6,500円）」と言っている。江戸庶民の生活を記録した『文政年間漫録』によると当時の相場は五匁二分なので、これはあまり腕のいい大工ではないらしい。物価の安い時代だから、この金額でも十分に暮らせた。

武士には知行（ちぎょう）と俸禄（ほうろく）の二つの収入を得る方法があった。位が上の武士、大名や旗本、その家来でも上級の者は知行。土地をもらい、そこから得られる米が収入となる。千石の武士とは千石の米の取れる土地の領主ということだ。下級武士は俸禄で、直接の主人から米と現金で給料をもらう。五石二人扶持（ぶち）は五石の米と二人分の生活費の現金がもらえるという意味。

商人は、丁稚（でっち）は商売を勉強している身分なので無給、手代になり初めて給金がもらえる。番頭になると歩合給になる場合があり、自身の商才でかなりの収入がある者もいた。

見物は庶民の楽しみ

芝居　歌舞伎は娯楽の華

見物料金が高額な歌舞伎は誰もが見られるものではなかったが、現代の歌舞伎座にもある幕見席が江戸時代もあって、**「四段目」**の丁稚のように仕事をさぼって通う芝居好きもいた。また、錦絵や評判記などが出版され、庶民に親しまれていた。

商家は年に数回、出入りの職人や商人、奉公人などに酒食を振る舞い、商売繁盛を氏神に祈願する行事を行っていた。そこで**「権助芝居」**や**「蛙茶番」**のような素人芝居が行われることもあった。

◆噺に出てくる芝居

名優の苦心譚を綴る**「中村仲蔵」「淀五郎」**の他、三文役者が活躍する**「武助馬**（ぶすけうま）**」「きゃいのう」**（有崎勉・作）もある。芝居好きの若旦那が大暴れする**「七段目」**は、歌舞伎の名ぜりふ、名場面が次々に飛び出し、実際に歌舞伎を見ているようなおもしろさ。人情噺でクライマックスが歌舞伎仕立てになる芝居噺も、特別な会で演じられている。

町人文化の代表的なものに芝居（歌舞伎）がある。元禄期に開花し、落語が始まった文化文政期（１８００年頃）には、庶民の最も憧れの娯楽として君臨する。歌舞伎に関する出版物も多く、「知らざぁ言って聞かせやしょう」などの名ぜりふが流行語にもなった。歌舞伎の木戸銭は高額だが、やりくりをして年に数回くらいは見に行こうという町人も多かった。

歌舞伎の派手できらびやかな衣装や髪型も人気を集め、錦絵に描かれ、それを真似する町人もいて、歌舞伎役者はまさにファッションリーダーでもあった。

また、享保の頃（１７００年代初期）から、上方の音曲が江戸に伝わり、新内節などの江戸浄瑠璃も生まれた。男性が女性にモテるには唄上手がポイントで、「**包丁**」の寅は、顔はダボハゼみたいだが、音曲ができるので粋な年増にモテた。

寄席

◆噺に出てくる寄席

「くしゃみ講釈」は講釈師に恥をかかされた男が仕返しに行く噺。講釈師が講談を語る場面もある。**「夕立勘五郎**(ゆうだちかんごろう)」はヘタな浪花節(浪曲)語りの高座に客たちが閉口する噺。**「不動坊」**のように職業としての落語家が出てくる噺はあるが、落語の寄席を舞台にしたものはほとんどない。

町内に一軒寄席があった

テレビもインターネットもない時代、昭和 30 年代頃まで庶民の娯楽は寄席だった。

江戸時代は 15 日間の公演で、トリは人情噺を連続で語り、お客は連続ドラマを見る感覚で、毎日寄席に通った。

寄席は夕方からの営業で、仕事が終わって湯に行ってから、寄席に行くのが庶民の楽しみの一つだった。

寄席の数も、文化 12(1815)年には 75 軒、文政13(1816)年には 125 軒。まさに町内に一軒あった時代だったのである。

相撲

一年を10日で暮らす粋なヤツ

今でも相撲は人気だが、江戸時代の相撲人気はすごかった。なにせ本場所は年 10 日しかない。それに人々は熱狂した。

超人的な力を持つ力士、それがぶつかり合う勝負の世界には、さまざまなドラマが綴られた。

相撲の贔屓(ひいき)も「10日の相撲を12日見る」なんていう人もいて、準備や片づけまで見に来たというから、タダモノではない。

◆噺に出てくる相撲

横綱が活躍する「**阿武松**(おうのまつ)」「**佐野山**」という人情噺もあれば、「**花筏**(はないかだ)」「**半分垢**(はんぶんあか)」などのおもしろい噺もある。中には負けてばかりの弱い力士の「**大安売り**」もある。相撲場のいろいろを描く「**相撲風景**」も楽しい。

神社仏閣は娯楽のパラダイス

祭り　江戸っ子の心意気を見せる

神輿(みこし)に祭り囃子(ばやし)、祭りは心がウキウキする、大きなイベントである。神田明神、日枝神社、浅草神社の３社などの大きな祭りもだが、各町内の氏神の祭りに江戸っ子は心意気を見せた。

祭り好きが出てくる落語もいろいろある。父親の葬式を祭りで演出しようという「**片棒**」の息子は、囃子や手古舞(てこまい)、山車(だし)には父親のからくり人形を乗せ、あげくは父親の遺骨を納めた神輿で「わっしょい！」。あきれるが、おもしろ過ぎる。

◆噺に出てくる祭り

「**百川**」に登場する四神剣(しじんけん)とは、中国の青龍、白虎(びゃっこ)、朱雀(すざく)、玄武(げんぶ)の四神を描いた旗の先に剣がついているところから、江戸っ子は「四神剣」と呼んだ。今では剣も旗もなく獅子頭だけが残り、神田祭の山車に飾られている。江戸だけでなく、上方にも大きな祭りはある。「**祇園祭**」は祇園祭見物に行った江戸っ子と、土地の京っ子が祭り自慢をする噺。

◆江戸時代の祭りランキング　(江戸時代の「諸国御祭礼番附」より)

順位	東			西		
1	江都	6月15日	山王御祭	京都	6月14日	祇園御祭
2	江都	9月15日	神田御祭	大坂	5月25日	天満御祭
3	常陸	4月17日	水戸御祭	讃岐	10月10日	金比羅御祭
4	江都	6月15日	赤坂氷川御祭	安芸	3月16日	宮島御祭
5	陸奥	9月17日	仙台御祭	大和	11月27日	若宮御祭

祭りは信仰を超えたイベントとして大いに親しまれた。土地の祭りは地元民の自慢であり、「**祇園祭**」のように祭り自慢をする者も現れる。

信仰は江戸の人たちにとって重要なもの。困った時の神頼み。医療がほとんどない時代だから、病気になったら熱心に神仏に祈っていた。眼の病は観音様で、「**心眼**」「**景清**」などの落語に描かれる。「**佃祭**」では歯痛を戸隠神社に祈って治す風習があったことも語られている。

江戸っ子が特に信仰したのは稲荷。五穀豊穣の神でもある。「伊勢屋、稲荷に犬の糞」と言われるくらい、稲荷社は江戸の名物だった。今でも東京の街角のいろいろなところに稲荷社はある。江戸の稲荷の元締めが王子稲荷で、初午《はつうま》の祭りで賑わう。「**王子の狐**」は初午の翌日に稲荷社に出かけた男の話。

七福神は、中国、インド、日本のさまざまな神々が宝舟に乗ってやって来る。宝舟の描かれた紙を枕の下に敷いて寝るといい夢が見られると信じられていたので、その紙を売るお宝売という商売もあった。七福神の出てくる落語に「**羽団扇**《はうちわ》」などがある。

縁日

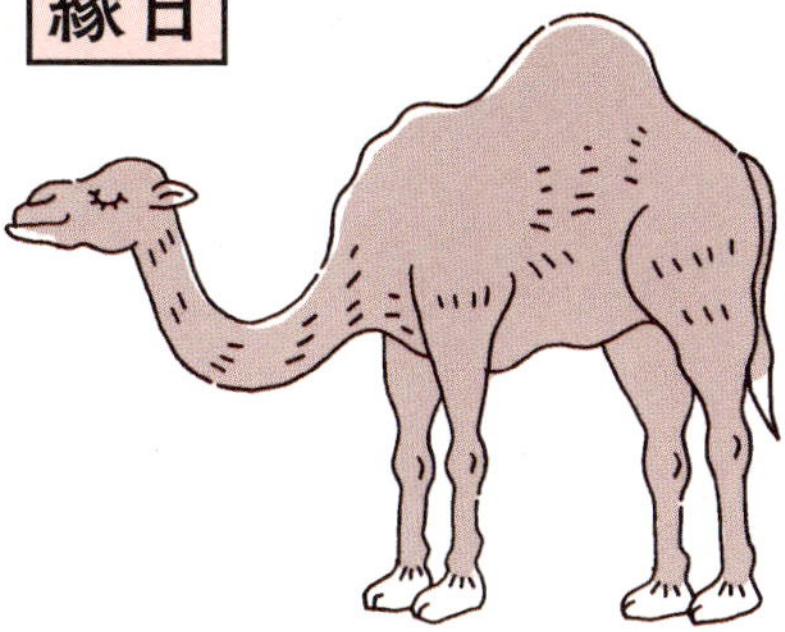

縁日は夢多き場所

お菓子やおもちゃの露店が並ぶ縁日は、子供たちの楽しみの一つ。だが、昔の縁日はそれだけではない。見世物や覗きからくり、ガマの油売りなど大人が楽しむものもたくさんあった。

「**一眼国**（いちがんこく）」などのマクラでは、大イタチが大板血（おおいたち）だったり、鍋を逆さにしてベナというなど、インチキな見世物の話が出てくるが、実際に珍獣や秘宝などを見せていたものもあった。中でも象とラクダは大人気で、2大スターだった。

◆ 噺に出てくる縁日

子供を縁日に連れて行く「**初天神**」は、何も買わない約束のはずが、飴、団子、凧（たこ）を買わされる。子供の物欲をくすぐる露店商の巧みな言葉と、断固阻もうとする父親のやりとりが、なんとも楽しい一席だ。

富くじ

最後の頼みは富くじ！

神社や寺は修繕などの資金集めのために富くじの販売が許されていた。一等は千両（約１億円）だから、当たれば人生大逆転。ただし、富札も一枚二分（約5万円）と高価だから、現代の宝くじのように、そうそう庶民には手が出ない。何日間かの稼ぎをつぎ込んで勝負に出るのが、富くじだった。

◆ 噺に出てくる富くじ

「**宿屋の富（高津の富）**」「**富久**」「**水屋の富**」「**御慶**」など、富くじの出てくる落語は意外と多い。それだけ庶民が夢を託したのであろう。当たればいいが、はずれたら、「**宿屋の富**」にこんな名ぜりふがある。「うどん食って寝ちゃう」。

一生に一度はお伊勢様に行くのが夢

江戸っ子は「一生に一度はお伊勢詣り」といわれたように、お伊勢詣りに行くのが人生の目的の一つでもあった。上方は「伊勢へ七度、熊野へ三度」といって、伊勢が近かったためか、たびたび行っていたようだ。上方落語には旅の話が多い。

江戸では信仰と小旅行を兼ねた「富士詣り」「大山詣り」などは年に一度くらいは行われていた。銭を積み立てて、講（グループ）での団体旅行で親睦も兼ねていた。

◆ 噺に出てくるお詣り

上方落語「**東の旅**」は伊勢詣りの噺で、そのうちの一編に「**軽業**（かるわざ）」「**七度狐**（しちどぎつね）」などがある。ちなみに「**西の旅**」は金比羅詣りになる。信仰と親睦を目的とした小旅行の「**大山詣り**」では、暴れて坊主にされた八五郎が見事な仕返しをする。「**鰍沢**（かじかざわ）」「**甲府い**」など日蓮宗の聖地である身延山（みのぶさん）参りの落語もある。

お詣《まい》り

夢も現実も吉原が教えてくれる

新吉原の場所は浅草寺の裏

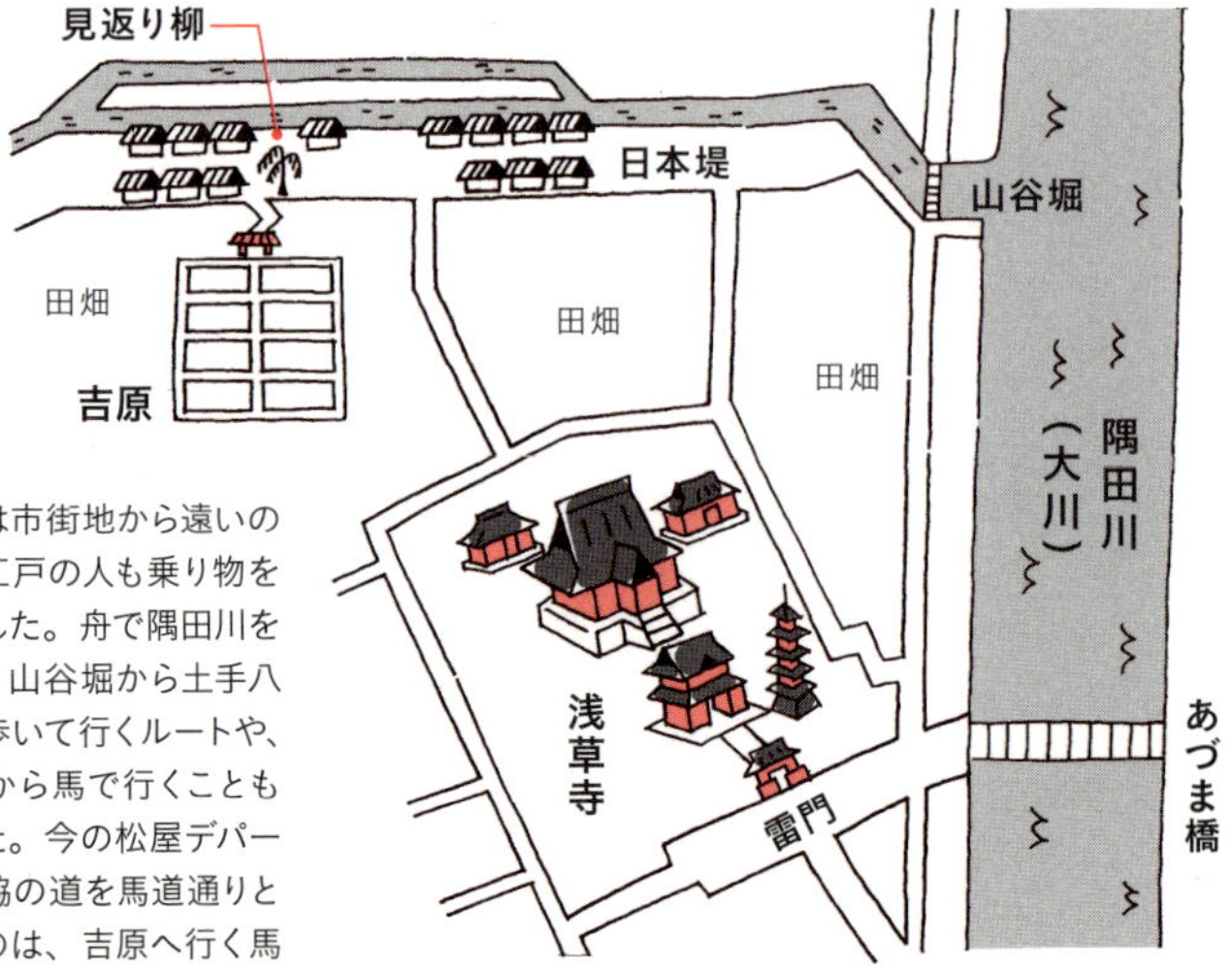

吉原は市街地から遠いので、江戸の人も乗り物を利用した。舟で隅田川を上り、山谷堀から土手八丁を歩いて行くルートや、浅草から馬で行くこともあった。今の松屋デパートの脇の道を馬道通りというのは、吉原へ行く馬が客待ちをしていたから。

廓《くるわ》噺というのは、吉原や品川などの遊女屋を舞台に、客と遊女の駆け引きや、そこに働く若い衆やおばさん（落語ではやり手ババアといわれている）などが出てくる噺をいう。当時の吉原（俗に新吉原という今の台東区の一角）は堀に囲まれて、城のような構造だったから、「廓」と呼ばれた。

　吉原も時代によって、その形態が異なる。できた当時は今の人形町あたりにあった。街中に売春施設があるのは風紀上よろしくないと、明暦の頃（1655年頃）、浅草の先に移されたのが新吉原だ。

　明治になり、それまで培われた風習などが変わり、戦後はGHQの指導で遊女屋が飲食店に変わった。昭和33（1958）年、売春防止法が施行されて吉原はなくなった。よって、現在の落語家のほとんどは吉原を知らない。それでも廓噺は江戸の風景として、そして男女の変わらぬ心情が共感を呼び、人気だ。

　江戸の吉原と現代の風俗との最も大きな違いは、吉原では花魁《おいらん》が客をふることができた。つまり金さえ払えば同衾《どうきん》できるわけではなかったのだ。客もおしゃれして、粋な振る舞いをしなければならなかった。要はただの売春施設ではなく、男を磨く修業の場でもあったのだ。

一夜の夢が繰り広げられた

「冷やかし千人、客百人、間夫は十人、恋一人」という言葉がある。「冷やかし」というのは遊女屋に上がらず、ただ張り店（遊女が並ぶ1階の店先）を見て歩くだけ。お金が掛からず、きれいな女性を見られるのだから、それだけで満足して帰る人も多かった。その1/10くらいが客として遊女屋に上がる。

客の1/10が間夫（まぶ・自分は恋人だと思っている常連客）になって通って来る。だが、結局、遊女がホントに好きな男は一人だけ、なんだそうだ。

鼠《ねずみ》入《い》らず

ねずみ避け用の食物や食器をしまう戸棚

座敷持ちの遊女

妓楼から自分の部屋が与えられている売れっ子の遊女。「**明烏**（あけがらす）」の甘納豆のような客へのサービスのためのお菓子を入れる鼠入らずなども置かれていた

用水桶

吉原でも火事には用心した。角々には、初期消火のための用水桶が設置されていた

かむろ

花魁の修業をする少女。幼くして吉原に売られ、花魁の身の回りの世話をしながら、男女の「いろは」を教わった

料理

吉原での飲食は、「台のもの」といって、台屋（仕出し屋）に、松竹梅の飾りをつけた大きな台にのせた豪華な料理を注文した。お引け（終宴）まで、飲んで騒ぐのも吉原の遊びの楽しさだった

階段

遊女屋の中央には、幅の広い階段があった。「**明烏**」で、この階段を降りて来る花魁を見て、時次郎はここが吉原だと気づく

提灯と草《ぞう》履《り》持ち

花魁道中で、若い衆が務める。花魁道中とは、遊女のデモンストレーションのパレード。これを見物しに吉原に行く者も大勢いた

◆噺に出てくる吉原

若旦那の童貞喪失譚の「**明烏**」、純愛が成就する「**紺屋高尾**（こうやたかお）」、3人の男を手玉に取る遊女の話「**三枚起請**（さんまいきしょう）」、遊女と客との間で走り回る若い衆を描く「**お見立て**」「**五人廻し**」、変わったところでは吉原田圃（たんぼ）の蛙が集団で吉原に行く「**蛙の女郎買い**」などという噺もある。廓噺は純愛はもちろんあるが、遊女の手練や、うぬぼれた客、ふられたり騙されたりする男の悲哀など、悲喜こもごもの物語が綴られる。

町人たちのなりわいはどんなもの？

商人の世界

大店《おおだな》の丁稚《でっち》は出世コース

武家屋敷に出入りする呉服屋や装飾品屋、金銭を扱う両替屋（今の銀行）、材木問屋や米問屋など、多くの奉公人を使って営業する大店が江戸には多くあった。

江戸近郊の農家の次男、三男や、小商人の子供などでも、大店に奉公できれば、番頭に出世したり、のれん分けで店の主人になるチャンスがあった。

◆噺に出てくるお店

「**百年目**」では厳しい商家の生活が克明に描かれる。一方、若い男ばかりが集団生活をする商家に美人の女中が来たことで起こる夜這い騒動を描いたのが「**引越しの夢**」。奉公に出した子供が成長して帰って来たことに戸惑う親の心情を描いた「**藪入り**（やぶいり）」は心温まる噺。

奉公人のステップ

小僧（丁稚）

10～15歳

就職ではなく奉公。住み込みで仕事をしながら、商売の基本を教えてもらう。そろばん、読み書きも教えてくれるが、親元を離れての集団生活で、しかも無給。過酷な毎日だった。

手代

18～20歳

一人前とみなされ、羽織の着用が許される。相変わらず店で集団生活はしているが、給料がもらえて、店内業務につくようになる。徐々に商売の決裁権も与えられる。

番頭

手代がすべて番頭になれるわけではなく、特別に認められた者に限られていた。番頭は、自分の裁量で商売ができる。店によっては利益のうち歩合で給料が決まるところもあり、高給の番頭もいた。家を借りて、通いの番頭になる者もいたし、妻帯も許された。

江戸の町人の職業は、職人か商人が多かった。職人には、大工、左官などの建築関係、河川や道路の工事を行う土木関係、屋内で物を作る居職の職人などがいた。

商人は、大名に出入りするような大きな店に丁稚奉公してキャリアを積み、手代、番頭と出世する道があった。中小の店舗、酒屋や米屋は、数名の奉公人を使って営業しているところや、夫婦だけでやっている店もあった。

小《こ》商人《あきんど》といって、店舗を持たず、荷を担いで商品を売る呉服屋や小間物屋がいたり、棒《ぼ》手《て》振《ふ》りという天秤棒で野菜などを売り歩く商人もいた。

小規模のお店

江戸庶民は、米、味噌、酒などは店舗からまとめ買いした。長屋を出た表通りに店が何軒かあり、注文すれば届けてくれた。量が多いから金額も大きくなるので、貸し売りしてくれて、月末など(職人の給料日は月末が多かった)にまとめて払えばよかった。

引っ越し好きな江戸っ子には古道具屋も欠かせない。旧居の近所の古道具屋に家具を売り、新居の近くの古道具屋で新居に合った家具を買う。江戸っ子の引っ越しには大八車はいらないのだ。

◆噺に出てくる商売

江戸っ子はおしゃれできれい好きだから、湯屋(風呂屋)と床屋には毎日のように行っていた。だから湯屋も床屋も混んでいて、待合室のような部屋もあり、**「浮世床」**のように若い者たちが集まっていた。**「湯屋番」**で昼間から男湯が混んでいるのは、仕事終わりの男たちはまず湯に行ってさっぱりしてから、遊びに行ったからだ。

物売り(棒《ぼ》手《て》振《ふ》り)

「先々の時計になれや小商人」。豆腐屋が来たからそろそろ何時だというように、江戸の町では毎日、天秤棒を担いだ商人が長屋を回った。

八百屋は単品売り(多くの野菜は重くて担げない)で、旬のものを売りに来たから、おかみさん連中は売っているものを買ってから、おかずを考えた。

「ねずみ穴」では天秤棒一つで起業した竹次郎が、一日中、時間に応じていろいろな商品を売り歩く様子が描かれている。

◆噺に出てくる物売り

魚屋は魚を売るだけでなく、売った魚を飯台の上でさばいて、切り身や刺身にしてくれた。**「芝浜」**で「腕のいい魚屋」と言われているのは、魚の目利きの他、包丁の腕もよかったということだ。買ってくれる物売りもいた。たとえば、屑屋。紙は貴重だからリサイクルしていたのだ。**「井戸の茶碗」「らくだ」**など屑屋が活躍する落語もある。

手習いの師匠も多かった

「井戸の茶碗」の浪人は「昼間は素読(そどく)の指南、夜は売卜(ばいぼく)をしている」と言っている。素読の指南とは論語を教えることで、要は寺子屋の先生だ。長屋の浪人が安価で子供たちに読み書きを教えていたので、江戸の識字率は高かった。売卜は占い師である。

音曲を嗜(たしな)む人が多かったので、稽古屋の師匠も多くいた。音曲の師匠には女性も多く、**「稽古屋」**の師匠は五目といって音曲や舞踊、何でも教えてくれた。中には**「あくび指南」**など、おかしなものを教えてくれる先生が出てくる落語もある。

江戸っ子の職人気質を知る

大工の世界

大工は憧れの職業の筆頭

江戸は増殖する街で、しかも火事も多かったから、大工、左官などは常に仕事があり、高収入を得ていた。落語の大工は、壁に瓦釘を打ち込む「**粗忽の釘**」の熊さんや、物をのせると落ちる棚を作っちゃうような間抜けな大工も出てくる。
「**三井の大黒**」で左甚五郎に「江戸の職人は仕事が雑」と言われた棟梁の政五郎が「細かい仕事よりも早く仕上げるのが江戸流」だと言っている。仕事にも東西の違いがあるのがおもしろい。

大工の一日

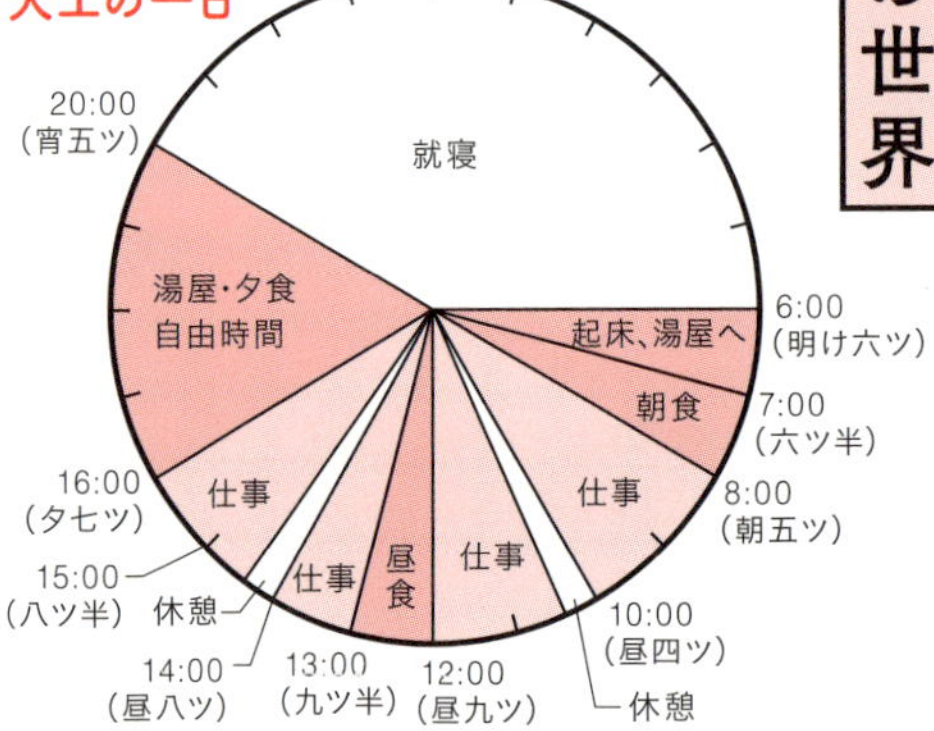

20:00
(宵五ツ)
就寝
湯屋・夕食
自由時間
6:00
(明け六ツ)
起床、湯屋へ
朝食
7:00
(六ツ半)
仕事
8:00
(朝五ツ)
16:00
(夕七ツ)
仕事
15:00
(八ツ半)
休憩
仕事
昼食
仕事
10:00
(昼四ツ)
14:00
(昼八ツ)
13:00
(九ツ半)
12:00
(昼九ツ)
休憩

大工の一日は、日の出とともに起き、朝早いうちから働き出し、日の入りとともに仕事を終え、3時間後には寝床に入った。一日に2度風呂に入り、仕事の合間にはきっちり休憩もとる。近場での仕事なので通勤時間もかからない。とても健全な生活と労働環境だったと想像できる。

◆噺に出てくる大工

威勢のいい啖呵(たんか)を切るのは「**大工調べ**」の棟梁の政五郎だ。武家屋敷出入りの一流の大工もいる一方、「**水神**」(作・菊田一夫)の杢兵衛(もくべえ)は屋根大工だが、瓦でなく長屋の板張りの屋根を作る、トントン屋根屋と呼ばれた。大工にもいろんな大工がいた。

江戸は武士の街である。江戸城を中心に大名、旗本の屋敷がある。大名は参勤交替で一年おきに江戸で生活する。幕府を支える旗本、御家人も多くいた。

武士たちの生活を町人たちが支えた。特に大名、旗本の屋敷の補修や、調度品の製造などを行う職人に需要は多くあった。そのために大名屋敷からさして遠くない場所に町人たちの街ができた。神田竪大工町には大工が多く住み、塗壁町には左官が多く住んでいたといわれている。

建築需要が多かった江戸の街では、大工などの職人は収入も高く、毎日仕事があったので、「宵越しの銭は持たない」という江戸っ子気質が生まれた。そんな大工などの職人の生活は、落語に多く描かれている。

「**粗忽《そこつ》の使者**」では大名屋敷出入りの大工の留《とめ》っ子が活躍する。

道具箱の中

道具類は大工にとって命の次に大事なもの。道具箱には、鋸(のこぎり)、のみ、鉋(かんな)、錐(きり)、差し、玄翁(げんのう)、釘抜き、釘などを入れるのでかなりの重量があった。玄翁は釘を打ち付けたり、のみで穴をあける時に使う。釘抜き、またの名を「えんま」といい、釘の頭をはさんで力で抜く。バールのようなものでなくペンチ。のみは彫刻や木材に穴をあける基本の道具。

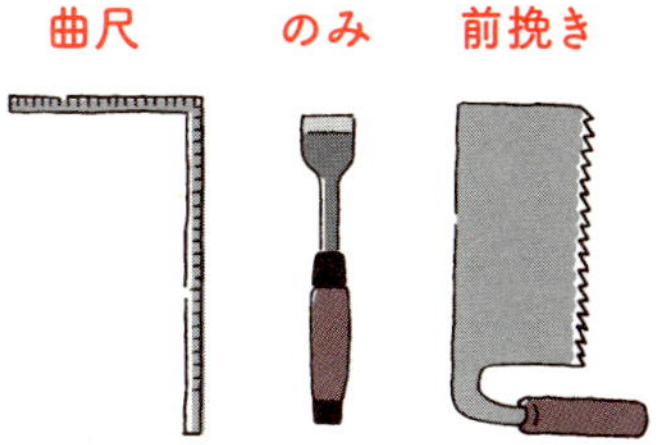

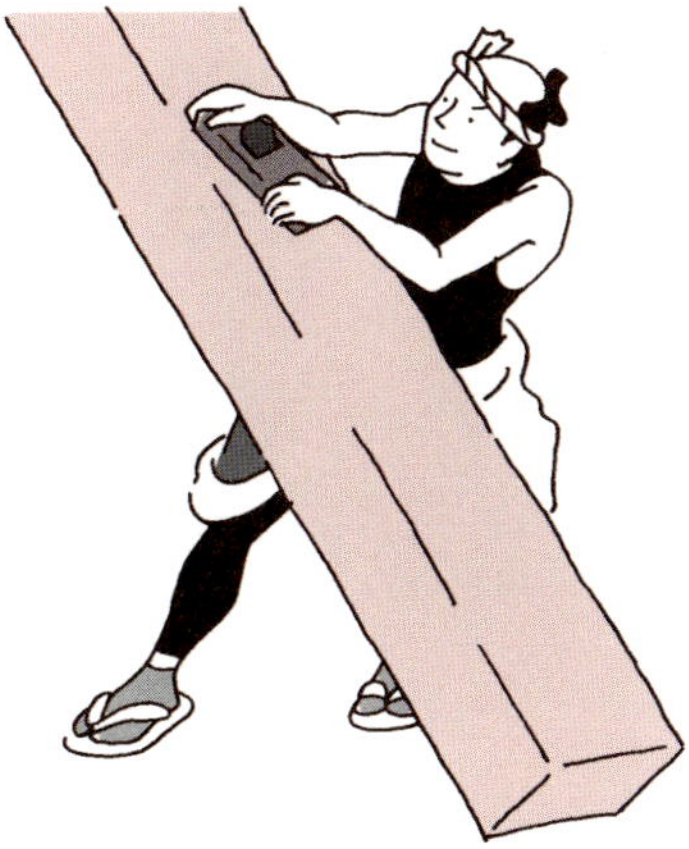

「大工調べ」の名啖呵!(一部)

「大家さんとかなんとか言ってやりゃあ
つけあがりゃあがって、
何をぬかしやがるんだ、この丸太ん棒め!
てめえなんざあ丸太ん棒にちげえねえじゃあねえか。
血も涙もねえのっぺらぼうな野郎だから丸太ん棒てんだ。
てめえなんざ人間の皮を着た畜生だ。
呆助、ちんけぃとう、株っかじり、芋っぽりめ!
てめえっちに頭を下げるような
お兄《あに》ぃさんとお兄ぃさんのできが
すこうしばかりちがうんだ……」

「**大工調べ**」では棟梁の政五郎が強情な大家に向かって、威勢のいい啖呵を切る。江戸っ子は案外、暴力には慎重で、言葉で相手を威嚇することが多かった。威嚇だけでなく、けんかの収拾も啖呵でケリをつけた。負けたほうが「さぁ、殺せ」とやれば、勝ったほうは何も言えなくなる。啖呵のやり方で、うまくけんかをするのが江戸っ子のやり方だった。

その他の職人

すべて手作りの職人技

大工、左官以外にも職人はいる。家で作業をする居職には、箪笥(たんす)を作る指物師、簪(かんざし)や櫛(くし)を作る飾り職人、表装をする建具師、火鉢を作る火鉢職人もいた。

着物を縫う仕立て屋、布を染める染物屋、足袋職人、下駄屋などもいた。

文化的に充実してきた江戸の街では、製造業の職人たちも多種多様になってくる。

◆噺に出てくる職人

変わったところでは、桶を束ねる「たが」を作る「**たがや**」が花火見物で賑わう両国橋で大立ち回りする噺がある。手ぬぐいなどを紺に染める紺屋の職人の純愛物語は「**紺屋高尾**」。仕事をしている場面は出てこないが、「**蛙茶番**」の建具屋の半ちゃんは、町内の小町娘に岡惚れしているらしい。

染物職人

祝いもとむらいも 住人ぐるみで

現代でも「祝儀・不祝儀のつきあい」はある。「祝儀」は婚礼（結婚）や出産、節句の祝い、不祝儀は葬式である。不祝儀でなくても、同じ長屋の住人が病気やけがで働けなくなったら、いくらかずつ銭を集めて当面の生活費を支援した。「困った時はお互い様」という相互扶助の精神が江戸っ子にはあった。

嬉しいにつけ悲しいにつけ、長屋や町内は一つの共同体だった。「**長屋の花見**」のように、大家が長屋の住人たちを花見に連れて行ってくれたりもする。大家は家賃収入を得る職業ではなく、共同体の責任者の立場にあったからだ。

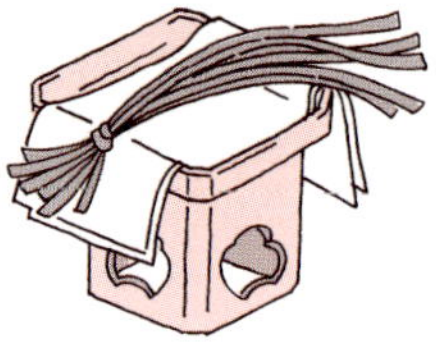

＼どういう風に結婚は決まったの？／

結婚のパターン

お見合い　所帯を持って一人前

適齢期の独身者がいると、「**たらちね**」のように大家さんが嫁を紹介してくれることはよくあった。所帯を持たせたのは、生活基盤ができることで仕事にも励みが出て生活が安定する、という考え方からだ。当人たちの意思はあまり関係ない。条件さえ合えば、すぐに婚礼となった。

大きな商家では、家の中を仕切る妻の責任が重要で、「**三年目**」のように妻が死んですぐにでも、親戚が新しい嫁を無理矢理に世話した。

親が決める　結婚は家と家との結びつき

武家や大きな商家になると、結婚に当人の意思など一切関係なかった。結婚の基本は家と家との結びつきだった。格が違う家から嫁や婿をもらうとつきあいが大変だから、同格の家同士で結婚した。

他にも家の事情で、嫁、婿をとらされる若旦那やお嬢様はずいぶんいた。「**城木屋**（しろきや）」のお駒は店の経営改善のため、金を貯めている醜男を婿にした。そのために婿を殺してしまう事件に発展する。同情の余地があるから物語なのだが、これがこの時代の常識だった。

くっつき合い　恋を成就させた男女の照れ

落語には「仲人なしのくっつき合い」という夫婦が出てくる。仲人を介さない、惚れ合った同士で結婚した、つまり「恋を成就させた」ことを照れて、へり下って言うのである。

出会いは、出入りの職人とお店の女中だったり、町内の小町娘に惚れて口説き落としたり、あるいは花魁と客で年季が明けて夫婦になった、などというのもあった。

「**粗忽の釘**」の熊さんも「くっつき合い」で、その恋のなれそめを隣人にこまごまとたっぷり語るところが一番の笑いどころとなっている。

落語に出てくる結婚祝いの場面

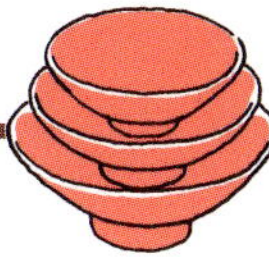

「松五郎、梅吉、竹蔵、松竹梅で縁起がいい」（松竹梅）

松も竹も梅も、冬の寒さに耐えるもので「歳寒三友（さいかんさんゆう）」と呼ばれ、めでたいものとされる。謡曲「老松」に竹と梅を加えた長唄、箏（そう）曲などがあり、婚礼の余興で祝儀曲として歌われた。

「鮑《あわび》のしにするには、仲のいい夫婦が一晩かかって作らなきゃできねえんだ」（鮑のし）

鮑のしは、鮑を薄くはぎ、引き伸ばして乾かしたもの。もともとは儀式の酒の肴であった。「伸ばす」から縁起のよいものとされ、祝儀の贈答品に添えられた。

「仲人は宵のうち」（たらちね）

仲人の仕事は婚礼の前半でほぼ終わる。なので、婚礼の宴席を早めに切り上げるために、仲人が率先して席を立つ。早く二人だけにしてやろうという配慮。

「娘の衣装は金がかかっていて、頭に白い布を巻いて」（うどん屋）

花嫁衣裳で頭に巻く布を「つのかくし」という。もともとは寺参りの時に女性が頭に巻いたもので、幅三寸、長さは二尺ちょっと。前髪にかぶせ、後ろで二つ折りにし髷（まげ）の後ろで留める。

記帳をする（三人無筆）

商家など弔問客の多い葬式では、必ず記帳をお願いする。花や供物、香典なども記すので、心得た人でないと記帳の管理はできない。記帳係にマヌケがいるとおもしろいことが起こる。葬式にも落語のタネは落ちている。

表に白黒の花輪（近日息子）

葬式では、のれんを裏返し「忌中」の紙を貼る。表には故人とゆかりの人たちから白黒の花輪が届くが、実は花輪が葬式に用いられたのは大正時代からの風習。利点は目立つこと。故人の取引先の企業などが贈った。

三下り半って？

「三下り半」とは離縁状のことで、夫が理由は書かずに棒を三本半書いて渡せば、嫁も仲人も納得せざるを得なかった。「家風に合わない」「三年子なきは去れ」などという理不尽な理由が通った時代。女房からの離縁は原則できなかったが、納得する理由（働かない、薄情など）があれば仲人を介しての離縁も可能だった。　※諸説あります。

＼落語に出てくる／ とむらいの仕方

おくやみの言葉（短命、くやみ、佃祭）

「くやみ」の極意なんてない。はっきり言う人はいないものだ。口の中でぐずぐずもぐもぐやってるうちに、しまいになるもんだ、なるべく余計なことを言わず、悲しみを表現すればよい。

早桶かついで火葬場へ（黄《こ》金《がね》餅《もち》、らくだ）

落語には貧乏弔いも出てくる。「**黄金餅**」では僧侶の布施を値切る。「**らくだ**」は火葬場に死骸を持ち込んで、とにかく焼いてしまおうという乱暴な葬式だ。当然、棺桶なんて買えないから、菜漬けの樽に死骸を入れて、担いでいく。

江戸時代の乗り物は駕《か》籠《ご》と船が主流

宿駕籠と辻駕籠

江戸の駕籠屋には、宿駕籠と辻駕籠の２種類があった。

宿駕籠は店を構えて営業しており、商家や医者などと契約し、駕籠を派遣したり、老人や女性の外出の時にチャーターされたりした。吉原で粋に遊ぼうなんていう人は、宿駕籠で景気よく乗り入れた。

辻駕籠は、街々に立って、急ぎの客などを乗せた。**「くも駕籠」**のように街道の茶店や、人通りの多い辻で客待ちをしていた。

現代でいえば、宿駕籠がハイヤー、辻駕籠がタクシーである。

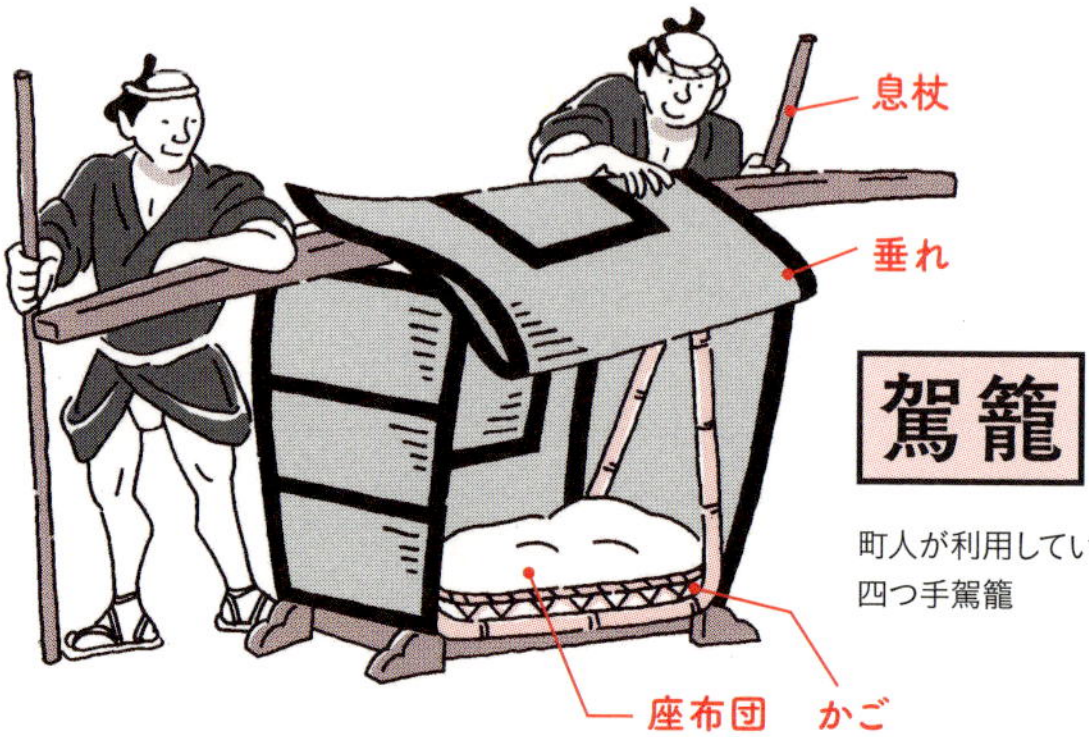

町人が利用していた
四つ手駕籠

駕籠の種類

辻駕籠に用いられたのは、四つ手駕籠。４本の竹を柱にし、割り竹で編んだ簡易な駕籠が多かった。対して高級な駕籠は宝仙寺駕籠ともいわれ、裃(かみしも)着用で乗れる広さだった。

畳表のすだれがあって、外から誰が乗っているのか見えない「あんぽつ」という駕籠もあった。**「大山詣り」**の八五郎はこれに乗って参詣の一行を追い抜いた。

どこで乗る?

辻駕籠は街のいたるところで客待ちをしていた。**「くも駕籠」**のマクラでその由来を、「蜘蛛のように網を張っているから」だと言っている。

宿駕籠は駕籠屋に予約を入れて迎えに来てもらう。医者や商家の大旦那など、頻繁に駕籠を利用する者は駕籠屋と契約し、専属の駕籠屋が送迎を担当していた。

◆噺に出てくる駕籠

大名が登城の際に乗る駕籠は「乗物」と呼ばれた。**「紀州」**で、尾州公は駕籠の中で鍛冶屋の打つ音が「天下取る」と聞こえた。上方落語**「ちしゃ医者」**では藪医者が駕籠かきを雇えず、往診の帰り道、自分で駕籠を担いだり、村人に駕籠を担いでもらう代わりに、とんでもないものと駕籠に同乗することになる。

江戸の人たちは基本は歩いて移動した。でも、くたびれたり急いでいる時は駕籠に乗った。二人の人間が担ぐのだからそんなに速くはなかろうと思われがちだが、強靭《きょうじん》な肉体の駕籠かきは一般人よりもはるかに速く走ったそうだ。

江戸には大川（隅田川）、神田川をはじめ大きな川があり、運河もある。往来する船もいろいろ。吉原通いの粋な猪牙《ちょき》舟、屋根舟もある。まだ橋があまりなかった大川や、海を隔てた佃島などに行くには、渡し船を利用した。物資を輸送する船も大小あり、近郊の農村へ大便を運ぶ肥舟なんかも走っていた。

船

大川を上下する水上交通

吉原や浅草観音へ行くには猪牙舟で大川を上った。小型の高速艇で船頭の腕がいいと、かなり早く目的地に着けた。夏の暑い日、舟で涼しく浅草まで行こうとした二人連れが、初心者マークの若旦那船頭の舟に乗りひどい目に遭う「**船徳**」は有名。

夏の夕涼みに、恋人同士で人目をはばかり屋根舟をチャーターしてやったりとったり、なんていうのもあったが、とんだじゃまが入るのが「**汲み立て**」。

猪牙舟でゆったりと川を渡る。基本、一人乗り

小舟に屋根を付けた屋形舟は、宴会など遊びにも使われた。4～5人乗り

どこで乗る？

猪牙舟、屋根舟に乗るには、柳橋あたり（現在の浅草橋）の船宿でチャーターする。「**船徳**」「**夢金**」のように、船頭があいていれば飛び込みでも乗ることができた。

旅先で船に乗ることもある。東海道で、名古屋の熱田と伊勢の桑名の海上七里は船に乗らなければならない。「**桑名船**」では海上で騒動が起こる。

船の種類

俗に「猪牙で千両」といわれるように、猪牙舟を粋に乗りこなすには吉原で千両使うくらい通わねばならなかった。

大川を上り下りする船の他、橋場、竹屋、御厩などには渡し舟もあった。「**船徳**」で、「徳さん一人かーい、大丈夫か！」と声を掛ける竹屋のおじさんは、渡し舟の船頭だ。

◆噺に出てくる船

猪牙舟は「**船徳**」、屋根舟は「**夢金**（ゆめきん）」、渡し舟は「**佃祭**」「**巌流島**（がんりゅうじま）」に出てくる。上方落語にも「**矢橋舟**」「**舟弁慶**」などがある。京の伏見から、大坂の八軒屋までは30人弱もの大勢で乗り合う「**三十石**（さんじっこく）」の船で川を下る。夜出て朝着くのでラクな旅ができた。

旅は、徒歩＋船＋駕籠で

旅は庶民の夢だった

江戸では「一生に一度はお伊勢詣り」といわれた。実際に伊勢に行ける人は多くはいなかったが、伊勢詣りと上方見物は江戸の町人の夢でもあった。

「**三人旅**」では無尽（掛金を出し合い運用する制度）に当たり大金が入ったので旅に出ることになった。伊勢、上方を半年くらい巡る豪華旅行である。

江戸庶民が信仰と親睦を兼ねて行く小旅行に「**大山詣り**」がある。銭を積み立て、町内の講（グループ）で出かける。仲間と一緒だから安全な、2～3泊の気楽な旅である。

◆噺に出てくる旅

旅の落語が多いのは、旅が庶民の憧れだったからだろう。だが、旅には危険もつきもの。「**鰍沢**」では雪で道に迷い、あげく、命まで狙われる。上方では、伊勢詣りの「**東の旅**」、金比羅詣りの「**西の旅**」の他、「**北の旅**」「**南の旅**」や、「**月の旅**」、さらには「**地獄八景亡者戯**（じごくばっけいもうじゃのたわむれ）」ではあの世見物の「地獄の旅」まである。

落語で活躍する江戸の実在人物

谷《たに》風《かぜ》梶《かじ》之《の》助《すけ》

寛延 3(1750)～寛政 7(1795)年

孝行者に情け相撲

　谷風梶之助は寛政時代に活躍した第四代横綱。講談では「寛政力士伝」として、同時代の横綱・小野川喜三郎や、弟子の大関・雷電為右衛門(らいでんためえもん)などとともに物語が綴られる。

　落語では「**佐野山**」。貧乏だが親孝行な万年十両の力士・佐野山のために、谷風が仕組む「情け相撲」の一幕。八百長では決してない。八百長疑惑を問い正す連中もいたが、谷風は「親孝行はここ一番の時に力が入るものだ」と、きっぱり言った。

大《おお》岡《おか》越《えち》前《ぜんの》守《かみ》忠《ただ》相《すけ》

延宝 5(1677)～宝暦元(1751)年

勧善懲悪の代名詞

　史実の大岡越前守は徳川吉宗の政治改革(享保の改革)を遂行した優秀な行政官僚だった。

　しかし、講談や落語では「大岡裁き」の物語が伝えられている。基本はコンプライアンス(法令順守)よりも、皆が幸福になれる判決を下すことにあった。「**三方一両損**(さんぽういちりょうぞん)」は「損」にも見えるが、実は二方二両得にもなっている。

　講談「小西屋政談」は情状酌量ではなく、殺人事件をなかったことにして無罪にしている。だが、悪人は許さず、天一坊、村井長庵、雲霧仁左衛門らを厳しく処断している。

江戸庶民を描いた落語には、あまり歴史上の実在の人物は登場しない。それだけにここに挙げた人物たちは人気があったようだ。

　歴史上の人物の偉業を綴るのは講談の世界が本分。武芸者が出てきても、宮本武蔵や荒木又右衛門よりも、荒木又右衛門の子孫の荒木又ズレ、などというほうが愛着がわく。

「**紀州**」では、将軍後継争いで紀州の徳川吉宗と尾州公（尾張の殿様）が対決するが、吉宗よりも、将軍になりたかったのになれなかった尾州公が落語としてはおもしろい。ダメな人間の心の物語を描くから落語なのだ。

高尾太夫

江戸時代中期

落語になったのは三代目高尾

高尾太夫の初代は相州高尾（今の高尾山）の美女谷の出身。美女谷は「古来美女を産す」といわれた土地で、歌舞伎の「小栗判官（おぐりはんがん）」の照手（てるて）姫の出身地でもある。

二代目高尾は仙台侯に身請けされ殺された。講談「伊達騒動」のスピンオフ落語「**伽羅**（きゃら）**の下駄**」や、高尾の夫・島田重三郎が主役の「**反魂香**（はんごんこう）」などに登場する。

島田重三郎が出家し、土手の道哲となり開いた寺が西方寺で、今は西巣鴨にあり高尾の墓もある。「**紺屋高尾**」は三代目。

左《ひだり》甚《じん》五《ご》郎《ろう》

江戸時代初期

職人気質な生き方

落語に出てくる左甚五郎は、「**三井の大黒**」「**竹の水仙**」「**ねずみ**」の３席。講談、浪曲では「甚五郎の蟹」「猫餅」の他、甚五郎が妖怪退治をする話もある。バレ噺（色っぽい噺のことで艶笑噺ともいう）では「**甚五郎作**」などというのもある。いずれも名工の若き日のエピソードを綴ったもの。「**ねずみ**」だけが晩年の甚五郎で、甚五郎の面倒を見てくれていた棟梁政五郎の二代目が出てくる他、若き日からのライバル、飯田丹下との最終対決も見られる。

◆噺に出てくる歴史上の人物

歴史上の人物が出てくる落語には、「**源平盛衰記**」「**大師の杵**」「**西行**」などの地噺（登場人物の対話よりも、演者の地の語りで進める噺のこと）が多い。隠居の家の屏風に描かれた太田道灌や小野小町、児島高徳のエピソードが綴られる「**道灌**」は寄席でもよく演じられる。大物の泥棒では石川五右衛門が「**お血脈**（けちみゃく）」に登場。「**強情灸**」では釜茹での話が出てくる。忠臣蔵ものは芝居の話がほとんどで、実際の討ち入り事件を描いたものは少ないが、小朝が演じている新作「**元禄女太陽伝**」（作・金子成人）などがある。夫婦の噺のマクラで「弁慶と小町はバカだ、なぁ、カカア」という川柳が出てくる。武蔵坊弁慶は童貞で小野小町は処女だったそう。

中《なか》村《むら》仲《なか》蔵《ぞう》（初代）

元文元（1736）〜寛政 2（1790）年

芸道の厳しさを教えてくれる

初代中村仲蔵は下役の役者から芸道修業し、四代目市川團十郎に認められ名題（なだい）になった。落語「**中村仲蔵**」で描かれている通り、「仮名手本忠臣蔵」の斧定九郎（おのさだくろう）役を工夫し、今日演じられている形を創造した。

「**淀五郎**（よどごろう）」では、「四段目」の塩冶（えんや）判官役に抜擢された沢村淀五郎を指導する立場で仲蔵が登場する。役になりきって演じることの大切さを説き、その役になりきるための形があることを教えてくれる。

まだまだ知りたい

落語に関するQ&A

Q 古典落語は全部でどれくらいある？

A 実はそれを丹念に数えた人はいません。一席の基準がわかりづらいのと、長編人情噺や小噺も入れるとどうなのかと。でも、ざっくりいえば、800席くらいはあるのではないでしょうか。古い速記本を丹念に見て数えたらもっとあるでしょうが、演じられている演目となると、400～500席くらいだと思います。それでも記録にあるというだけで、ただやっただけ、というのもあります。案外少ないですね。

Q 古典落語を全部聞くことはできる？

A 頑張れば3年くらいでほぼ聞くことは可能なのではないでしょうか。

Q なかなか噺の世界をイメージすることができません。いい方法があれば教えてください

A うーん……。センスの問題もあるから、できない人はできないのかもしれません。でも、センスがないと思われると悔しいから、我慢して聞いてください。たくさん聞くと自然とイメージが湧いてくるかもしれません。

Q 落語は誰が作ってもいいの？

A 落語を作るのに国家資格はいりません。ご自由にお作りください。国立演芸場や落語協会、上方落語協会などで新作落語の公募も行っています。

Q なかなか寄席や落語会に行けないので、初心者でも楽しめるCDやラジオ&テレビ番組を教えてください

A 故人、現役ともに、山のようにCDは発売されています。昭和の名人といわれている、五代目古今亭志ん生、八代目桂文楽、六代目三遊亭圓生は聞いておいて損はないです。落語の世界がリアルにあった時代の落語家の噺は、今の人を聞くうえで参考になります。60代以上の落語ファンが子供の

頃に聞いて落語が好きになった落語家に三代目三遊亭金馬がいます。CDで今聞いてもとにかくおもしろいのは金馬でしょう。

テレビは地上波ではNHK以外ほとんど番組がなくなりましたが、BSでは時々放送しています。BSの放送は時間もたっぷりあるので、要チェックです。

Q 江戸のことがわからなくても古典落語は楽しめる？

A おそらく、ほとんどの落語が問題ないと思います。習慣や言葉などがわかりづらいものは、落語家がマクラで解説を加えたりしています。

Q 古典落語なのに現在のことが入っていてもいいの？

A 「古典落語」といいますが、落語はいわゆる「古典芸能」ではありません。

能や邦楽などの江戸時代や室町時代のものを継承して受け継ぐ「古典芸能」とは違い、「大衆芸能」という位置付けの落語は、時代に合わせて変化していくものです。

だから、江戸と現代がごちゃまぜになったり、現代のテーマを江戸の世界で語ったりもできます。

ではなんで「古典落語」などというのか。

それは昭和30年代頃に一部の評論家が落語をより格調高いものにしようとして「古典落語」という言葉を使い始め、それが心地よく、使っている落語家や観客が増えたというだけの話です。だからあんまり「古典落語」という言葉は使いたくない、というのが本音です。

Q 同じ噺を何回聞いても飽きないのはどうして？

A 飽きますよ。飽きないわけがないじゃないですか(笑)。CDで同じものを続けて何度もは聞けません。では、なぜ聞くのか。寄席や落語会で聞くものは、同じ演者で同じ演目でも決して同じじゃないからです。聞いてみてください。

Q 新作落語も作者以外に演じることができるの？

A 許可をとれば演じて構いません。古典落語と同様、お稽古に行けばいいわけです。

落語家以外の作家の作品をやる場合は、それを演じている落語家にお稽古に行ったうえで、台本の二次使用料を支払えば口演できます。

【Column】

何度でも聞きたくなる
古典落語は名ぜりふの宝庫

落語には思わず心惹かれる名フレーズが数多くある。「しめこのウサギ」のような意味不明なフレーズもあれば、物事の本質を鋭く突いたり、人生を示唆するような奥深いものもある。また、江戸の生活の知恵が現代に活かせるものもある。落語のフレーズを聞いていれば、現代社会のさまざまな問題も簡単に解決できる……かどうかはわからないけれど、ヒントになることは多い。

お前さんのものは私のもの、私のものは私のもの

「転宅」

「じゃ、俺のものがないじゃないか」。何をいうんだ。惚れた女が傍にいれば、金も物も何もいらない。男の人生とはそういうものじゃないか？　でも、騙されているんだけどね。

麹町にさるお殿様がいてなあら珍しい。猿が殿様なんですか

「厩火事」

名前がいえないから「さるお殿様」。奥様よりも皿が大事なろくなお殿様ではないから、「猿」も同様といいたいから、こんな言い回しになるわけではあるまいが、市井の人たちの会話は頓才（とんさい）にあふれている。

あのお稲荷さんは、なりが悪いとご利益が少ない

「明烏」

「人を身なりで判断してはいけない」なんていうことはないんだ。なり（身なり）がいいと神様だってご利益を授けたくなる。ましてや女性は、やっぱりカッコいい男が好きなもの。

はじめのほうはモヤモヤッとしている、真ん中はボーッ、おしまいは ヒョーゴロヒョーゴロ

「金明竹」

人間の情報解析能力なんてえのは限られている。だから、一度に長い文言を聞いたって覚えられるもんじゃない。与太郎じゃなくたって覚えられないんだよ。何を食べても「ノンコのシャー」だ。

鯛の刺身というものが、あるということは知っていましたが、まだ食べたことがない

「ちりとてちん」

世辞にもいろいろなやり方がある。さりげなくいう世辞がある一方、この男は世辞でいっているとわかる世辞の言い方だ。敬意を払っている、感謝していることをアピールする、そんな世辞の言い方もあるのだ。

銭がかからなくて、酒飲みの食い物らしくて、歯あたりがよくて、腹にたまらない。さっぱりして、衛生によくて、他人に見られて体裁のいいような夏の食べ物

「酢豆腐」

江戸っ子の好んだ酒の肴がよくわかる。「衛生にいい」というのは昭和初期の流行語だろう。「他人に見られて体裁のいい」、やはり見栄えというのが大事だ。古漬け、豆腐などが候補に挙がる。

節がつくだけ情けない

「寝床」

今ならカラオケ、江戸から昭和の中頃までは音曲を習うのが流行した。義太夫は関西が本場だけれど、享保の頃から江戸でも一般に流行した。床本に書かれた物語は素晴らしいが、節がつくと……、という人は多かった。

おまんま断ちました

「家見舞」

昔は何か叶えたいことがあると、神様に断ち物をして願を掛けた。「酒断ち」「茶断ち」「甘味断ち」なんていうのはあるが、「おまんま」は断たない。江戸っ子は米の飯を食べるのがステータス。どれだけの願いごとなんだ?

どじょーや!

「小言念仏」

「門松は冥土の旅の一里塚」、人は生まれると「死」に向かって人生を歩むもの。死んだら仏になるから、生きているうちから仏に親しんでおこうと信心をした。朝から念仏を唱えるんだが、俗世のことがやはり気になる。

年季が明けたら、ひーふになる

「お見立て」など

吉原などの廓は、男性が擬似恋愛を楽しむところ。惚れた女と夫婦になるのは恋愛の最終目的と考えると、「年季が明けたら夫婦」というのは廓遊びの究極となる。そんな餌(えさ)に田舎者は騙される。江戸っ子も騙される。

親方、人間にしておくのはもったいない。狸の仲間にしたい

「狸札」

人間なんてえのはろくなもんじゃないからね。弱い者を助ける義侠心ある親方は「狸の仲間」にしたいけれど、親方は狸を札に化けさせて借金を払ったり、サイコロに化けさせてイカサマ博打をやったり。人間らしい人だった。

【Column】

謎かけに座布団運び
大喜利は落語なの？

『笑点』（日本テレビ系）でおなじみの大喜利。落語家が並んで、謎かけや、やりくり川柳、その他いろんな言葉遊びで笑いをとる、いわば落語家の余興、余技の一つである。

『笑点』では、いい答えだと座布団がもらえて、悪いと取られる。これはテレビ時代のビジュアルを重視した『笑点』オリジナルのやり方だ。

『笑点』が始まった昭和40年頃は、テレビの演芸番組では大喜利が花盛りだった。新宿末廣亭からの寄席中継（NETテレビ、現・テレビ朝日）では『お笑い七福神』で末廣亭の高座に7人の落語家が並んで、ところ狭しと暴れた。

大喜利番組はラジオ時代からテレビ創成期の頃に多く放送され、『落語討論会』（文化放送）、『お笑いタッグマッチ』（フジテレビ）など多くの番組があった。春風亭柳昇、十代目桂文治（当時・伸治）、三笑亭夢楽、四代目柳家小せんらは大喜利番組で人気だった。

昭和40年代には落語家だけでなく、歌手やタレントが大喜利をやる『お笑い頭の体操』（TBS系）などの番組もあった。

大喜利とは「大切り」の意味で、トリがしんみりした落語をやったあとなどに、真打を囲んで若手などが踊りを踊ったりして陽気に終わるものだった。

『笑点』風の大喜利のもとはキャバレーの余興。当時の若手落語家の稼ぎどころで、おしゃれで少し色っぽい謎かけをやると大いに受けた。『笑点』は実は放送当初は『金曜夜席』という夜の番組だった。現在も人気なのは、内容がファミリー向けに変わっていったからであろう。

現代の寄席でも大喜利をやることがある。浅草演芸ホール8月下席では、長年、三笑亭笑三が若手を率いてやっていたが、笑三高齢のため桂竹丸に代わり、今も続いている。

浅草演芸ホール8月中席の住吉踊り、上席の噺家バンド「にゅうおいらんず」、他にも、鈴本演芸場の高座舞、茶番などもあり、いろいろなタイプの大喜利が存在する。

4章

落語ライブを楽しもう！

ＣＤに残された名演はもちろんいいものですが、
やはり生（ライブ）の落語に接してほしいもの。
最小限のしぐさであらゆるものを表現する落語の醍醐味、
生の話芸のダイナミックな楽しさを
ぜひ体験してみてください。

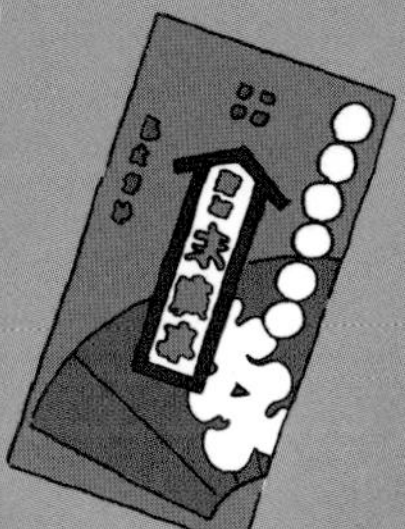

落語家のユニフォーム 高座着と2つの小道具

小道具は たったの2つ！

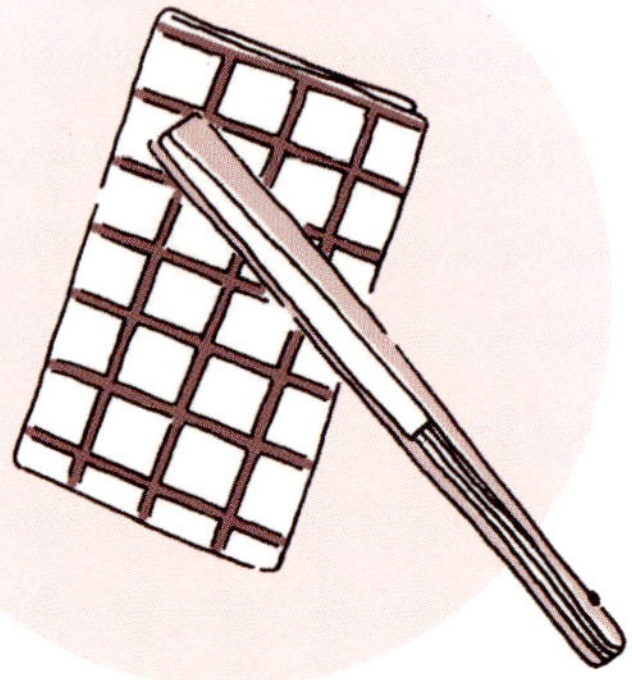

扇子

落語家が通常高座で用いる扇子は、長さ約七寸五分（約23センチ）の無地。上方は少し大きい舞扇の無地を用いる。

★ 箸、筆、刀、煙管（きせる）などを表現。あおいで扇子としても用いる。

手ぬぐい

落語家は二ツ目になると名入りの手ぬぐいを作る。デザインは古典的なものを用いる場合もあるが、イラストレーターに似顔絵を描いてもらう人もいる。

★ 財布、煙草入れ、札などを表現。

落語家は高座に出る時に必ず着物を着る。なんで落語家は着物を着るのか、という質問に正しい答えはない。あえて言えば、「落語家だから」。

江戸の噺だから着物を着るわけではなく、現代の新作でも着物を着る。

「着物が落語家の証であり、着物を着ることが喜び」と言う落語家もいるくらい、落語家は着物への思い入れが強い。

着物は季節によって着るものが異なる。冬は袷《あわせ》、初夏は単衣《ひとえ》、夏は麻や絽《ろ》など。正絹《しょうけん》と木綿では雰囲気も値段も違う。最近では洗濯機で洗えるポリエステルも重宝である。

最近では色紋付を着る落語家も多いが、色紋付が流行しだしたのはカラーテレビができてから。昔は落語家のほとんどが黒紋付に袴で、現在では柳家小三治《こさんじ》が黒紋付をよく着ている。羽織も紋付だったり、普通の羽織だったり。羽織の紐一つでもずいぶん雰囲気は変わる。羽織を着るのはお客様の前に出る時の礼儀のようなものだという。

女性の落語家は、前座時代は男性用の着物で楽屋働きをする。また、二ツ目や真打でも高座では男性用の着物で落語を演じている人が多い。とはいえ、近年は女性用の着物を着用する人も増えてきた。

着物はユニフォーム

羽《は》織《おり》

羽織の着用は二ツ目になって初めて許される。羽織を着ることが一人前の証ということだ。噺の途中やマクラで羽織を脱ぐ人が多いのは、しぐさなどを演じる時に羽織がじゃまなことがあるからだ。けんかの場面などで「何をこの野郎！」と威勢よく羽織を脱ぐ演出をすることもある。

着物

着物は舞台着だから、基本は正絹を着用する。昔は黒紋付に袴が一般的だったそうだが、今は袴を着ない人が多い。色紋付など、カラフルな着物も増えた。演じる噺により着物を選ぶ場合もある。羽織の色も噺の雰囲気に合わせることが多い。

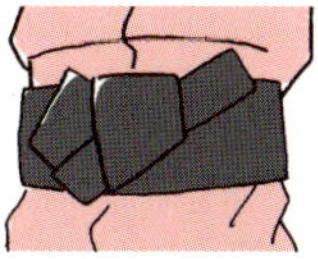

帯

帯は「男結び」という結び方をするのがほとんどだそう。結んだ先が上を向いていて縁起がいいともいわれている。女性の落語家が女性用の着物を着る時も、男性同様に簡易に結べる半幅帯をしているという。

足《た》袋《び》

高座なので白足袋を着用する。昔の話だが、職人の噺をやる時には、木綿の紺足袋を履く人もいたという。

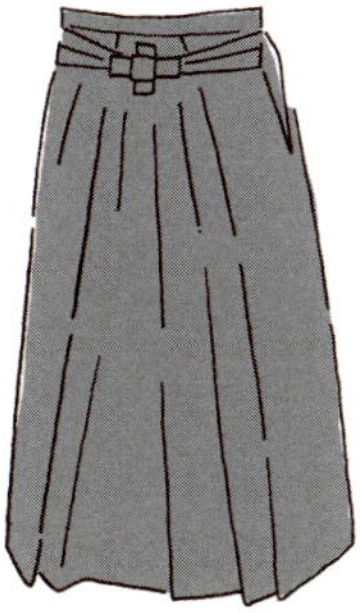

袴《はかま》

袴の着用に特にルールはない。披露目などの口上に並ぶ時は黒紋付に袴だが、他は着けたり着けなかったり。袴を着用するのは春風亭昇太など新作派に多い。初代林家三平は必ず袴を着けていたが、高座で暴れるから袴は必須だったのだろう。同様の理由で「**船徳**」など舟を漕ぐ場面で体全体でしぐさを見せる噺をやる時や、武士の出てくる噺をする時には、袴を着用する人もいる。

紋は家紋とは限らない

落語家の紋付の紋は、一門の紋を使う落語家が一番多い。三遊亭は「三つ組橘」、桂は「結び柏」など。

自分の家の紋を用いる人もいれば、師匠の家の紋を用いる人もいる。師匠や先輩から紋付をもらい、そのまま着ることもあるからだ。

落語家によっては3つの紋を持っている人もいる。

一門の紋、家紋の他に、3つ目はオリジナルの紋。五代目柳家つばめは絵が描けたので自筆の「般若」を紋にしていた。

他にも、三遊亭圓丈「ミッキーろっきい紋（飼っていた犬をデザイン）」、三遊亭白鳥「スワン」などもある。

落語家は出囃子《でばやし》に乗って舞台に登場する

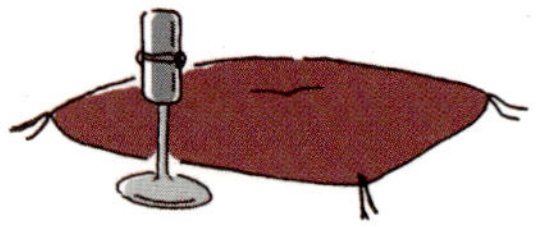

出囃子が流れるだけで、誰が登場するかわかるようになってくる。落語家の出方もそれぞれ味わいがあるので注目してほしい。

出囃子はもともと東京にはなかった。大正の頃に鉄道が発達し、落語家の東西交流があり、上方からもたらされた。出囃子は落語家のテーマソングで、三味線と太鼓で演奏される。

長唄、端唄《はうた》、民謡などを、前の落語家が終わって次の落語家が出る1〜2分くらいの長さにアレンジして、演奏する。アレンジするのは、「下《げ》座《ざ》さん」と呼ばれる三味線弾きのお師匠さんだ。たとえば、六代目三遊亭圓生が用いていて、今は鳳楽が継承している「正札附《しょうふだつき》」は長唄の名曲であるが、出囃子として用いているのは長い曲の真ん中あたりの1フレーズである。長唄を巧みにアレンジした出囃子の名曲でもある。

前座は「前座のあがり」という曲が2曲あり、下座さんがその日の気分でどちらかの曲を演奏する。

出囃子の決め方

二ツ目になると自分の出囃子が決まる。下座さんが提案し、たいていはそれで決まるが、落語家が「この曲がいい」とリクエストする場合もある。最近、出囃子に洋楽曲が増えたのは、落語家からのリクエストがあるからだろう。

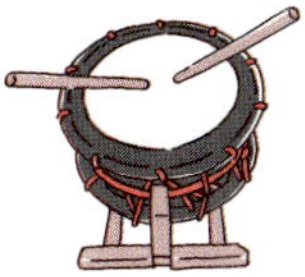

落語家のテーマ曲・出囃子いろいろ

♪民謡・童謡・唱歌系

大漁節：桂歌丸
とんこ節：笑福亭鶴瓶
鳩ぽっぽ：三遊亭らん丈・立川志らく
我は海の子：三遊亭歌之介

♪洋楽・その他

イエローサブマリン：川柳つくし
私を野球に連れてって：桂米助
白鳥の湖：三遊亭白鳥
デイビー・クロケット：春風亭昇太
魔法使いサリー：笑福亭笑瓶

♪長唄・小唄・端唄

金毘羅船々：桂米丸・柳家権太楼
本調子のっと：鈴々舎馬風
二上がりかっこ：柳家小三治
宮さん宮さん：林家木久扇
猩々くずし：笑福亭仁鶴
梅は咲いたか：春風亭小柳枝・立川志の輔・桂福團治
正札附：三遊亭鳳楽
吾妻八景：柳亭市馬
鞍馬：金原亭伯楽・立川談春
鞍馬獅子：柳家さん喬
箱根八里：五街道雲助
勧進帳：三笑亭可楽・古今亭菊丸・三遊亭歌武蔵
新曲浦島：三遊亭圓窓
御船（ぎょせん）：桂ざこば
円馬囃子：桂文珍
元禄花見踊：三遊亭円楽・初代三笑亭夢丸
三下がりさわぎ：春風亭小朝
菖蒲浴衣（あやめゆかた）：春風亭一朝・林家正蔵
まかしょ：柳家喬太郎
お兼晒し：柳家花緑
鞠と殿様：林家彦いち
野球拳：三遊亭右紋・春風亭勢朝・立川談笑
ぎっちょ：林家たい平
ぎっちょんちょん：柳家小ゑん

出囃子はずっと同じ曲を用いる人が多いが、変える人もいる。師匠が亡くなり、師匠の出囃子を継ぐ人もいる。

落語家が登場して頭を下げたところで出囃子はカットアウトされるのが普通だが、前出の「正札附」は曲終わりで落語家が頭を下げる。

下座さんは長唄、端唄、浄瑠璃、民謡などにも精通し、最近では洋楽曲にも対応できなければならない。

寄席やホールは下座さんがいるが、地域寄席などではCDを用いることもある。多様な出囃子が収録されたCDも発売されている。

落語の表現
1

一人何役も演じ分ける落語マジック

上下《かみしも》を切って人物がなりかわる

たとえば、八つぁんが隠居を訪ねる時は……。

入る時には、「こんちは」と戸を開けるしぐさをすることもある。

外から来る八つぁんは下手から来るから、八つぁんにしゃべる時は客席から見て右を見てしゃべる。迎える隠居は家の中にいるから上手で、左を見てしゃべる。

落語家は一人で登場人物のすべてを演じ分ける。その演出方法に「上下《かみしも》」がある。首を左右に動かすことで二人の人物を演じ分けるというやり方だ。右を見てしゃべる人物と、左を見てしゃべる人物は別の人物。客席から見て、左を見てしゃべる人物が「上」、右を見てしゃべる人物が「下」で「上下」。これは歌舞伎の舞台の、上手下手からきている。

歌舞伎は下手（客席から見て左側）に花道があり、登場する人物はたいてい下手から来る。だから落語で、八つぁんが隠居を訪ねる時は、家にいる隠居は「上」、訪ねて来る八つぁんは「下」から入っ

わずかな動きや表情で人物になりきる

落語には職人、商人、武士、花魁や妾のような色っぽい女性など、いろんな人物が出てくる。ワンポイントの動作や、表情で、性別、年齢、職業などを表現できるのも落語のおもしろさである。

おばあさん

小さく見せるために肩を落とし、胸に手を当ててしゃべる。手ぬぐいを肩に掛けることもある。

お嬢さん

恥じらいがあるので、やや顔を下向きにしつつ相手を見る。袖で顔を隠したりもする。

子供

大人を見るのでやや上向き目線。一人称は「あたい」か「おいら」。やや甘えた口調。

たいこもち

扇子を半開きにし、おでこを叩くことも。手のひらを叩いて、ご機嫌を伺う。

殿様

扇子を縦にひざに立てて反り身で話す。口調は、やや高い声で、ゆっくり話す。

大工

江戸っ子口調で威勢よくしゃべる。仕事に行く時は道具箱を担いだりする。

て来ることになる。

目線の位置を少しずらすことで、二人、あるいはそれ以上の人物を特に声を変えることなく描くことができるのだ。

また、落語ではしぐさも重要である。家でのんびりしている人物は煙草を吸っていたり（扇子で表現）、外を歩いている人物は「弥蔵《やぞう》を組む」といって、手を袖に入れて拳《げん》骨《こつ》を作り、体を前後にゆすると歩いていることになる。小走りの時は早く体を動かしたりする。

他にも、老若男女、職人、商人、武士など人物の違いも、しぐさをつけることで表現することができるのだ。

落語の表現 2

手ぬぐいと扇子は変幻自在

手ぬぐいで見立てる

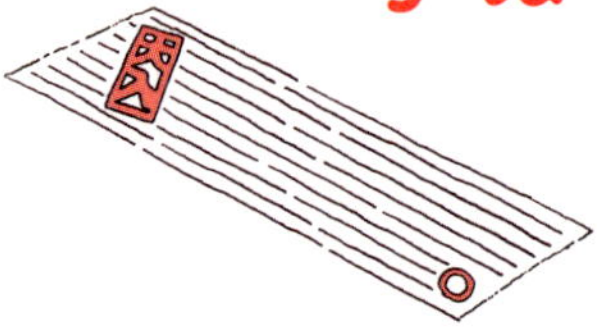

通常は財布、紙入れ、煙草入れなどに見立てる。扇子の煙管（きせる）と手ぬぐいの煙草入れで、煙草を吸ったりもできる。変わったところでは、「**品川心中**」の茄子の古漬け、「**夢八**」の首吊りの紐などに用いることもある。

本

手ぬぐいを広げて、本に見立てる。本が出てくる落語は、「**浮世床**」「**稽古屋**」「**紙屑屋**」など。他にも読むものは手ぬぐいを用いる。「**提灯屋**」の広告、「**鰻のたいこ**」では勘定書き、「**崇徳院**」の短冊など。手紙は、新作落語で出てくる葉書の時は手ぬぐいを用いるが、封書の時は巻き紙になるので、扇子を使う。

財布

財布は、紙入れ、胴巻きなどを手ぬぐいで見せる。紙入れは懐から出して、膝の上でたたんだままの手ぬぐいの中より、金貨や札、書付などを出すというしぐさ。胴巻きは手ぬぐいの端を左手で持ち、右手を入れて銭を出す。また、紙入れの中身の札や富札なども手ぬぐいで表現する。財布が出てくる落語は、「**鰻のたいこ**」「**堀の内**」「**転宅**」など。

芋

変わったところでは、焼き芋も手ぬぐいで表現できる。手ぬぐいを適当に丸めて、芋を持っているように見せて、食べる真似をする。柳家さん喬らが演じている「**徳ちゃん**」の中に出てくる。不細工な遊女が芋をかじりながら出てくるという場面では、芋にいやしさがにじみ出ていてユニークである。

落語家の用いる小道具は、扇子と手ぬぐいだけ。落語入門の本に、扇子を「カゼ」といい、手ぬぐいを「マンダラ」というなどと書いてあるものがあるが、昭和の頃までで、今の楽屋では「カゼ」「マンダラ」という言葉はほとんど使わない。

高座に上がっておじぎをする時に、扇子は前に置く。これは客席と高座の境界を意味するといわれている。おじぎをしたら、横に置くのが通常だが、中には手に持ちながらマクラを話す落語家もいる。

手ぬぐいは扇子と一緒に持つ場合と、懐に入れて登場する場合がある。しぐさで財布などを表現する時に懐から手ぬぐいを出すほうが演出的な効果が高まる。

扇子、手ぬぐいはさまざまな道具に見立てて用いる。扇子や手ぬぐいをより効果的に何かに見せる技が、落語家の「芸」の一つともいえる。

扇子で見立てる

　長いものなら大小さまざま、扇子で表現することができる。一番多いのは煙管、他に刀、槍（やり）などの武器にも用いるし、筆、剃刀（かみそり）、箸も一般的。広げて、丸いものも表現できる。変わったところでは、**「かんしゃく」**の自動車のハンドルなどというものもある。

釣り竿

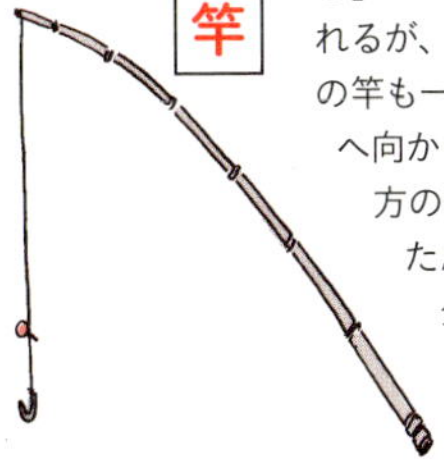

釣り竿も扇子で表現する。**「野ざらし」「唖（おし）の釣」**などがある。**「野ざらし」**では竿を振り回して縦横無尽に暴れるが、隣で普通に釣りをしている人の竿も一本の扇子で見せる。また、川へ向かう時は片手で竿を担ぎ、もう片方の手に酒の入ったフクベ（ひょうたん）を持つ。人によっては、フクベを手ぬぐいで見せる場合もある。

そろばん

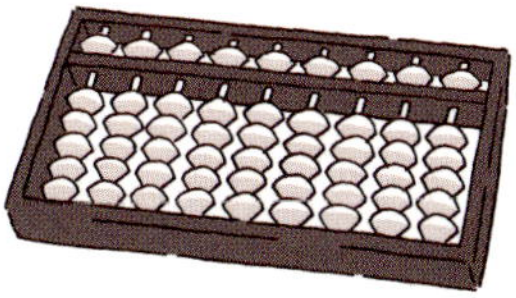

扇子を半開きにし、膝の上に置き、右手で珠を弾くしぐさを見せてそろばんを表現する。舌で「チュッチュッ」と珠を弾く音を聞かせることも。商家の場面などでよく登場するが、一般家庭でも計算をする時にはそろばんを用いた。**「壺算（つぼざん）」「片棒」「もぐら泥」**など。

盃《さかずき》

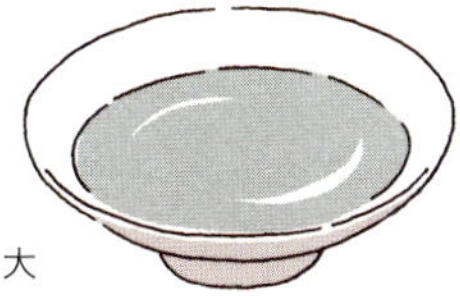

扇子を広げると、大きな盃という見立てになる。一升の酒が入る大きな盃が出てくる**「試し酒」**では、大きな盃を一気に飲み干すしぐさが見どころになる。**「盃の殿様」**では扇子の盃を担いで飛脚（ひきゃく）が「エッサッサ」と走る場面がおもしろい。

煙草

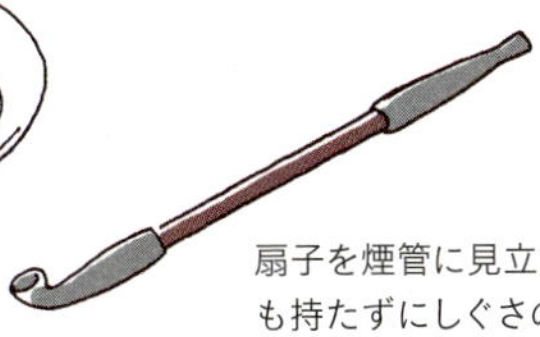

扇子を煙管に見立て煙草を吸う。煙草盆は何も持たずにしぐさのみで表現し、煙草入れは手ぬぐいを用いる。紙入れと同様、膝の上に煙草入れに見立てた手ぬぐいを置き、煙管に見立てた扇子に煙草の葉を詰める。火は火鉢の炭などでつける。煙管の出てくる落語は**「長短」「巌流島」「船徳」「睨み返し」「粗忽の釘」「浮世床」**など。

新作では座布団も使う

　扇子、手ぬぐい以外の小道具を使うことはないのか？　例外としては、芝居噺は大道具や背景画を用いる。昔は怪談噺で火の玉が飛んだりしたそうだが、今は消防法の関係でできない。

　新作となると、いろんな小道具を用いることがある。1980 年代の三遊亭圓丈は、**「国際噺家戦略」**で飛行機を飛ばしたり、**「パパラギ」**で衣装を変えて独り語りで演じたりもした。三遊亭白鳥はさらに過激に、**「プロレス少女伝説」**で座布団にヘッドロックしたりなどもしている。

手紙を書くしぐさ

左手は何も持たないで手紙に見立てて持ち、右手は筆に見立てた扇子で書く。巻紙だから、机の上でなくても書ける。手紙を読む時は、閉じた扇子をパンと開けて読む。

しぐさだけで どんな場面でも現出

落語の表現 3

そばをたぐる

息で冷ます

すする

ズズー
ズズー

フー

熱々のそばを
たぐる

「時そば」「うどん屋」などでそばやうどんを食べるしぐさが出てくる。扇子を箸に見立て、丼はまるで持っているかのようにし、熱いから息を吹きかけて、舌で麺をすする音を聞かせる。そばは普通に息を吸って音を出し、うどんは舌の横から息を吸い、やや鈍い音で表現するといわれているが、今はあまりこだわらないのかもしれない。そばは一気に噛まずに、うどんはネチネチと噛んで表現する。

しぐさ、目線、声の強弱などで、いろいろな表現ができるのが落語だ。たとえば距離感。遠い人に呼びかける時は、やや目線を上にして大きな声を出すと、遠近感を動作で表すことができる。

前座噺「八九升（はっくしょう）」は最近ではあまり演じられないが、耳の不自由な人の落語で、それだけに目線や声の強弱で登場人物の位置を表現しなくてはならない。落語を演じるうえでのしぐさ、目線の使い方がたくさん出てくる、落語のエチュード的な一席である。

江戸の街は夏暑く、冬寒かったので、寒暖なども表現しなければならない。体をやや縮ませて、手を袖に入れれば寒そうな雰囲気になる。また、太陽を見上げ、気だるそうにす

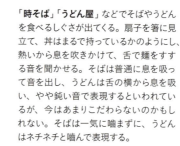

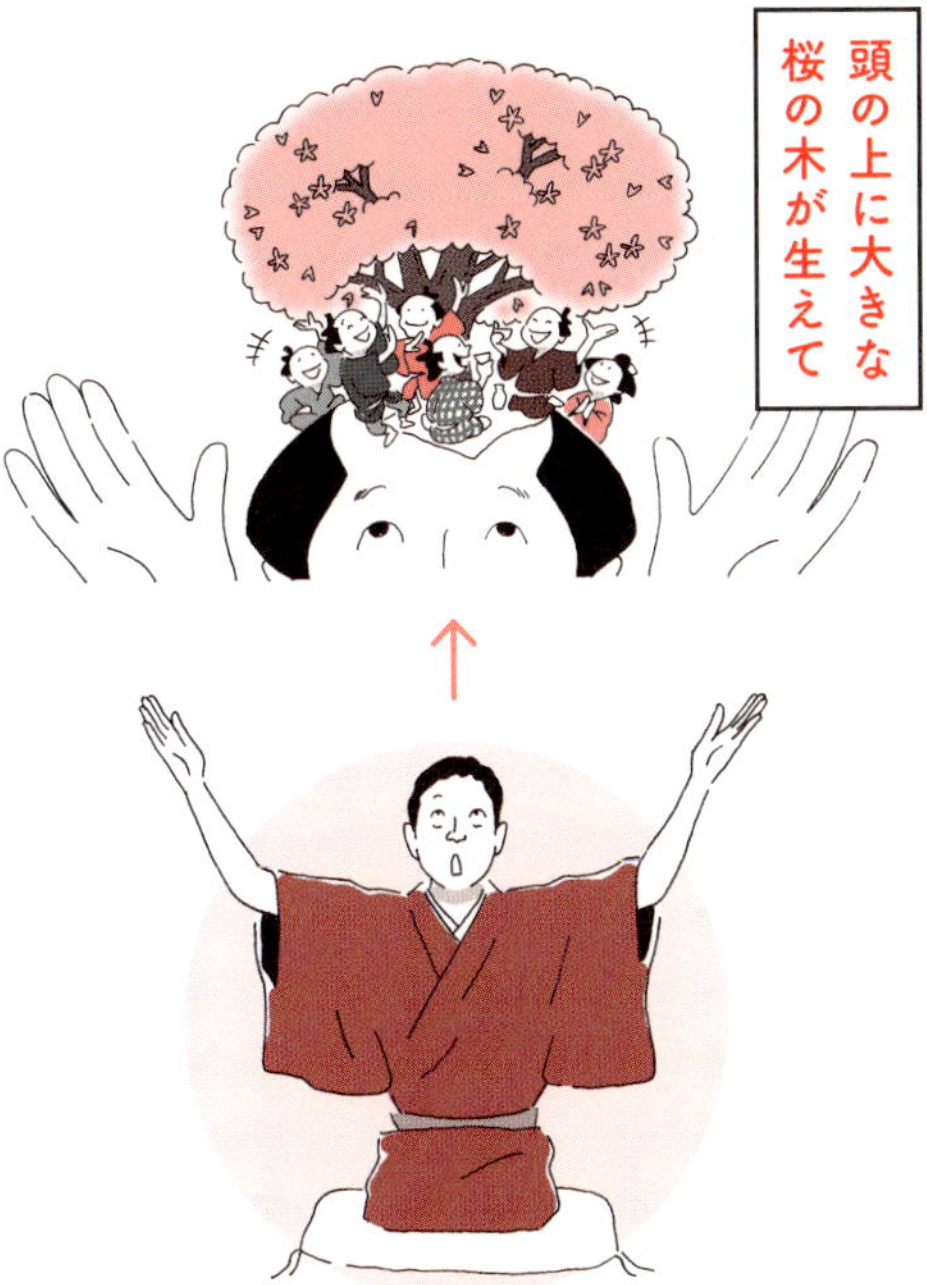
頭の上に大きな
桜の木が生えて

「**あたま山**」（上方では「**さくらんぼ**」）はさくらんぼを種ごと食べた男の頭から桜の木が生えて、そこで花見の宴会が催されるという奇想天外な噺。手を広げて頭の上の桜を表現する。侍に首を斬られた男が、夜道で自分の首を提灯にする「**首提灯**」も奇抜さでは負けていない。

ヘトヘトになりながら
天秤棒を担ぐ水屋
フラ
フラ

物売りは扇子を天秤棒に見立てて、右手で持ち、肩に乗せ、左手は後ろにまわして桶や籠などを支えてバランスをとりながら歩く。
天秤棒を担ぐ棒手振り商人は過酷な労働なので、とりわけ「**水屋の富**」や「**唐茄子屋政談**」では、担ぎ方を工夫してくたびれた様子を表している。

れば暑さも表現できる。手ぬぐいで汗をぬぐったり、扇子であおいでもよいだろう。

寒さの表現は「**うどん屋**」「**二番煎じ**」など、暑さの表現は「**唐茄《とうな》子屋《すや》政談《せいだん》**」「**船徳**」などで見られる。巨大なものに遭遇したり（「**化け物使い**」など）、動物や虫と話をしたり（「**たぬき**」「**疝《せん》気《き》の虫**」など）、そんな状況も、目線やしぐさで演じることができる。

究極の表現は しぐさをしないこと!?

落語にはいろいろなしぐさがあるが、しぐさを省略して見せるやり方もある。たとえば「**試し酒**」は五升の酒を飲むわけで、大盃に見立てた扇子で酒を飲むしぐさが見せ場になっているのだが、同じしぐさを５回も繰り返すわけにはいかない。そこで３〜４杯目は、酒を飲む男を見ている旦那たちのせりふで、酒を飲む様子を表したりもする。

他にも、地語り（ナレーション）や見ている人の会話で、動作を表現することもできる。

落語会の形式はさまざまある

演者の人数くくり

単純に演者の人数で名称が変わる。

独演会

落語家が一人で行う会。大ネタ２席や、３席演じるのが普通。通常は前座が入り、ゲストが出ることも多い。最近では前座もゲストも出ないホントの独演会もあったりする。

二《に》人《にん》会

だいたい同じくらいのキャリアの落語家が二人で行う会。２席ずつ演じる場合が多い。同じ一門、友達（修業仲間、単に仲良し）、芸風が似ている、あるいは異色な組み合わせでも行われる。

三人会

３人で行う会で、気の合った３人で行う場合が多い。交互にトリをつとめたり、トークコーナーを設けたり、同等のネタをかけたり、企画に工夫を凝らすものが多い。

寄席以外でも落語が演じられる場所はいろいろある。

演芸情報誌『東京かわら版』を見ると、だいたい月1000本前後の落語会（講談や浪曲を含む）の情報が掲載されている。

落語会には、300〜1000人規模の劇場で行われるホール落語から、10人くらい入れば満員の飲食店などで行われる小さな落語会までさまざま。会場の大きさだけでなく、ラインナップや内容もそれぞれ異なる。

落語会には自主公演と、主催者がいるものがある。自主公演は、落語家自身、あるいは後援者が主催する独演会、勉強会など。イベント的な会もあれば、芸の研鑽を定期的に行うためのものもある。大ネタや新作発表の特別な会もある。

主催者がいるものでは、放送局、新聞社、劇場、公的機関などが主催するホール落語、興行会社、プロデューサーが主催する落語会、商店街や飲食店などが主催する地域寄席などがある。

寄席形式で行うものもあれば、落語家の組み合わせや、演題などで趣向を凝らしたものもある。

一門を家族に見立てて

一門は家族と同様ということで、このような名称もつけられている。

兄弟会

一門のキャリアが近い兄弟弟子でやる会。同門だから芸風が似ていたりするが、兄弟弟子ゆえの切磋琢磨が見られる。同門でなくても「桂小南・林家二楽」のようなホントの兄弟会もあったりする。

勉強会

おもに定期的に芸の研鑽のために行われる落語会。ネタ下ろしや、研鑽中のネタを掛ける。ここで受けないと、もうやらない、なんていうネタもあったりする。研鑽だから料金も少し安め。

一門会

柳家さん喬一門、瀧川鯉昇一門など個性的でバラエティに富んだ会になる。林家三平一門会は、師匠の初代林家三平が亡くなってからも一門が結束して行っている。一門数名の精鋭の会もある。

親子会

師弟による二人会。弟子が師匠に胸を借りる勉強会もあれば、師匠に成果を見せるような恩返しの会もある。「林家木久扇・木久蔵」「三遊亭好楽・王楽」のようなホントの親子会は地方公演などではよく見られる。

ホール落語会など

ホールなど比較的大きな会場で行われる落語会でよく使われる名称。

寄席・亭

「紀伊國屋寄席」のようにホール落語でも「寄席」の名称を用いている会もある。落語の会だから「寄席」のほうが親しみやすいのだろう。「らくだ亭」「かもめ亭」など、「亭」もよく用いられている。

名人会

実力のある人気落語家を集めた会。もともと「名人会」を使っていたのは「三越名人会」で、落語は一組で、邦楽や舞踊、色物の名人が出演していた。最近では「名人会」の呼称は地方の落語会などで用いられることが多い。

本格からカジュアルまで ライブよりどり

じっくり落語を聞きたい人には「ホール落語」がおすすめだ。「TBSテレビ主催 第5次落語研究会」「三越落語会」「東京落語会」「紀伊國屋寄席」など、大規模な劇場やホールで定期的に行われているホール落語が、都内にはいくつかある。少数の出演者（4〜7人）でネタ出し（演目を告知）をし、普段寄席であまり出ない大ネタや珍しいネタなども掛けられる。

ホール落語の初めは昭和28（1953）年の「三越落語会」からで、評論家の安藤鶴夫らが、ゆったりした席でじっくり落語を鑑賞したいという思いで始めた。その後、東横ホールの「東横落語会」や第一生命ホールの「若手落語会」などが行われるようになった。

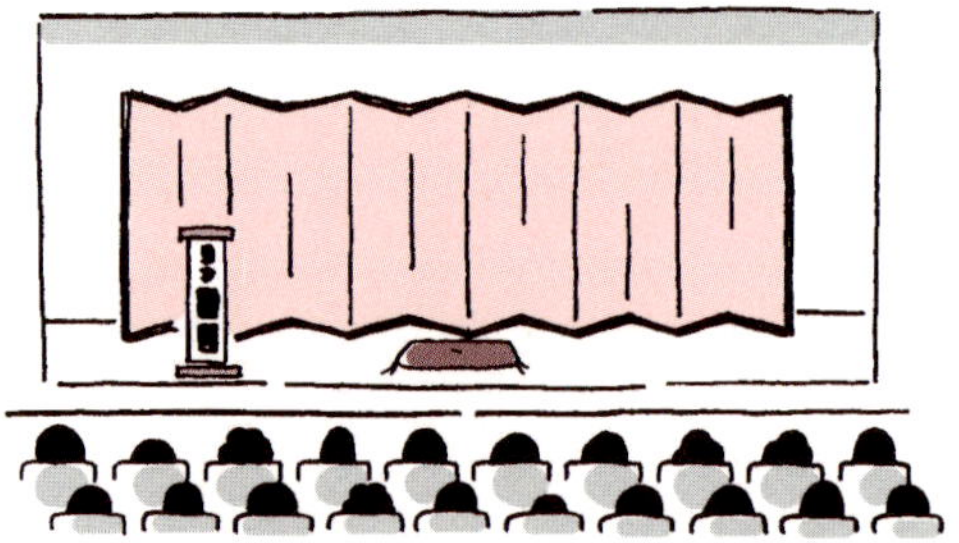

老舗ホール落語会

「三越落語会」が最も古く、昭和28（1953）年が第一回。安藤鶴夫らが企画委員となり、厳選された番組作りが行われた。

現在の「落語研究会」は第五次。第一次は明治38（1905）年から。第五次はTBSが主催してテレビ放送も行われ、当初は、八代目桂文楽、六代目三遊亭圓生、八代目林家正蔵らがレギュラー出演していた。

ホール落語は厳選されたメンバーによる、普段寄席でなかなか聞くことのできないネタの口演という、聞き巧者のための落語会として始まった。

東京落語会

４団体が主催しており、日本消防会館にて開催。一部、ＮＨＫの番組『日本の話芸』で放送されている。

TBSテレビ主催 第5次落語研究会

ＴＢＳテレビが主催で、国立劇場小劇場にて開催。早朝などに『落語研究会』として放送もされている。

三越落語会

三越劇場の主催で、日本橋三越本店内の三越劇場で開催。老舗のホール落語。

紀伊國屋寄席

紀伊國屋ホールの主催で、会場も新宿の紀伊國屋ホール。立地がよく常連客が多い。歴史ある寄席。

ホールで落語を鑑賞するので、ホール落語と呼ばれるようになった。
ホール落語は放送局、新聞社、劇場などが主催のものが多いが、最近では興行会社によるものも増えた。それだけ落語会の動員が増えてきたのだろう。
また、全国には市民会館などのホールが充実しているので、それらの会場で、人気落語家を呼んでの地方ホール落語も開催されている。

カジュアルな落語会

若手を中心に落語会ができる小さな会場が注目を集めている。神保町の「らくごカフェ」はキャパシティ50人。普段はカフェだがちゃんとした高座があり、夜の時間はほぼ毎日、落語会が行われている。

他にも、西新宿のミュージック・テイト(レコード店)、新宿二丁目の道楽亭(飲食店)などもほぼ毎日落語会が行われ、定着している。

「渋谷らくご(シブラク)」は渋谷のユーロスペースという映画館のユーロライブという会場で、毎月定期的に落語会を開催。若手落語の発信場所として、人気を集めている。

新聞社系の落語会

「朝日名人会」(有楽町朝日ホール/朝日新聞)、「よみらくご」(よみうり大手町ホール/読売新聞)、「毎日新聞落語会」(渋谷区文化総合センター大和田・さくらホール/毎日新聞)など新聞社主催のホール落語が、新聞社の文化事業の一つとして行われている。以前は「にっかん飛切落語会」(イイノホール/日刊スポーツ新聞社)のように若手育成のような主旨の落語会も行われていた。「人形町らくだ亭」(日本橋劇場/小学館)は雑誌『サライ』の主催で行われている。

落語フェス

福岡では東西の人気落語家の落語会が市内のおもなホールで開催される「博多・天神落語まつり」が三遊亭円楽のプロデュースで行われている。落語家のファン感謝デーとして話題なのが、落語協会の「謝楽祭(しゃらくさい)」(湯島天神)、落語芸術協会の「芸協らくごまつり」(西新宿・芸能花伝舎)、上方は「彦八まつり」(天王寺・生國魂神社)。年一回開催。

ホール落語はCD&DVDに!

ホール落語で録音や録画したものが、CDやDVDとして発売されることも多い。

TBSは「落語研究会」で録画した、八代目桂文楽、六代目三遊亭圓生、五代目柳家小さん、十代目金原亭馬生らの貴重な映像を全集で発売している。

現役でも、柳家小三治、桂歌丸、五街道雲助、柳家さん喬、柳家権太楼、春風亭昇太ら、朝日名人会などホール落語の高座がCD、DVDとして多く発売されている。ホール落語ならではのたっぷりと充実した高座は、残すだけの価値があるのだろう。

落語はエコで手軽どこでもできる！

和室のあるところ

寺、神社、公共施設の和室など。和室がある場所なら、簡単に落語会の会場になる。変わったところでは、見番（芸者さんの派遣事務所で踊りの稽古場などが併設）を借りた落語会もある。

落語は、落語家が座ってしゃべるスペースがあればどこでもできる芸能だ。大劇場でもできるし、10人規模のお座敷でも可能である。

落語家の活動の場所として昭和40年代くらいから発展してきたものに「地域寄席」がある。地元の有志が、地域の活性化、地域のお年寄りなどに身近に落語を聞いてもらいたい、落語家を応援したい、などを目的に開催する落語会だ。今も若手落語家の活動の中心になっている。会場は神社や寺、公共施設の和室や会議室、飲食店などが多い。個人宅もある。

その他にも、落語家はいろいろな場所で落語を口演する。敬老会が多いが、子供会や学校寄席もある。企業の研修、セミナーなども多く、落語でおもしろく社員研修を行ったりもする。老若男女が楽しむことができるのも落語なのだ。

飲食店

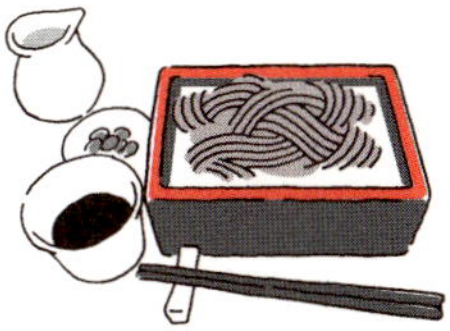

そば屋、寿司屋、居酒屋などが多い。店の宣伝、集客のための落語会もある。そば付き、酒付き、あるいは木戸銭無料で、飲食物のオーダーのみなどという会もある。単に店の主人や常連客が落語好きというのも多い。

その他

大会場では、春風亭小朝の日本武道館、六代目三遊亭圓生、桂枝雀らの歌舞伎座などもある。某政党のイベントで、広場の特設会場のステージで柳家小三治が落語を口演、2,000人以上の人が集まったこともあった。小さいところでは、三遊亭歌之介が前座時代に当時住んでいたアパート善兵衛荘で落語会を開いたが、100人以上の客であふれかえったという逸話を残す。

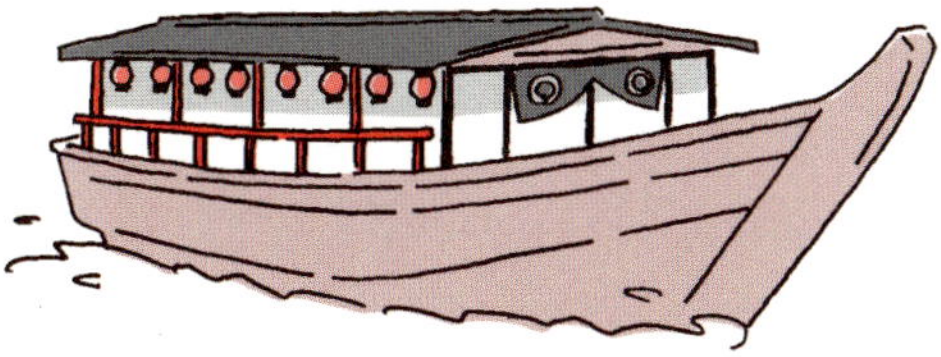

屋形船での落語会はいかにも風流な催し。川べりの特設会場での落語会もある。

あなたも席亭になれるかも!?

必須アイテムは
座布団とオーディオ

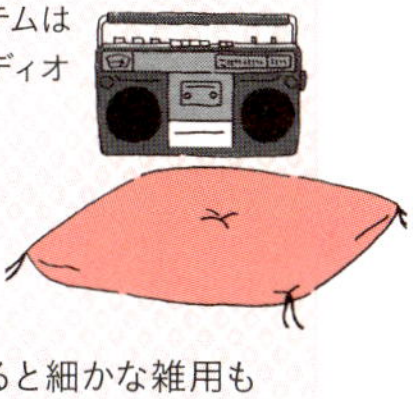

落語会を開催するのに、最も重要なのはお客さん。落語を聞きたいお客さんがいれば、落語家はどこにでも出かけていく。

会場の確保と集客のめどが立てば、予算に応じた落語家を呼べばいい。落語家によってはプロダクションなどに所属している人もいるし、ホームページなどで連絡先を公開している人もいる。直接連絡してもいいし、知り合いなどを通じて依頼してもいい。

落語会を開催するとなると細かな雑用もあるが、基本は、客、会場、出演者がいれば、落語会は開催できる。

落語とは違う話芸・語り

ロケット団

漫才

人気者からベテランまで爆笑を呼ぶ

ナイツ、ロケット団などテレビでもおなじみの漫才師を寄席でも見ることができる。時事ネタなど最新のお笑いや、おなじみのフレーズで、客席は爆笑。

寄席には落語以外にもいろいろな演芸が登場する。漫才、太神楽（曲芸）、マジック（奇術）、漫談、音曲などは、俗に「色物」と呼ばれる。

寄席の看板に、落語家は墨（黒色）、その他の演芸は朱（赤色）で名前が書かれるところから、落語以外の演芸を色物と呼ぶようになったという説がある。一方、落語だけではお客さんが飽きてしまうので「彩り」として音曲や舞踊が入ったため、色物と呼ばれるようになったという説もある。

江戸時代から、寄席には新内節《しんないぶし》や義太夫《ぎだゆう》節などの音曲が色物として出演していた。都々逸《どどいつ》などは寄席で流行してから、花柳界で人気を呼んだ。江戸時代は落語家が高座で舞踊を演じることは禁じられていた。明治時代に解禁されると、初代三遊亭圓遊の「すててこ踊り」などコミカルな舞踊を落語家が踊り、人気を呼んだ。今日の一発芸みたいなもので人気を得る落語家が出て、落語以外の芸が寄席でも注目された。

漫才のルーツ

明治から大正の頃に、関西で落語家が「俄《にわか》」というコントのような芸をやったのが漫才のルーツといわれている。他にもその頃の関西では、中国手品や安来節《やすぎぶし》（出雲の民謡が寄席に出て人気を呼んだ。寄席の色物は関西で発展し、戦後

講談

歴史や英雄の活躍をダイナミックに語る

釈台を張り扇で叩きながら、抑揚をつけて語る講談。落語よりも堅い話が多いと思われがちだが、ホッとする人情話や、威勢のいい侠客伝、ちょっと怖い怪談なんかもある。宝井琴調は上野鈴本演芸場でトリもとるし、神田松之丞は講談界の風雲児として話題を呼んでいる。

ギター漫談

ぼそぼそとしたつぶやきが笑いと哀愁を誘う

寄席には三味線だけでなく、洋楽器だって出てくる。クラッシックやフォークソング、昭和歌謡を奏でながら、おもしろいトークをするギター漫談。

ぺぺ桜井、堺すすむらベテランが活躍。落語芸術協会では、ウクレレ漫談のぴろきが活躍。

浪曲

日本中を席巻した日本人好みの演芸

三味線伴奏の独特の節で物語を綴る浪曲は、かつて日本中を席巻した。浪曲の名文句を知らない日本人はいなかった。

昨今の浪曲は玉川奈々福・太福など若手の活躍により盛り上がりを見せ、落語との共演も多くなっている。

は上方落語の一時の衰退と漫才の人気で、関西の寄席は漫才が中心となる。関西の影響を受けて、東京の寄席でも漫才や舞踊などの色物芸が寄席に出るようになった。

講談は釈場《しゃくば》という、落語の寄席とは違う形の場所で演じられていたが、昭和の頃から講談師が落語の寄席に出るようになった。現代では、二代目神田山陽一門が落語芸術協会、宝井琴柳《きんりゅう》・琴調《きんちょう》らが落語協会の寄席に出演している。

浪曲は明治時代に寄席に進出。明治の終わり頃から大劇場や地方が活動の中心となったが、何人かは落語の寄席にも出演していた。現在は浪曲師が落語の寄席に出演することは、特別な会以外ではない。

素晴らしき伝統芸の世界

太神楽《だいかぐら》

傘、鞠《まり》など技の応酬。和の華やかさを満喫

太神楽は伝統的な寄席芸の一つ。昔は２〜３人で賑やかにやっていたが、今は１人の太神楽も多い。太神楽の芸人を「マルイチ」と呼ぶのは「〇一」が鞠と撥（ばち）表しているから。

鏡味仙志郎
鏡味仙三郎

落語や講談、漫才など、言葉で聞かせる演芸だけでなく、見る演芸も多い。太神楽（曲芸）、紙切り、曲独楽など。やはり落語ばかりだと疲れるので、見る演芸も寄席の楽しみの一つである。

紙切りは客席からお題をもらって、それを切り絵にする即興の芸。難題をクリアすることでスリルもあり盛り上がる。

また、聞く芸でも、音曲など、三味線や太鼓の音に耳を傾けるのも寄席ならでは。三味線の音を聞く機会が少なくなった今、新内節や端唄のいいところを短い時間で聞くことができるのも、寄席で音曲を聞く楽しさである。三味線を弾きながらおもしろい話をするのが三味線漫談で、2代目を襲名したばかりの立花家橘《きつ》之助《のすけ》、柳家紫文《しもん》など。曲を聞かせるほうが主軸の粋曲・俗曲では、柳家小菊、桧《ひ》山《やま》うめ吉など。

相々傘

林家正楽

紙切り

「ご注文はなんでも切ります」

季節の風物詩や、キャラクター、動物、時事ネタでも、お客さんの注文で切り絵を作るのが、おなじみの紙切り。紙を切る間に流れるＢＧＭにも耳を傾けると楽しい。

三味線漫談（粋曲）

立花家橘之助

小唄に都々逸《どどいつ》。粋な江戸の歌謡曲

寄席の色物として音曲が高座に上がったのは江戸時代から。江戸時代の人たちの恋心を綴った唄などを粋に聞かせる。都々逸には名文句もあり、おもしろいネタもありで楽しい。

三増紋之助

曲《きょく》独《ご》楽《ま》

大小さまざまの独楽を自在に回す

独特の大小さまざまの独楽を回して見せる芸。刀の刃の上を渡らせたり、長い煙管（きせる）の先で回したり。独楽も楽しく見せる寄席芸の定番である。現在は、三増紋之助らが活躍。

声帯模写（動物ものまね）

ものまねはもともと寄席芸

テレビやショーパブなどで人気のものまね芸も、もとは寄席芸。昔は声色といっていたのが、声帯模写になった。片岡鶴太郎の師匠の故片岡鶴八も寄席の声帯模写で活躍していた。今は動物ものまねの江戸家まねき猫らが活躍。

江戸家まねき猫

洋風のバラエティ

ストレート松浦

ジャグリング

技が冴え渡る新しい寄席芸

国立演芸場が太神楽の養成を行った時に、ジャグリングで入った面々が、そのまま寄席に出演している。もともとの技の冴えに、太神楽のスピリッツも加味し、新しい寄席の曲芸を生み出している。

アサダ二世

奇術（マジック）

**寄席の奇術は
スリルよりも独特の味わい**

寄席の奇術の魅力は何かといえば、間の話術のおもしろさかもしれない。アサダ二世、伊藤夢葉などは言葉巧みに笑いのうちに客席を煙に巻く。松旭斉美智・美登、北見伸など伝統的な寄席マジックも楽しい。

寄席に洋風の色物が出るようになったのは、昭和の初めに吉本興業が東京の寄席に進出した時に、洋楽器のボーイズや、レビューショーをやったことの影響が大きい。

マジックは、大劇場、寄席、対面でやるテーブルマジックと、それぞれ見せ方が違う。北見伸は国立演芸場では大劇場でやるような本格イリュージョンを見せることもある。

現代的なものではコント、パントマイムなども寄席に出ている。テレビであまり見かけない芸人さんが多いかもしれないが、毎日のように舞台に立ってお客さんに対峙している芸は、確かなもの。落語とはまた違った、新鮮な楽しさや輝きを提供してくれる。

コント青年団

コント

時事ネタとスピーディな動きが魅力

コントD51、チャーリーカンパニー、コント青年団、ザ・ニュースペーパーなど、寄席に出ているコントもおもしろい。狭い寄席の高座がより狭く感じるくらい、動いて動いて動き回る。15分に集約されたミニ喜劇の世界だ。

東京ボーイズ

ボーイズ（楽器もの）

音楽が笑いに転じると最強

昭和の初めの「あきれたぼういず」が寄席のバンド芸の元祖。だから「ボーイズ」。戦後はジャズ系コミックバンドが寄席以外で活躍。寄席のボーイズも健在で、ベテランは東京ボーイズ、クラッシック系のジキジキなども活躍。

カンジヤマA

パントマイム

言葉がないからこそ引きつけられる

ジャグリングなどもそうだが、しゃべらない寄席芸は、他にもある。パントマイムはしゃべらないが笑いも多い。カンジヤマ・マイムが活躍している。

寄席には予想外の色物さんとの出会いがある

コンビを解散した漫才師でも、大瀬ゆめじ・大瀬うたじ、大空遊平らは、漫談で寄席に出ている。漫談といえば、綾小路きみまろもブレイクのきっかけは寄席に出て注目されたことだ。昔は腹話術とか、お爺さんの一発芸人なんかも出ていた。ニューマリオネットという操り人形もあった。これからも新しい色物が登場するかもしれない。

121　4章　落語ライブを楽しもう！

まだまだ知りたい
落語ライブに関するQ&A

Q チケット代はいくらかかる？

A 公演により異なります。寄席が２５００～３０００円、ホール落語もだいたいそのくらいの値段か、ちょっと高めの会もあります。人気者の独演会などは４０００～５０００円、会場や落語家によってはそれ以上の会もあったりします。若手の勉強会や地域寄席などはもう少し安く５００～２０００円が相場です。

Q チケットの入手方法は？

A 寄席は当日に行って、木戸（チケット売り場）で購入します。落語会の場合は、会によってまちまちです。電話やメールで予約をする会、プレイガイドなどでチケットを購入する会など。チラシや演芸情報誌『東京かわら版』などをチェックしてみてください。

Q 地方でも生で落語を聞ける？

A 主要都市などには大きな公共のホールがあるので、年に何回かは落語会も開催されていると思います。

Q 好きな演目を聞きたい時はどうすればいい？

A 情報誌などでネタ出しされている落語会から探してください。どうしても聞きたい時は、その演目をやる落語家にリクエストの手紙を書いてみてください。案外、やってくれたりします。

Q 途中でトイレに行きたい時は？

A 行ってください。万が一、「座り小便してバカ」（「**火焔太鼓**」）になったら大変です。

Q タダで聞ける落語会はある？

A あります。企業やスーパーマーケットなどが客寄せのためにやっている無料の落語会が全国にあります。公共施設などでも、住民還元や敬老や福祉目的などの無料の落語会をやる場合があります。

また、飲食店などで木戸銭は無料で、飲食をしてください、という落語会もあります。

Q 人気者の出る落語会のチケットの取り方は？

A 頑張るしかありません。あるいは、発売開始と同時に電話する。後援会（ファンクラブ）などで優先的にチケットが取れるシステムの会もあったりするので、調べてみてください。

Q 羽織を脱ぐタイミングってあるの？

A 落語家によって違います。マクラから噺の本題に入る時に脱ぐパターンが多いようですが、決まっているものはなく、だいたい気分で脱ぐし、脱がないこともあります。

Q 自主興行のほうがお得？

A うーん、何ともいえません。お客さんが何を聞きたいのかにもよります。

金銭的なことで、興業会社がやっている落語会は儲けが上乗せしてあるから高いんじゃないの？ということでしょうか。確かに儲けは上乗せしてあるのでしょうが、制作や宣伝がシステム化されているので、全部自分たちでやる自主公演よりも手間や経費が安く済むこともあります。自主公演と興業会社の公演も金銭的には差はないと思われます。

Q 出てくると同じあいさつをする落語家さんがいます。なぜ？

A キャッチフレーズです。初めてのお客さんはそれを聞いてその落語家が強く印象づけられますし、いつも来ているお客さんはそれを聞くと安心します。

Q ネタ数はどれくらい持っているの？

A 落語家により、まちまちです。50～２００席は持っていると思います。

Q 年間何本ぐらいやっているの？

A 売れている落語家は、寄席を含めてほぼ毎日高座に上がり、掛け持ちの日もあり、独演会で何席かやることもあります。そうすると1日1席以上になるので、３００～５００席くらいやる人もいるそうです。

一方、月に2～3回の高座で、あとは祝儀のたくさんもらえる仕事を1～2本やってのん気に暮らしている落語家もいるそうです。

【Column】

今も語り継がれる名演
伝説となったライブ

昔は落語を演じる場所は、寄席に限られていた。語り物の一人芸であり、あまり広い会場は向かないと思われていたところもある。

昭和28（1953）年、三越劇場の「三越落語会」が始まり、その後、東横ホールの「東横落語会」など大きなホールでの「ホール落語」が増えていく。マイクロフォンの性能が上がったことや、新しい観客が増えたことなどが理由で、またきれいなホールで落語を鑑賞したいという客の意識変化も大きいのだろう。

芸人が憧れる大きな劇場というと、歌舞伎座がある。最初に歌舞伎座で独演会を開催したのは、六代目三遊亭圓生（昭和54〈1979〉年3月29日）、**「掛取り」「乳房榎**（ちぶさえのき）**」「首屋」**の3席を演じた。歌舞伎座ではその後、桂米朝、桂枝雀、立川談春など、集客力のある落語家が会を開いている。

歌舞伎座より大きいところといえば、春風亭小朝の日本武道館がある（平成9〈1997〉年10月11日）。これも伝説の会になっている。

小朝といえば、「大銀座落語祭」（平成16～20〈2004～2008〉年）をプロデュース。3日間、銀座の大小さまざまな劇場で、協会、東西の垣根を越えて落語会が開催された。個々の落語会の企画にも工夫が凝らされていて、落語の認知度を高めた貴重な企画であった。

中規模ホールでの長期公演の先がけも小朝で、平成2（1990）年に銀座博品館劇場で1か月公演を行っている。

長期公演を続けているのが立川志の輔だ。渋谷のパルコ劇場での正月の3日公演に始まり（平成8〈1996〉年）、9年目に2週間公演、その翌年から1か月公演を開催した。ベートーベンの第九の合唱団を並べた**「歓喜の歌」**や、人間お雛様を並べた**「メルシーひな祭」**などパルコ劇場でなければできない新作落語を演じ、それから11年間、1か月公演を続けたのは快挙といえよう。20年目の節目とパルコ劇場の改築のため平成29（2017）年より中断しているが、下北沢の本多劇場などでの中期公演は行われている。集客力と企画力のなせる業だろう。

5章

落語家をめぐる世界を垣間見る

落語家になるには資格や試験など必要ありません。
門戸は開かれていますが、
長い修業の道が続いていきます。
家族にも似た師弟関係、一門の中で培われていく
落語家の生き方を覗いてみましょう。

落語家になるためのステップ　弟子入り

落語家になるには？

弟子入りしたい師匠に直接アタック

弟子入りの方法もいろいろで、師匠の家を訪ねる、寄席の楽屋口で出待ちをするなどがある。

知り合いに紹介してもらうというのも現実的な手法の一つ。大学の落研（落語研究会）出身者は、落語家になっている先輩に相談するというのもあるだろう。家を訪ねても弟子に追い返されることもある。また、兄弟子は弟弟子が入ると自分の仕事（修業での仕事）が減るので、歓迎してくれる人もいる。タイミングが重要ということだ。

紆余曲折《うよきょくせつ》を経て、親と師匠も対面し、入門が許される

たいていの師匠は入門の前に「親を連れていらっしゃい」と言う。たいていの親は、子供が落語家になると言ったら反対するだろう。反対されたって、いい大人なんだから親なんて関係ないと思うだろうが、親を説得できない者が、何人ものお客さんが納得する落語ができるわけがない、というのが師匠の考えだ。

落語家になるにはどうしたらよいのか？「真打の落語家に弟子入りして修業をする」、これしか道はない。

他の伝統芸能とは違い、落語は師匠の芸をすべて伝承するわけではないが、それぞれの師匠、一門が培ってきた芸の理念を受け継いでいくものなのだ。だから、入門して、修業をして、芸だけではなく、落語家としての生き方を学んで、初めて落語家になることができる。

では、師匠はどうやって選べばよいのか。それぞれに考え方が異なる。三遊亭圓丈《えんじょう》は「落語家に弟子入りする時に、その師匠の芸に惚れるということはよくないことだと思ってる。なぜなら、惚れてしまうとその師匠を超えられないからだ」といい、立川志らくは「弟子入りって、職業の選択ではなく、人生の選択です。だから、惚れた師匠のところへ入門

弟子入りがかなうと一門の仲間入り

見習いからスタート

今は前座になるのも順番待ちで時間がかかる。まずは見習いとして、師匠の家に通う日々から始める。修業の形態は各師匠によって異なる。

↓

名前をつけてもらう

何か月か見習い修業をすると、師匠が名前をつけてくれる。前座だから、単純な名前か、変わった名前をつけられることもある。変わった名前は先輩やお客さんにすぐ覚えてもらえるから、案外得かもしれない。

見習いの仕事

師匠の家に通い、掃除などの家事をしたり、師匠のかばん持ちをしたりする。師匠と一緒にテレビを見たりして価値観を共有するのが修業だと言っていた師匠もいた。

師匠と弟子の関係

師匠が「白だ」と言えば黒いものも白、というのが師弟関係。「理不尽に耐えるのが修業」と言った人もいた。

修業のやり方は師匠によって違うが、落語は無償で教えてくれる。自分が師匠や先輩たちから、教わってきたものを下につなぐということに意味がある。

掃除などの家事、何気ない世間話を通じて、芸人としての生き方を学ぶのが修業だともいう。

するべきだと思うのです」といっている(『ザ・前座修業』NHK出版)。

今はインターネットなどで、どの師匠が修業をしやすいか、自分に合っているのかを調べられるかもしれないが、生の高座を見たインスピレーションを超えるものではないだろう。

師匠も、芸に厳しい人、芸は優しく教えてくれるが日常生活に厳しい人、放任主義の人など、いろいろだ。若い師匠、年配の師匠でも修業のやり方が違ったりもする。

昔は内弟子といって師匠の家に住み込んで修業をすることもあったが、今は住宅事情から内弟子はほとんどいない。

だが、通い弟子でも、師匠の家でご飯を食べることは多く、「他人の飯を食う」ということが修業の基本であることには変わりはない。

落語家の階級制度
真打になるまでの道のり

真打への道のりは遠い

早い人でも10年くらい、前が詰まっていたりすると
20年かかることもある。

3～5年
前座

寄席と師匠の家を行ったり来たり。毎日、落語漬けの日々。「往復の道でも落語の稽古だ！」。着物の着方もようやく様になってくる。

数か月～1年
見習い

夢や希望はたくさんある。憧れの師匠の近くにいられるだけで幸福。「でも修業は厳しいな」。

落語家には「前座、二ツ目、真打」という階級制度がある。実際には階級制度というよりは、修業の形態といったほうが正しいように思う。

入門して数か月〜1年くらいの見習い期間を経て、前座になると、寄席の楽屋に入るようになる。寄席で高座返しや、出囃子《でばやし》の太鼓、先輩たちにお茶を出したり着物をたたんだり、楽屋の雑用を行う。寄席以外でも、師匠の家に行き、雑用をする。

前座は一年中落語漬けの生活を送り、落語を体に染み込ませるという修業の期間だ。

前座を3〜5年くらいつとめると、ようやく二ツ目にな

桃源郷

目指すは大看板

寄席で時々トリをつとめ、大きな落語会にも出演。弟子も何人かいる。「今度の独演会で、師匠の十八番だった大ネタをやろう。まだまだ稽古だ。芸は一生修業なんだ」。

山頂

エンドレス 真打

「真打がスタートライン」と言う人もいる。あちこちにお披露目して、落語会も多くなる。「寄席でトリをとって大看板を掲げた時は、感慨深いものがあったな」。

まだまだあるなぁ…

5合目

10〜12年 二ツ目

前座修業からはやっと解放。でも自分で仕事（高座）を探さなければならない。なかなか落語会からはお呼びがかからない。「とりあえず仲間と勉強会でも始めようか」。

下山

破門や休業ということも

時には破門なんていうこともある。金、酒、女……、芸人には誘惑も多かったりするので、しくじる原因もいろいろ。破門になったら、他の師匠のところで修業をやり直すか、廃業か。

る。寄席の楽屋仕事などの雑用からは解放されるが、今度は自分で仕事（高座）を探さなければならない。勉強会を開いたり、先輩や仲間、あるいはプロデューサーから落語会に呼んでもらえるように研鑽(けんさん)するのが二ツ目の修業である。芸の研鑽だけでなく、お客さんを自分の会に呼ぶ、お客さんに地域寄席などの落語会に呼んでもらう努力もしないといけない。

そして、さらに10年くらいすると、いよいよ真打になる。真打になれば、トリをとるための修業、自分の看板でお客さんを呼ぶ修業が待っているのだ。

落語家の修業や稽古ってどんなもの？

前座の修業

高座返し、出囃子の太鼓など雑用全般をやる。

立て前座（一番上の前座）は舞台進行も務める。

師匠宅で

　掃除などの家事をやる場合が多い。家事をやるよりも、師匠と一緒にご飯を食べたり、時間を共有することが修業のようだ。

　各師匠によっても修業の形態は異なるし、時代によって変貌している面もある。

寄席で（365日毎日）

- お茶を出す
- 高座の座布団を返したりめくりを替える
- ネタ帳に記入する
- 出囃子の太鼓を叩く
- 着物をたたむ

　寄席での修業は、時代が変わっても大きな変化はない。楽屋の雑用全般が仕事。「前座耳」という言葉があるが、雑用をやりながら高座に耳を傾けていることをいう。そうやって先輩の芸の呼吸、間を聞き覚える。

その他

　寄席の他にも、落語会や、先輩の会の前座に呼ばれることもある。小さな会の場合は、出囃子の太鼓でなく、CDの頭出しをしたりもする。会場によって、寄席とは違う雑用もいろいろある。


　修業のやり方は師匠によって異なる。

　昔は内弟子が主流だったが、今は住宅事情からほとんどいない。近年では柳家わさび（柳家さん生門下）が内弟子修業をしたそうだ。

　通い弟子は、前座のうちは朝早くに師匠の家に行くことが多い。朝ご飯をいただき、掃除などの家事をやってから、寄席に行く。

　昔は洗濯なども手洗いで、「洗濯機は修業にならない」と言った師匠もいたそうだ。今は家事は弟子にはやらせないという師匠もいる。

　ご飯も「たくさん食べなきゃいけない」と言う師匠も

落語の稽古

**落語家である以上、落語を覚えて芸を磨かねばならない。
そのためには稽古を重ねることが重要だ。**

3 目の前で実演してOKをもらう

落語を覚えたら、自分で何度も稽古してから、教えてもらった師匠や先輩の前でやってみて、ダメ出しをしてもらう。OKがもらえないと、その落語を高座に掛けることはできない。

1 対面で教わる

落語は師匠や先輩から教わるのが基本。対面でやってもらって細かな演出も教えてもらう。今はテープやICレコーダーなどの録音機器を用いるのが主流になっている。

2 噺を覚える

落語を覚えるやり方は人それぞれ。ポピュラーな落語だと、寄席で聞いているうちに覚えてしまっている噺もある。昔は寄席から寄席への移動中に歩きながら覚える人も多くいた。

伝統的な三遍稽古とは

師匠が3遍やってくれて、それを見て覚えるといわれているが、実際は、部分部分を3回ずつやってくれて、1週間くらい聞いているうちに覚えてしまう稽古のこと。

いれば、あまり食べさせてくれない師匠もいるそうだ。

落語の稽古は口伝で、台本のようなものはない。昔は師匠が対面で稽古してくれたが、今は師匠も何かと多忙で、録音機器を用いて覚えることもあるようだ。

はじめは師匠や兄弟子に教わるが、ネタによっては別門の師匠に習うこともある。お願いに行けば、わざわざ時間を作って教えてくれる。しかも無料で。自分もそうやって落語を教わってきたからだ。

ただし、稽古してもらわず、勝手に覚えてやることは許されない。それが伝承芸の厳しさなのだ。

落語家の晴れ舞台
真打披露興行

待望の真打昇進

寄席でトリがとれる、弟子をとってもよい、
「師匠」と呼ばれるようになるなど、真打は一つの節目。

真打昇進が決まる

真打昇進は各協会の理事会で決定する。今はだいたい順番で決まるが、抜擢もある。1人で昇進することもあるが、2人、3人、5人、10人など、その時の状況により集団で昇進することもある。集団で昇進すると披露興行でのトリの日数は減ってしまう。

披露興行に向けてやること

- お披露目用の扇子、手ぬぐい、口上書きの発注
- 報告の挨拶回り
- ポスターやチラシの撮影
- 披露興行の高座の後ろ幕やのぼりの用意
- 昇進披露パーティの準備と開催

真打披露には準備が必要。挨拶回りなどにも追われ、かなり忙しい。それ以上にお金もかかる。だいたいいつ頃真打になる、とわかったら、それまでに貯金をしておかなければならない。

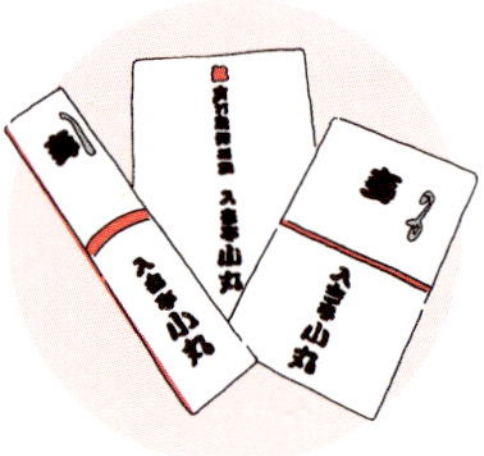

落語家の目標の一つは、「真打になる」ことだが、「真打がスタートライン」と考えている人がほとんどだ。

真打になると披露目を行う。落語協会、落語芸術協会の真打は、各寄席で披露目の興行を行う。たとえば落語協会だと5つの寄席を回るので、50日間の長丁場である。高座に贈られた後ろ幕が張られ、菰《こも》樽《だる》などが飾られる。

五代目円楽一門会、落語立川流なども、定期公演での披露目や、師匠や一門の人気者をゲストに呼んで披露目の会を開催したりする。

真打披露では、仲入り後に師匠や協会の幹部が並んでの

口上の一場面

口上に上がるメンバーや人数（5～7人）は、寄席の規模や日によって変わる。最後は三三七拍子で締めるのが習わし。

後ろ幕　ご贔屓や、後援会、出身校の OB など寄贈者はさまざま。真打披露興行を引き立てる大切なアイテム

菰樽《こもだる》　おめでたい感を盛り上げる酒樽。一つの樽に 72 リットルもの日本酒が入っている。「らんまんラジオ寄席」で有名な秋田銘醸株式会社の「美酒爛漫」

司会　口上を取り仕切る。トークがうまい師匠がその役割を担うことが多い

協会の幹部　協会として新真打の門出を祝う。顔付けも行う

新真打　中央に座り、終始手をついたままでいる。挨拶はしない

師匠　師匠はほぼ毎回同席して挨拶する

協会の幹部

通常の寄席との違い

- 華々しい舞台飾り
- 口上がある
- 出演者が豪華
- 新真打が初めてトリをつとめる

寄席で50日間に及ぶ披露興行

　披露興行の寄席は華やかで楽しい。後ろ幕、菰樽(こもだる)や贈答品が飾られ、雰囲気も賑やか。協会の幹部や、新真打の師匠なども出演する。トリは新真打が渾身の一席を口演する。

　終始お祝いムードな場にいて、芸人の門出を見るのは楽しい。披露目には普段の寄席とは違った楽しさがある。


口上があり、初めて寄席のトリをつとめる。

　披露目興行の前にはパーティを開く。招待したご贔屓《ひいき》やマスコミには、名入りの扇子、手ぬぐい、口上の挨拶状の3点セットを配布する。これを配布することで、新たな仕事や交流につながる場合が多い。

　昔は披露パーティは上野の精養軒が多かったが（今も落語協会の合同のパーティは精養軒）、今は一流ホテルで盛大なパーティを開く人がいる。一方、パーティはやらずに記念の落語会を開く人も多い。もちろん、パーティも落語会も両方開く人もいる。

落語家の名前・亭《てい》号《ごう》からわかること

おもな亭号

三遊亭、三笑亭、林家、桂など江戸時代から続いている名前の他、五街道、八光亭など珍しい亭号もある。

三遊亭	初代三遊亭圓生を祖とする江戸時代からある亭号。二代目圓生の弟子の圓朝が出て、三遊亭を不動のものにした。六代目圓生は昭和の名人。七代目を誰が継ぐかで一時もめた。
柳家	柳派の流祖は江戸時代の船遊亭扇橋。明治時代に二代目柳家小さん（禽語楼〈きんごろう〉小さん）、三代目小さんが活躍し、柳家の屋号が柳派の中心になった。五代目小さんは落語家初の人間国宝。
古今亭	初代三遊亭圓生の弟子で二代目になれなかった圓太が初代古今亭志ん生になり、起こした。五代目志ん生が昭和の名人として活躍。その息子が十代目金原亭馬生と三代目古今亭志ん朝。
林家	初代林屋正蔵が江戸時代に怪談噺で活躍。二代目は元禅僧で「野ざらし」などの作者。八代目正蔵が怪談噺や人情噺で活躍。七代目の息子が初代三平で、その息子が当代（九代目）正蔵。
春風亭	柳派の一つ。船遊亭扇橋の弟子が初代麗々亭柳橋、その弟子が初代春風亭柳枝。四代目柳枝の弟子で、ラジオの「とんち教室」で人気だった六代目柳橋が春風亭を名乗る。
立川	江戸と上方両方にある。上方は幕末に桂、笑福亭としのぎを削る。江戸は初代立川談志は初代三笑亭可楽の弟子だったといわれている。幕末には落語界の一角をなす派閥となる。七代目談志は、五代目柳家小さん門下を経て師と袂を分かち、落語立川流を創始。
桂	初代桂文治は江戸時代に活躍。上方落語中興の祖。文治の名前は東西で行き来し、今は十一代目が東京で活躍。明治時代に初代桂文枝が活躍し、桂文枝が上方落語の大名跡。

三遊亭、林家、柳家などは苗字ではなく亭号、屋号という。○○商店とか、××カンパニーという店の名前や会社の名前と同じ、と考えてよい。

亭号は、落語が栄えた江戸時代後期に、初代三遊亭圓生や、初代林屋正蔵（四代目までは林屋）が活躍し、彼らが落語の派閥の流祖となった。

中には途絶えてしまった流派もあったり、明治時代や大正時代に名人が出て、現代まで受け継がれているものもある。名前は流祖の名前や、それぞれの時代に活躍した落語家の名前を受け継いで現代に至っている。代数の多いものでは、金原亭馬生《きんげんていばしょう》や桂文治《かつらぶんじ》が

亭号にまつわるエトセトラ

亭号が同じだと同じ一門

基本的には、師匠の亭号、屋号を受け継ぐので、亭号、屋号が同じだと同門の場合が多い。桂、林家、立川など東西両方にある一門もあったり、独特の亭号、屋号を名乗る人もいる。

亭号（流派）と芸風

明治初期は、「柳隠居、三遊若旦那」といわれ、柳派は洗練、三遊派は明るい芸風だった。滑稽噺の柳家、人情噺の三遊亭となったのは、昭和の名人の五代目柳家小さんと六代目三遊亭圓生の芸風の影響から。

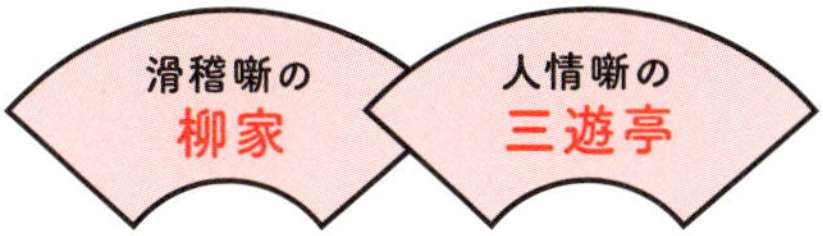

同じ一門でも亭号が違う

パターン1

柳亭と入船亭の源流が柳家

柳派といわれる落語家の亭号は柳亭、入船亭、春風亭、鈴々舎などがある。二代目～五代目の柳家小さんが活躍したので、柳家を名乗る人が多いが、流祖は船遊亭扇橋で、明治初期に活躍したのは談洲楼燕枝、亭号が違っても同じ柳派である。

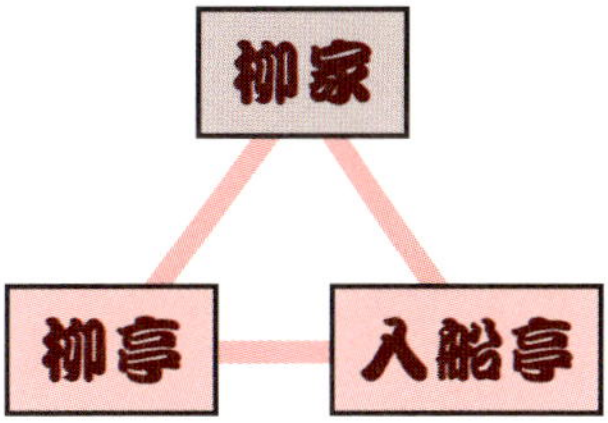

パターン2

師匠とは違う名跡を襲名

五街道雲助は十代目金原亭馬生門下だが、五街道雲助という名前を気に入っていて、門下にも金原亭、古今亭でなく、桃月庵、隅田川、蜃気楼と、珍しい亭号の名跡を名乗らせている。

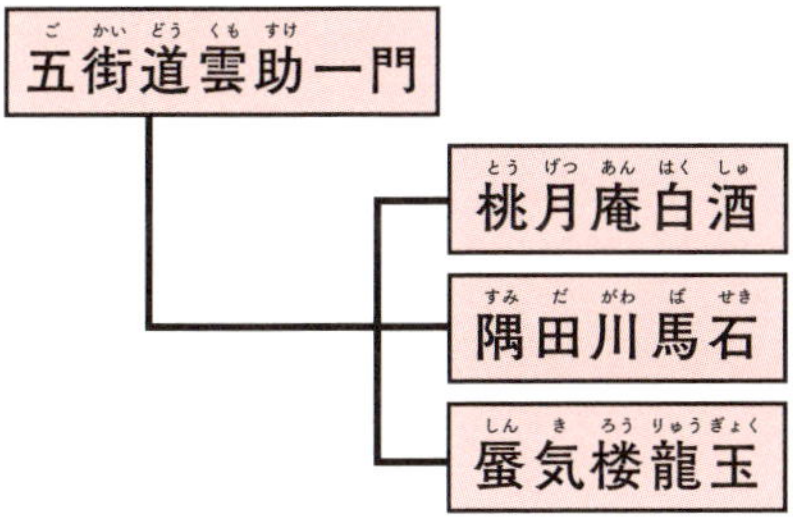

十一代目。桂文楽は九代目だが途中抜けしているところもある。

前座は単純な名前、たとえば本名をもじったり、あとは変わった名前、「おじさん」「おまえ」「あおもり」なんていうのをつけられたりもするが、二ツ目になるとたいてい改名する。真打で改名する場合や、名跡を襲名する場合もある。

師匠の名前や一門の名跡を襲名するのは名誉であるが、それまで売ってきた名前を捨てることにもなるので迷うところだ。

二ツ目の名前のまま真打になり、その名前を大きくする、というのも多い。

落語家の活動を支える5つの団体

一般社団法人

落語協会

会長：柳亭市馬
副会長：林家正蔵

出演定席：
上野鈴本演芸場、新宿末廣亭、
浅草演芸ホール、池袋演芸場
定期興行：黒門亭
http://rakugo-kyokai.jp

落語界最大組織

第二次世界大戦中に国家の戦略で講談落語協会として一つの団体に統一されたものが、戦後、落語協会と落語芸術協会の２団体となった。初代会長は四代目柳家小さん。

現在は、上記の４つの寄席で定席興行を行っている。また、事務所の２階では黒門亭が開催されている。

落語家、色物、お囃子を合わせて350人を超える落語界最大の組織。

公益社団法人

落語芸術協会

会長：桂歌丸
副会長：三遊亭小遊三

出演定席：浅草演芸ホール、
新宿末廣亭、池袋演芸場など
定期興行：永谷お江戸日本橋亭
永谷お江戸上野広小路亭
https://www.geikyo.com

新作落語の演者も多い

昭和5(1930)年に6代目春風亭柳橋、柳家金語楼らが日本芸術協会を設立。当時は新作落語の演者が多く所属していた。戦中、他の団体と一団体にまとめられたが、戦後に独立。昭和52(1977)年、落語芸術協会となり、平成23(2011)年に公益社団法人となった。

西新宿の芸能花伝舎に事務所を置き、そこで芸協らくごまつりが開かれる。会員は200人以上。

落語家が所属する団体は、現在5つ。東京に、一般社団法人落語協会、公益社団法人落語芸術協会、五代目円楽一門会、落語立川流、関西に公益社団法人上方落語協会がある。

　落語協会と落語芸術協会は、寄席と相談して、出演者などを決めている。また、二ツ目、真打の昇進などを決めたり、落語のPRにもつとめている。落語協会は謝楽祭《しゃらくさい》、落語芸術協会は芸協らくごまつりというファン感謝イベントも運営している。

　五代目円楽一門会、落語立川流もそれぞれの一門による落語会の運営や、二ツ目、真打の昇進の決定などを行って

公益社団法人

上方落語協会

会長：桂文枝
副会長：桂春之輔、桂きん枝、笑福亭仁智、笑福亭鶴瓶、桂米團治

出演定席：天満天神繁昌亭
定期興行：島之内寄席
https://kamigatarakugo.jp

上方落語の隆盛を牽引

戦後、衰退していた上方落語界が徐々に隆盛に向かい、昭和32（1957）年に三代目林家染丸を会長に、「上方落語協会」が結成される。当時の会員は18人と名誉会員5人だった。

平成15（2003）年、桂三枝（六代文枝）が六代目上方落語協会会長に就任。平成18（2006）年には、60年ぶりとなる落語定席「天満天神繁昌亭」開席。現在、会員数は260人ほど。

落語立川流

代表：土橋亭里う馬

定期興行：立川流日暮里寄席
（日暮里サニーホール）、
広小路亭立川流夜席・
立川流広小路寄席
（永谷お江戸上野広小路亭）、
立川流日本橋亭
（永谷お江戸日本橋亭）
http://tatekawa.info

独自の昇進ルールが特徴

昭和58（1983）年、落語協会が実施した真打昇進試験の結果と考査基準に異を唱えた立川談志が、大半の弟子と共に落語協会を脱会し、落語立川流を創設した。談志は落語立川流家元となる。

平成23（2011）年、11月21日の家元談志の死去に伴い、総領弟子・土橋亭里う馬が落語立川流代表となる。

五代目円楽一門会

会長：三遊亭好楽

定期興行：円楽一門両国寄席
（永谷お江戸両国亭）、
亀戸梅屋敷寄席
http://www.ntgp.co.jp/engei/ryougoku
（永谷お江戸両国亭ホームページ）

六代目圓生の志を継ぐ

昭和53（1978）年に昭和の名人、六代目三遊亭圓生が一門とともに落語協会を脱退し、設立した三遊協会が母体。圓生没後、一門は落語協会に戻り、五代目圓楽の一門のみが、大日本落語すみれ会、落語ベアーズ、円楽党などの名称で活動を続け、圓楽没後、五代目円楽一門会となった。

いる。上方落語協会は、天満天神繁昌亭の運営もしている。

協会の歴史は明治時代から始まるが、その後も金銭や、人間関係上のことや、落語界を改革しようとか、いろいろな理由で分裂や統合を繰り返してきた。

戦後、東京は落語協会、落語芸術協会の二団体で運営し、真打などの制度を確立させたが、昭和53（1978）年の落語協会分裂と、昭和58（1983）年の落語立川流創設で4団体となった。

プロとして活動するにあたり、だいたいの落語家はこれらの組織に加入しているが、フリーの落語家もいる。

データでわかる落語家の現状

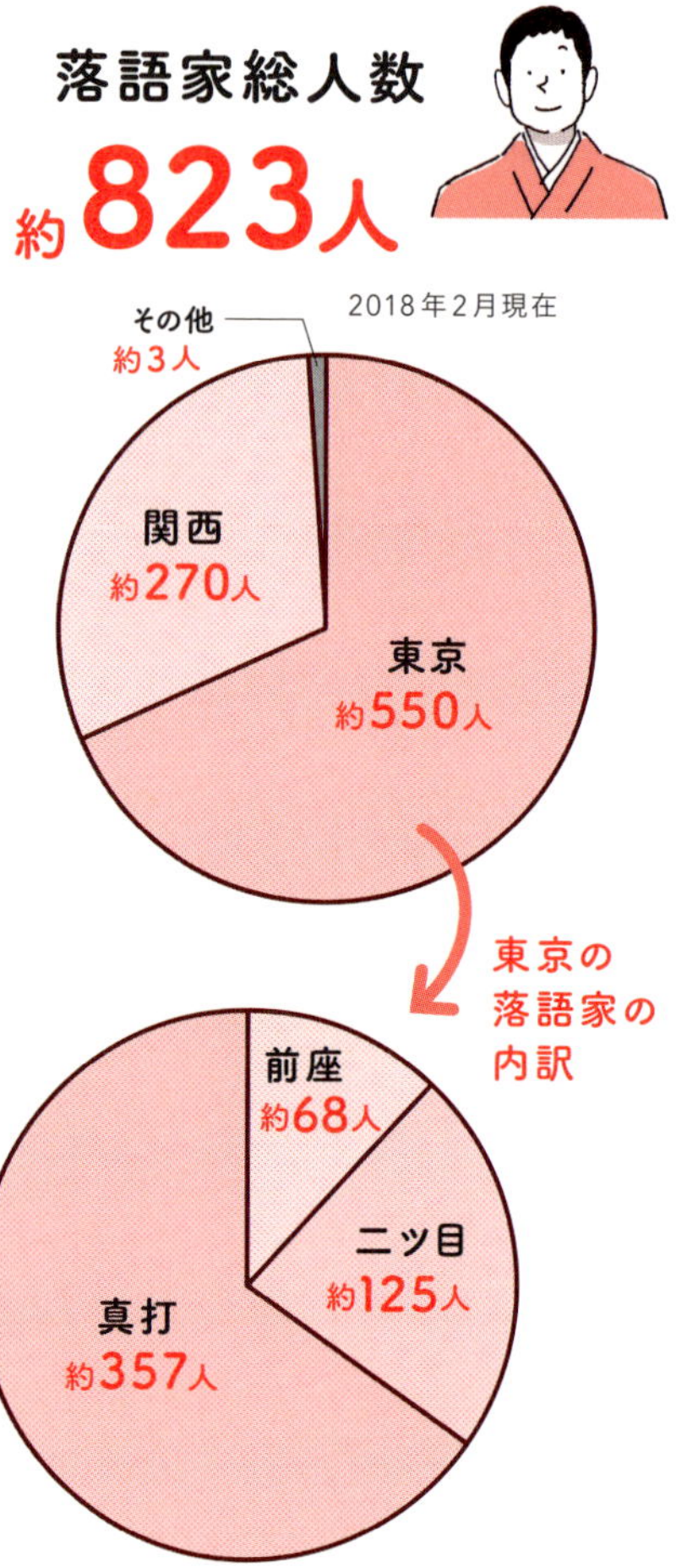
落語家総人数
約823人
2018年2月現在
その他
約3人
関西
約270人
東京
約550人
東京の
落語家の
内訳
前座
約68人
二ツ目
約125人
真打
約357人

落語史上最大の人数！

江戸時代後期の、町内に一軒寄席があった時代でも、落語家の人数は200人を超えたくらいだった。それがとうとう東西合わせて800人を超えた。昭和30年代の落語の黄金時代に憧れて入門したのが団塊の世代の真打たちで、今またその弟子、孫弟子たちが活躍している。昭和の終わりに上方落語家が100人を超えた時、桂米朝は「世の中が平和やから落語が栄える」と言った。戦後73年の平和で築かれた現代こそが、ホントの意味での「落語の黄金時代」なのかもしれない。

志願者は順番待ち中

今は少し落ち着いたのかもしれないが、7〜8年前くらいから入門者が急増。5年前くらいは楽屋に前座があふれていた。各協会とも年に5人くらいずつは前座にしている。今も前座になるまでに半年〜2年くらい順番待ちをするらしい。そのため、落語協会では年齢制限を設けたりもした。

落語家志望者が増えた理由は、それぞれに個々の理由があるのだろうが、サラリーマンでも安定はない時代、好きなことをやって頑張ってみる人生を選択する人が増えたからなのかもしれない。事務や製造業はAI化されても、落語をロボットが演じる時代はまだまだ先だろう。

でもそれよりも落語に魅力を感じる人が多くなった。落語に描かれる相互扶助、気楽に本音で生きる、無理しなくてもいい、などの生き方への共鳴もあるのだろう。

とはいえ、落語家には、厳しい前座修業や芸道精進が待ってはいるのだが。

「社会人の厳しさに比べたら、前座修業はたいしたことはない」と言う落語家もいる。

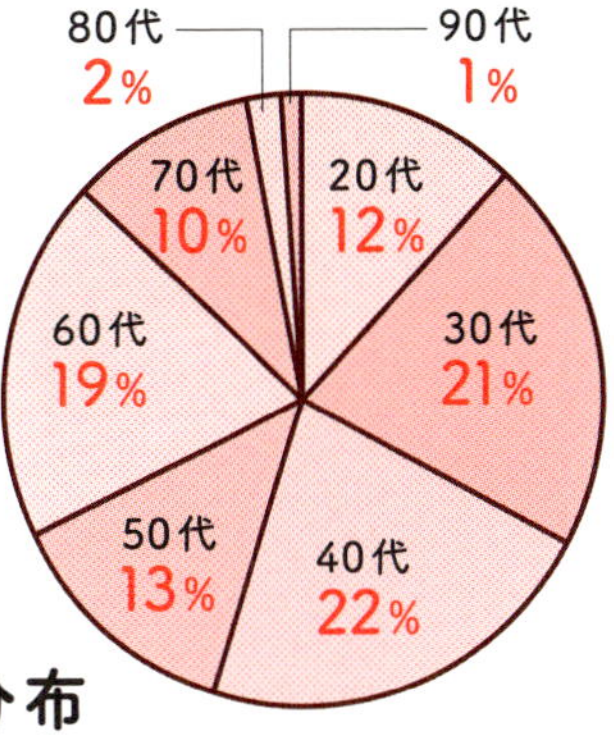

年齢分布

幅広い年齢層が活躍

1980～90代は桂米丸、三笑亭笑三、三遊亭金馬、川柳川柳、林家木久扇らが元気。現代の落語界の中軸の60代は、落語の黄金時代に憧れて入門した人が多い。落語の低迷期とバブル経済の80年代後半に20代だった50代は、若干少ない。20代が少ないのは、入門者の減少ではなく、大学を卒業してから社会人経験を経ての入門が多いため。

女性落語家数 約40人

活動の場も増えている

女性の入門者は確実に増えている。落語は男性が語るもの、という先入観が薄れていったというのもあるだろう。「怒ると泣くから」「結婚して辞めちゃう」などの理由で女性の弟子をとらなかった師匠もいたが、怒っても泣かないし、結婚しても辞めない女性落語家たちが頑張ってきたため、女性落語家への見方も変わってきている。新作などで女性ならではの視点を活かして活躍する女性落語家にも期待が集まっている。

立川こはる

春風亭ぴっかり

高校、大学を出て、すぐ落語家になる人は減った。何年か社会人をやってから落語家を志す人が増えているのは、サラリーマンなどの社会人の生活に閉塞感があるのかもしれない。

真面目すぎる落語家も増えたが、好きな落語に真摯に取り組む姿勢は悪くはない。破天荒な芸人は少なくはなったが、それでも10人に1人くらいは、おかしなヤツはいるからおもしろい。

時代の変化による落語家の収入の動向

江戸時代から昭和30年代までは、落語家の収入の基本は寄席とお座敷だった。五代目古今亭志ん生の著書などによれば、寄席に出られなかった時代は極貧生活を送るも、昭和になって寄席に出られるようになると、志ん生もかなり豊かな暮らしをしていたそうだ。

昭和40年代に寄席が減るが、その頃の落語家は芸能界の隙間業、テレビのレポーター、各種余興などでかなりの収入があった。現代はそうした仕事はあまりなく、むしろ地域寄席や学校寄席、企業や公共団体が主催する落語会の仕事が多く、落語家としての仕事が中心になっている。

まだまだ知りたい 落語家に関するQ&A

Q 落語家は何歳からでもなれる?

A 柳家花緑は9歳から落語を始め、中学卒業後に入門しました。六代目三遊亭圓生、柳家金語楼、三遊亭金馬らは子供落語家として活躍していました。今は子供で入門する落語家はあまりいません。春風亭小朝は15歳で入門して、高校に通いながら前座修業をしていました。

Q 一門を抜けることはあるの?

A いろいろな事情があり、そうなった落語家はいます。

Q 落語家は着物でないとダメ? 洋服の人はいないの?

A ダメということはありません。普通に落語を演じる場合、現代を描く新作落語でも着物のほうが演じやすいということです。ネタによって洋服や衣装でやった落語家もいなかったわけではありませんが、あくまでも特別な演目の場合です。

三遊亭圓丈は洋服ではありませんが、普通の羽織ではなく、陣羽織みたいな着物を着ています(着物デザイナーに特注したもの)。新作の落語家としての差別化で、衣装にも工夫を凝らしているのです。

Q 自分の一門でなくても兄さんと呼ぶの?

A 協会、一門に関係なく、前座、二ツ目の先輩は「兄さん」と呼びます。女性の先輩は「ねえさん」。

Q 落語以外の稽古はあるの?

A 前座は鳴り物(太鼓など)が叩けなければならないので、鳴り物の稽古は必須科目です。

踊り(日本舞踊)や音曲(長唄、端唄、小唄)も、必須科目の一門もあります。日本舞踊は所作(しぐさ)に役立つそうです。落語家で日本舞踊や音曲の師匠もやっている人もいて、そういう師匠に習えば落語の稽古同様無料で教えてくれるそうです。また、知り合いの師匠のところを紹介してくれ、芸人料金（格安）で教えてくれるなど、かなりお得だそうです。

Q 落語家には、引退はある？

A 原則ありません。ただし、近年、病気などを理由に引退する落語家もいたりします。

Q 弟子は何人いてもいい？

A 何人いてもいいと思います。

Q おかみさんはどういうことをするの？

A これも人によりまちまちです。マネージャー業務をしている人もいますし、弟子の生活指導をするおかみさんもいます。落語家個人の配偶者なだけで、落語に関わることは何もしない人もいます。

Q 上方の落語界は昇進がどうしてないの？

A もともと、真打、二ツ目、前座というのも階級ではなく、出番を指したものです。最初に出るのが前座で、二番目が二ツ目、三番目が三ツ目で、最後に出るのが真打です。上方の公演は一門で一座を組んで行うので、一座には真打格のゲストもいますが、真打は一人です。一座の座長になる、その人の看板で客が呼べれば真打ということで、上方では、階級というよりもお客さんが決める、人気優先ということです。

Q 寄席の出演料ってどれくらい？

A 「割り」（歩合）という複雑な計算システムがあります。寄席の収入だけで生活できる額にはならない場合もあります。落語家にとって寄席は修業の場と捉えられています。

Q 落語家でも落語をやらない人はいるの？

A 修業時代はやります。二ツ目、真打になって、いろんな事情でやらない人はいます。
　たとえば、タレントで売れてしまうとか、余技で人気が出てしまうとかの場合です。

Q 落語家さんの手ぬぐいは買えるの？

A ご贔屓や関係者に配るものなので、原則的には買えません。人気者の手ぬぐいなどは、落語会のロビーで販売することもあるようです。

【Column】

何が聞けるかわからない
落語の演目の決め方

ホール落語や独演会は事前にネタ出し（演目の告知）をされている場合がほとんどだが、寄席は演目が決まっていることはなく、他の落語会でも、行ってみなければ何をやるのかわからない会はいくらでもある。

落語家はどのようにして演目を決めているのだろうか。

まず、ホール落語などの場合、プロデューサーがいて、その落語家の持ちネタの中から「こういうネタをやってくれないか」と持ちかける場合が多い。ホール落語のプロデューサーは落語に精通していなければつとまらないが、特に企画公演でない限り、落語家に一任するというプロデューサーもいる。

寄席の場合は、落語家がその日の気分で決める。持ち時間は決まっているから、その中でネタを選ぶ。たいていの落語家は寄席用の得意ネタをいくつか持っている。お客さんの顔を見て、こういう落語が受けるだろうと考えて決める。ただ、前に出た落語家が同系の落語をやっていると、「ネタがつく」といってそのネタは避けなければならない。「**道具屋**」が出ていれば与太郎噺はできないし、「**野ざらし**」が出ていれば「**湯屋番**」のような主人公が妄想に走る噺もやってはいけない。そのために楽屋には演目を記したネタ帳がある。前日に稽古してきても、そのネタができないことはままあるそうだ。寄席でトリや深い場所（後半）に上がるということは、ネタが制限されてくるので、持ちネタが多くないとつとまらない。また、トリのネタが決まっている場合、前に上がる落語家がトリのネタとかぶらないようにする気遣いを求められる。

マクラで世間話をしながら、お客さんの反応を見て決めるという人もいる。ある落語家がマクラをしゃべっていたら、前のほうの客が弁当を広げだしたので、「**勘定板**」という落語をやり始めた。「**勘定板**」はウンコの噺。ひどいヤツだ。

6章

落語レジェンドをひも解く

現代に通用する落語は、江戸時代から落語家たちが連綿と語り継ぎ、磨き上げてきたものです。知っておくとちょっと得した気分になる、落語のルーツや伝説に残る名人たちを紹介します。

落語の生い立ち 落語家の系譜の始まり

【落語胎動期】
室町～江戸前期

笑話本『醒睡笑《せいすいしょう》』は滑稽噺のルーツ

安楽庵策伝（1554～1642年）は、安土桃山～江戸初期の僧侶。話術が巧みで、大名や豪商の屋敷を訪ね、滑稽な話を聞かせていたという。『醒睡笑』（全八巻）を著し、この中に「**平林**」「**転失気**」などの原話があるので、策伝を「落語の祖」とする学者もいるが、不特定の人に聞かせていたわけではないので、遠祖くらいにしておいたほうがよい。落語の原話が収められているのではなく、『醒睡笑』をのちの落語家が参考にしたのであろう。

京　露《つゆ》の五郎兵衛《ごろべえ》

五郎兵衛（1643～1703年）は日蓮宗の僧侶で講和がおもしろく、やがて、京・北野天満宮の境内において掛け小屋で辻噺を始めた。『軽口露がはなし』に五郎兵衛の噺は残っている。この流れが、軽口、辻噺として京、大坂の寺社などで演じられた。一般庶民相手に滑稽な話を聞かせた、上方落語の祖といえる。

難波　米《よね》沢《ざわ》彦《ひこ》八《はち》

五郎兵衛より少し遅れて、大坂の南・生玉神社で辻噺を行ったのが、米沢彦八（生没不明）だ。「当世仕方噺」の看板を掲げ、こちらは小道具などを用いて話をする寸劇に近いものだった。『軽口御前男（かるくちごぜんおとこ）』に彦八の噺は残っている。歌舞伎などを題材にして地口や風刺などを笑いで綴った。即興劇の俄（にわか）につながる。

江戸　鹿《しか》野《の》武《ぶ》左《ざ》衛《え》門《もん》

江戸では鹿野武左衛門（1649～1699年）が中橋広小路（東京駅近く）で掛け小屋の辻噺を行った。武左衛門の噺は『鹿野武左衛門口伝噺』『鹿の巻筆』に残っている。

ところが武左衛門は詐欺事件のとばっちりを受けて島流しになり（そんな事件はない説もある）、以後、江戸では滑稽話の機運が冷め、武左衛門の系譜は途絶える。

日本人は滑稽が好き!!

落語の歴史を語るには、落語って何、というところから考えねばならない。

日本人は本来、おもしろおかしいこと（滑稽）が大好きで、日本最古の駄《だ》洒落《じゃれ》は『日本書紀』に見られ、日本最古の物語『竹取物語』にも落ちがある。

アメノウズメの踊りや、お神楽《かぐら》のおかめひょっとこもエロスと滑稽の融合であり、能には狂言というコメディが寄り添っていた。

語りという意味で登場したのは、江戸初期の安楽庵策伝《あんらくあんさくでん》。落語の遠祖といってもよい。江戸時代になって80年くらい経った天和《てんな》、貞享《じょうきょう》の頃、京で露の五郎兵衛、大坂で米沢彦八、江戸で鹿野武左衛門が辻噺、いわゆる掛け小屋の大道芸で、落語のような滑稽語り芸を演じた。

【落語創生期】

江戸後期

職業落語家の第一号
三笑亭可楽《さんしょうていからく》

初代の三笑亭可楽（1777～1833年）は、商売は櫛職人で、又五郎（又三郎という説もある）といった。「噺の会」に参加して噺を作るのがうまく話すのもうまかった。寛政10（1798）年、山生亭花楽（のちに三笑亭可楽）を名乗り、下谷神社で5日間、お客さんから木戸銭をとって噺を演じた。これが寄席興行の始まりといわれている。文化元（1804）年、下谷孔雀茶屋で三題噺を行い、可楽の即興の創作力が受け、その後も頓才を活かした趣向を数々成功させた。

落語の流派の祖となる可楽十哲

朝寝坊むらく（人情噺）
林屋正蔵（道具入り怪談噺、林家の祖）
三遊亭圓生（鳴り物入り芝居噺、三遊亭・古今亭の祖）
うつし゛ゑ都楽（写し絵）
翁家さん馬（二代目可楽となる）
船遊亭扇橋（音曲噺、柳派の祖） **など**

可楽の登場からすぐ、文化文政期になると、噺の寄席は一気に開花する。可楽の門弟を中心にした可楽十哲が登場し、それぞれが工夫を凝らした噺を始める。彼らが今日の落語家たちの流祖になる。

朝寝坊むらく（夢羅久）は人情噺の祖。林屋正蔵は道具入り怪談噺の祖。三遊亭圓生は役者の声色がうまく、鳴り物入り芝居噺の祖となる。三遊派の流祖でもある。船遊亭扇橋は元常磐津演奏家で音曲噺の祖。柳連の祖でもある。

寄席の誕生
下谷神社が寄席発祥の地

東京の台東区にある下谷神社には「寄席発祥の地」の碑が建てられている。

寄席の数も、文化12（1815）年には75軒、文政13（1830）年には125軒。まさに町内に一軒あった時代である。天保の頃には落語家の数が200名を超えた。

江戸の文化人たちの集いが寄席に

おもしろいことが好きな江戸の富裕町人や文化人たちが市井のおもしろおかしい噺を持ち寄って披露し合う「噺の会」が発足したのは天明《てんめい》の頃（1780年代）。江戸時代になって200年近くが経っていた。ここで披露されたおもしろおかしい噺が、鹿野武左衛門以来江戸で途絶えていた落語の原点となる。「噺の会」の主宰は烏亭焉馬《うていえんば》（1743～1822年）。焉馬はおもしろおかしい噺を作るためのテキスト本『落噺六儀《おとしばなしろくぎ》』を著している。

やがて、「噺の会」でも、作るのがうまい者、話すのがうまい者、聞くだけの者に分かれていく。中でも初代三笑亭可《さんしょうていか》楽《らく》は落語家の祖ともいえる存在だ。

近代落語の幕開け 大スター・三遊亭圓《えん》朝《ちょう》

三遊亭圓朝

(1839〜1900年)

江戸・湯島に生まれる。父(音曲師・橘屋圓太郎)の影響で落語家になりたいと思うが母と兄に反対され、商家に奉公する。歌川国芳に弟子入りして絵師の修業をしたりもするが、結局、落語家になる。芝居噺で人気者になるが、明治になり素噺に転向、**「怪談牡丹灯籠」「真景累ヶ淵」「塩原多助一代記」**などの長編人情噺、**「死神」「名人長二」**などの翻案ものなどを創作した。

圓朝エピソード

- 初めて大きな寄席でトリをつとめた時、師匠の二代目三遊亭圓生に助演を頼んだ。ところが、道具を用意していた芝居噺のネタを先に圓生がやってしまった。このことから、圓朝は自分しかやらない新作の創作を考えるようになったという。
- 落語家になる前、絵師・歌川国芳のもとで修業していたので、芝居噺の背景画が描けた。
- 圓朝の速記が言文一致運動に影響を与えた。
- **「塩原多助一代記」**は勤勉がテーマで、教科書に採用された。
- 妻は元柳橋の芸妓だが料理上手。政治家の井上馨に料理の腕をほめられた。
- **「名人長二」**はモーパッサンの翻案といわれているが、圓朝自身がモーパッサンを読んだわけではなく、横浜税関の奥さんからフランスのおもしろい話の手紙をもらって参考にして創作した。

三遊亭圓朝は**「怪談《かいだん》牡丹灯籠《ぼたんどうろう》」**や**「真《しん》景《けい》累《かさね》ヶ《が》淵《ふち》」「塩原多助一代記」**など長編の怪談噺、人情噺を多く創作した。落語といってイメージされる荒唐無稽なバカバカしい話ではない、文芸的な作品群を創作し、それらを優れた話術で口演した。また、それらの速記本が出版され、明治以降の文学における言文一致運動に大きな影響を与えた。

幕末の頃の寄席は、柳、桂、林、扇、司馬、立川などがそれぞれ連を作って興行を行っていた。その頃、三遊派はやや停滞していたが、それを盛り立てたのが圓朝だった。当時は、長編人情噺を演じないとトリがとれなかった。寄席は15日興行で、毎日お客さんに来てもらうためには、連続ものの人情噺で引っ張るのが有効だった。お客さんは次回ストーリーがどうなるかを楽しみに、連続ドラマを見る

革新的だった圓朝の功績

三題噺とは？

初代三笑亭可楽が客席から題を３つもらって、それを織り込んでほぼ即興で落語を作った。可楽以降は、落語家が余興としてやってみせ、**「芝浜」「鰍沢」**などの名作も生まれた。昭和に三遊亭圓丈が、平成には弟子の三遊亭白鳥らが寄席で三題噺の会をやっている。

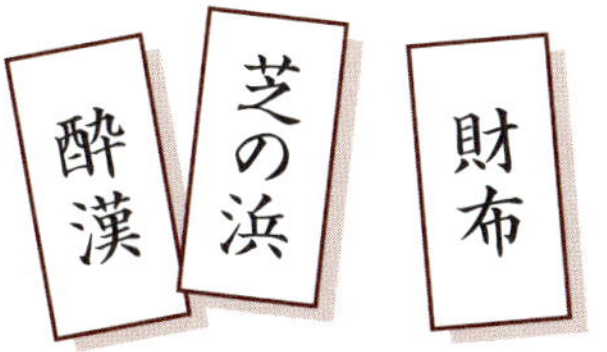

この３つの題から**「芝浜」**ができた。

三題噺から多様な名作を生み出す

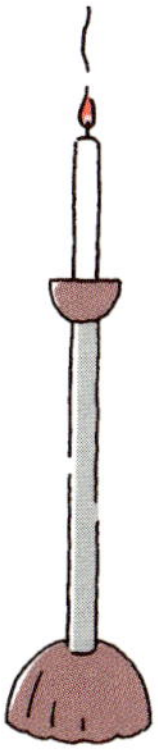

今日でも多くの落語家に演じられている**「鰍沢**（かじかざわ）**」**は圓朝が三題噺でこしらえた。幕末の頃に、木場の豪商のお座敷で作った噺で、圓朝二十代の作品である。歌舞伎世話狂言のような江戸情緒あふれる展開が受けて、余興で作ったネタが名作として今日まで受け継がれた。**「芝浜」**も圓朝が三題噺で作った噺といわれている。

芝居噺で一斉を風靡

芝居噺とは人情噺のクライマックスで、背景画や道具を用いて芝居のように見せる噺。三遊派のお家芸で、所作を見せたり、歌舞伎の声色を聞かせたりもした。圓朝も若き日は芝居噺で人気を得たが、明治になり、弟子の三代目圓生に芝居噺を譲り、扇子一本で演じる素噺に転向した。素噺のほうが人情の機微や、細かな心理が伝わりやすいと考えたからである。

怪談噺による連続物の開拓

怪談噺は単に幽霊や妖怪が出てくる話ではない。人の持つ恨みや執念といった暗部を描き出す。幽霊になって恨みを晴らすほど憎む、あるいは死んでも逢いたいという恋慕の想い（**「牡丹灯籠」**のお露）が描かれ、大いに受けた。圓朝は明治の初めに**「真景累ヶ淵」**を練り直して、素噺として両国の寄席で掛けて注目を集めた。

感覚で毎日寄席に通った。そこで人気を得たのが、複雑な人間関係が絡み、欲や愛憎、心の奥深さを描き物語を綴った圓朝の人情噺だった。圓朝の墓所は台東区の谷中・全生庵にあり、今でも命日に「圓朝まつり」が行われている。

明治も10年代になると、地方からの労働者や学生が詰めかけるようになって寄席の客層が変わり、初代三遊亭圓遊（1850〜1907年）らの珍芸（現代の一発芸のようなもの）が人気を得る。圓遊は滑稽噺にも新たな息吹を注いだ。古い噺を改作し、**「野ざらし」「船徳」**など今日の落語のスタンダードを作り出した。同じ頃、柳派でも禽語楼《きんごろう》小さん（二代目柳家小さん、1849〜1898年）らも巧みな滑稽噺でトリをとり、江戸の洒脱さよりも、大衆的でおもしろいものが求められていった。

落語は世につれ〜

知っておきたい昭和の名人【黄金期】

ラジオと落語

昭和の名人たちが大活躍

昭和 26（1951）年、ラジオの民間放送が始まる。低予算で聴取者に受ける番組としてラジオ局が注目したのが落語だった。予算は落語家の出演料だけ、戦前からＮＨＫで放送はしているからノウハウもわかっている。文楽、志ん生らはラジオ局と専属契約を結び、若手も起用された。

ラジオにより落語の人気も全国に広がり、寄席だけでなく、全国からお呼びがかかるようになった。

ラジオの民間放送の影響で、昭和20〜30年代は寄席も活況を見せた。昭和29（１９５４）年には八代目桂文楽が「素人鰻」で芸術祭賞、三代目桂三木助が「芝浜」で芸術祭奨励賞を受賞した。「古典落語」という言葉は、この頃から頻繁に使われるようになる。評論家の安藤鶴夫が奨励した。安藤らは昭和28（１９５３）年に「三越落語会」を開催。寄席とは違う厳選されたメンバーでじっくり落語を鑑賞する、いわゆるホール落語をスタートさせた。三越に続き、東急グループが「東横落語会」を始めた。また安藤の弟子の湯浅喜久治は第一生命ホールで「若手落語会」を開催、二ツ目時代の立川談志らを登用した。安藤や湯浅らはめまぐるしく変わる時代の中、落語が生き残る道として、江戸の物語や文化を語り継いでゆく「古典」という道筋を考えていたのではなかろうか。

一方、昭和24〜36（１９４９〜１９６１）年に、桂米丸、初代林家三平、春風亭柳昇ら戦後入門者が真打となる。彼らはラジオのバラエティや大喜利番組で活躍。時代を活写する新作落語で、現代に生きる落語を模索していた。

洗練された
名人芸

八代目 桂文《ぶん》楽《らく》（1892～1971年）

上野黒門町（現在の台東区東上野）に住んでいたところから「黒門町」と呼ばれた。ネタ数は少ないが、洗練された芸で、**「明烏**（あけがらす）**」「景清**（かげきよ）**」「鰻のたいこ」**などは名人芸として評価されている。

若い頃に三代目三遊亭圓馬の薫陶を受け、それが文楽の芸への取り組み方の指針となり、その後の落語家に多くの影響を与えている。

破天荒な
人生が開花

五代目 古今亭志《し》ん生《しょう》
（1890～1973年）

借金取りから逃げるために改名したり、なめくじが出る長屋に住んだりという極貧時代の経験が噺に活き、昭和10（1935）年頃より開花。戦中の満州での経験も経て、戦後は名人として高い評価を得る。ぞろっぺいなようで芸熱心、初代柳家三語楼の笑いのセンスや講談の間などを吸収し、爆笑の志ん生落語を作り上げた。

粋で洒脱な
謳い調子

三代目 春風亭柳《りゅう》好《こう》
（1887～1956年）

寄席に柳好が出ると**「野ざらし」「蝦蟇**（ガマ）**の油」**とリクエストの声がかかった。謳（うた）い調子、軽快でリズミカルな**「野ざらし」**は寄席のお客さんを酔わせた。
「野ざらし」はじめ、**「羽織の遊び」「宮戸川」**などの音も残っているが、柳好をリアルで聞いている人たちの思い出話には奥深いものがある。

戦前から
ラジオで
トップスター

三代目 三遊亭金《きん》馬《ば》
（1894～1964年）

今、60～80代の落語ファンは、子供の頃ラジオで聞いた金馬で落語が好きになったという人がとても多い。戦前から、**「居酒屋」**の言い立てで、ラジオ、レコードで人気を得る。**「茶の湯」「藪入り」「孝行糖」**、何を聞いても爆笑。釣り好きで、二之席はワカサギ釣りのため寄席を休んだというエピソードもある。

落語は世につれ～

知っておきたい昭和の名人【円熟期】

レコード（LP）と落語

LPレコードで江戸を聞く

昭和30年代には落語のLPレコードが発売される。片面約30分という収録時間は長めの落語一席、短めの落語二席という、落語を収録するにはちょうどいい長さ。落語の黄金時代と呼ばれる頃の名人たちの録音が多く残され、現在はそれらがCD化されて、私たちは往時の名人芸を聞くことができる。

単にノスタルジーで昭和の名人を聞くのではない。江戸の息吹が残っている時代を生きた落語家の語りを聞くことで、私たちは江戸を身近に知こともできるのだ。

高度経済成長で、街の景観や、人々のライフスタイルが変わっていく。

茶の間の娯楽がラジオからテレビに変わり、ラジオは受験生やトラックのドライバーのものになると、音楽や情報番組が増え、落語の番組はラジオから減り始める。

視覚重視のテレビではなかなか落語をじっくり聞く番組は難しくなるが、昭和40年代には寄席中継番組は人気だった。昭和41（1966）年には今も高視聴率で放送している『笑点』が始まっている。

昭和39（1964）年に三遊亭金馬が、昭和40年代半ばに、古今亭志ん生、八代目桂文楽が亡くなる。加えて、人形町末廣、川崎演芸場など、寄席も次々に閉館する。寄席の減少は落語家にとっては死活問題だ。なのに昭和の名人に憧れ、入門者は増えていった。

いわゆる「落語」が時代からズレ始め、古典芸能として生きるのか、時代に合わせて変貌するのかの岐路にいた時代で、立川談志はその危機感を『現代落語論』に著し、五代目柳家つばめは『創作落語論』で新作こそが落語の生きる道であると書いた。

八代目 三笑亭可《か》楽《らく》

(1898 ～ 1964 年)

小気味のよい職人口調と、渋めの風貌が特徴で「いぶし銀の可楽」と呼ぶ人もいる。戦前は安藤鶴夫が可楽売り出しに尽力。歌手のフランク永井とも親交があった他、ジャズメンに熱烈な可楽ファンが多い。得意ネタは**「らくだ」「今戸焼き」「うどん屋」「反魂香」「文違い」**など。

ネタ数もクオリティも
ナンバー1

六代目 三遊亭圓《えん》生《しょう》

(1900～1979年)

ネタ数の多さ、そのクオリティの高さ、ともに他の追随を許さない。まさに昭和の名人である。芸に関しては特に厳しく、いつでもどこでも噺の稽古をしていたそうだ。

自らの芸を後世に残すことにも尽力した。速記本『圓生全集』や、スタジオ録音のレコード『圓生百席』などを残している。

気骨のある人柄と
芸風が今も語られる

八代目 林家正《しょう》蔵《ぞう》

(1895～1982年)

「とんがり」の仇名(あだな)があり反骨の人だった。稲荷町の長屋に住み、昔ながらの芸人のエピソードが、木久扇ら弟子たちによって語られている。

圓朝の弟子の三遊一朝から芝居噺を習い継承。人情噺、怪談噺も得意とした。**「二つ面」「年枝の怪談」**など自作の新作もある。晩年、正蔵の名を七代目の遺族に返し、林家彦六を名乗った。

「芝浜」の三木助で
知られる

三代目 桂三《み》木《き》助《すけ》

(1902～1961年)

若い頃は博徒に身を投じ「隼の七」という二つ名があったという。**「へっつい幽霊」**の壺を振るしぐさが博打打ちのやり方だったそうな。NHKラジオ『とんち教室』で全国的な人気を得た。落語にも意欲的に取り組み、三木助襲名後、**「芝浜」**でのリアルな浜の情景描写が高く評価され、芸術祭奨励賞を受賞した。

落語は世につれ～
知っておきたい昭和の名人【流動期】

昭和40年代後半から、徐々に衰退を見せ始めた落語だが、昭和53（1978）年に注目を集めたのが落語協会分裂騒動だった。芸至上主義の六代目三遊亭圓生が、当時の五代目柳家小さん会長のもとに行われた真打大量昇進に異を唱え、一門を率いて落語協会を脱退し、三遊協会を設立した。事態は翌年の圓生の死で収束、五代目円楽一門以外は落語協会に戻った。

昭和58年には立川談志が落語協会を離れて落語立川流を設立。戦後、落語協会、落語芸術協会の2団体だったのが、五代目円楽一門会、落語立川流を加えた4団体となった。

初代林家三平、八代目林家正蔵（彦六）、十代目金原亭馬生が亡くなり、寄席だけでなくホール落語の動員も減少していた。一方で、五街道雲助、柳家さん喬の世代が真打となり、独演会などで古典落語の根を広げていった。

昭和53年、三遊亭圓丈らは「実験落語」を旗揚げ、古典落語や既存の新作落語を否定し、落語家の感性を前面に押し出した新作落語で暴れた。次世代にそのスピリットをつなぎ、新作落語を根づかせていった。

テレビと落語

テレビへの挑戦と変貌

立川談志がやっていた番組では『笑点』が有名だが、同じ日本テレビで土曜の昼に『やじうま寄席』という番組があった。お笑いタレントがよくやっている体を張ったルポを、落語家がやったりしていた。テレビ時代に落語がどう生きるかを模索していた。

しかし、昭和40年代に人気だった寄席中継番組も、50年代には減っていき、50年代の漫才ブーム、そして寄席出身でないタモリら新しい芸人の登場で、メディアのお笑いは大きく変わっていく。

初代 林家三平《さんぺい》
（1925～1980年）

小噺をつなぐパワフルな芸で「昭和の爆笑王」といわれた。ラジオの時代にバラエティ番組の司会に抜擢され、テレビの時代になり活躍の場を広げた。落語家のテレビタレント第一号で、その人気は爆発的。メディアで売れながらも寄席に軸足を置き、寄席にお客さんを呼び込んだ。

五代目 柳家小《こ》さん
（1915～2002年）

修業時代を戦場で過ごした小さんは戦後、積極的に勉強会を行い、腕を上げ、昭和の名人の一角をなした。志ん生らの世代と現代の落語の命脈をつないだ小さんの存在は大きい。滑稽噺を得意とし、現在の「柳家」の芸風は小さんによって作られた。落語界初の人間国宝となった。

三代目 三遊亭圓歌《えんか》
（1929～2017年）

昭和20年代に新作落語「**授業中**」が大いに売れて、メディアに登場。人気を得る。昭和50年頃からは、自らの家庭の様子を虚実交えて（ほとんど嘘）語るドキュメント落語「**中沢家の人々**」を口演。高齢化問題をテーマにバカバカしく普遍的な話題で、あらゆる世代を爆笑に包んだ。

十代目 金原亭馬生《ばしょう》
（1928～1982年）

五代目古今亭志ん生の長男。戦後の若手のトップランナーで落語界を牽引、昭和40年代には味わい深い落語を聞かせていた。「**お富与三郎**」「**大坂屋花鳥**」など、志ん生のやらなかった人情噺を手掛け高い評価を得たが、馬生のおもしろさは寄席で発揮された。「**ざる屋**」「**代り目**」など絶妙の滑稽噺が懐かしい。

落語は世につれ〜

知っておきたい昭和の名人【黎《れい》明《めい》期】

平成13（2001）年、古今亭志ん朝が、14年に五代目柳家小さんが亡くなった。一部の古い評論家は「落語の終《しゅう》焉《えん》」と語った。しかし終焉ではなく、21世紀になり落語ブームが起こった。『タイガー&ドラゴン』『ちりとてちん』など落語を題材にしたテレビドラマが放映されたり、春風亭小朝が「大銀座落語祭」を開催したり、九代目林家正蔵の襲名などで落語が注目されたことがきっかけだった。だが、一過性のブームではなく、その後十年以上ブームのようなものが続いているのは、落語の底力であろう。

他の要因としては、団塊の世代の定年退職で暇ができ、子供の頃ラジオで聞いた落語を懐かしみ、寄席に来る人が増えたというのもある。

さらには、平成7〜8（1995〜1996）年頃から、落語家の独演会、二人会を個別にプロデュースする制作会社が現れ始めたことも大きい。中規模ホールで営業的に成り立つ落語会が増え、定着してきたのも落語ブームの要因の一つである。落語家も増えたが、落語会も観客も確実に増えている。

寄席と落語

落語家の活動拠点

かつては寄席が落語家の活動拠点であった。しかし、現代では、東京では4軒の定席寄席に500人を超える落語家という状況により、寄席に出られない人が多い。一方で大小さまざまな落語会が全国で多く開催されている。

お客さんも寄席よりも、お目当ての落語家が出て、たっぷり演じてくれる落語会に行く人が多くなった。寄席と落語会、落語の聞き方、楽しみ方も時代とともに変わっていく。

風雲児の
本領は落語

七代目 立川談志《だんし》

(1936～2011年)

落語界の異才、風雲児などと呼ばれた。メディアで活躍し、参議院議員をつとめ(昭和46〈1971〉年より一期)、落語立川流を創設し、家元になるなど多彩な活動を繰り広げた。しかし、その本領は落語で「**芝浜**」「**らくだ**」など先人の残した名作を語り、「**源平盛衰記**」「**粗忽長屋**」「**やかん**」「**金玉医者**」などで客席を沸かせた。

華麗に咲いた
落語界の華

三代目 古今亭志《し》ん朝《ちょう》

(1938～2001年)

五代目古今亭志ん生の次男。落語家になるとすぐにテレビドラマやバラエティに引っ張りだこになる。落語においても、粋で華麗でテンポのいい江戸前の芸風で人気を得、落語界を牽引した。兄・十代目金原亭馬生の死後は寄席にも多く出演。浅草演芸ホールの「住吉踊り」は志ん朝の企画で、浅草の名物にもなっている。

江戸前の落語家

五代目 春風亭柳《りゅう》朝《ちょう》

(1929～1991年)

威勢のいい口調で、啖呵(たんか)を切る。江戸っ子の出てくる落語、「**大工調べ**」「**粗忽の釘**」「**錦の袈裟**」などを得意とした。談志、志ん朝、圓楽らとともに「落語若手四天王」とも呼ばれた。

おしゃれで食通。バーなどに長居は決してせず、一杯だけ飲んで引き上げる。そういう江戸っ子の美学をいつも意識していたという。

『笑点』の司会と人情噺

五代目 三遊亭圓《えん》楽《らく》

(1933～2009年)

若い頃はメディアにも多く登場、「星の王子様」のキャッチフレーズで売った。六代目三遊亭圓生の一番弟子で、圓生没後も独立体制のまま一門を率いて「円楽党」などの名称で活動した。『笑点』の司会を長くつとめてお茶の間でもおなじみの顔。地方での活動が中心となり、「**中村仲蔵**」「**芝浜**」「**浜野矩随**(はまののりゆき)」などの人情噺を得意とした。

落語は世につれ〜

知っておきたい昭和の名人【上方編】

三代目 桂米朝《べいちょう》

（1925～2015年）

　作家で評論家の正岡容（まさおかいるる）氏に師事し、研究者を目指していた時期もある。正岡のすすめもあり、四代目桂米團治に入門、戦後上方落語の復興に尽力した。とりわけ、演じられなくなったネタの復活につとめ、**「算段の平兵衛」「せむし茶屋」「地獄八景亡者戯**（じごくばっけいもうじゃのたわむれ）」を世に出した。『米朝落語全集』など著書多数。新作落語では自作の「**一文笛**」が名作。上方落語界初の人間国宝。

学究肌で上方落語を牽引

　戦後上方落語は壊滅の危機にあった。戦前から、吉本興業などの興行会社は、落語から漫才に軌道転換。戦後はほとんどの演芸場が焼失し、昭和25（1950）年には孤軍奮闘していた五代目笑福亭松鶴、四代目桂米團治も亡くなった。

　戦後すぐに入門したのが、のちの六代目笑福亭松鶴、桂米朝、三代目桂春團治、五代目桂文枝の戦後上方落語の四天王となるメンバーだった。彼らはラジオの落語ブームで、上方落語の知名度を上げていき、また、古いネタの復刻にも力を入れた。彼らの奮闘で上方落語は息を吹き返す。

　昭和40年代は、笑福亭仁鶴《にかく》、桂三枝（現・文枝）、月亭可《か》朝《ちょう》らがメディアで活躍する。メディアを通じて、関西弁が全国的に通用するようになる。さらに三枝は若手の新作派を率いて「創作落語会」を立ち上げた。

　40年代後半、米朝門下の異才、桂枝雀が人気となり、それまで落語に興味のなかった多くの観客を惹きつけた。

　現在、上方落語協会は会員数200名を超え、念願であった寄席、天満天神繁昌亭も13年目を迎える。

華麗な羽織の
脱ぎ方で魅了

三代目 桂春《はる》團《だん》治《じ》

（1930 ～ 2016年）

二代目桂春團治の息子。羽織を脱ぐしぐさが華麗でファンを喜ばせた。

ネタ数は決して多くはなかったが、いずれも洗練された逸品で、二代目ゆずりの**「野崎詣り」「いかけ屋」「代書屋」**をはじめ、ハメモノ入りの**「親子茶屋」「お玉牛」**などを得意とした。

豪放に上方落語の
色放つ

六代目 笑福亭松《しょ》鶴《かく》

（1918 ～ 1985年）

五代目松鶴の息子。米朝らとともに戦後上方落語の復興に尽力。**「らくだ」「三十石」「一人酒盛」「親子酒」**などを得意とした。豪放な芸風で、酔っ払いや職人など上方庶民を活写した。上方落語協会会長在任中、若手の勉強の場として「島之内寄席」を開催するなど後進の育成にもつとめた。

落語の枠を超えた
枝雀ワールド

二代目 桂枝《し》雀《じゃく》

（1939 ～ 1999年）

オーバーなアクションと、計算された絶妙の間、当人も言っていた「緊張と緩和」、すなわち緩急で、爆笑落語を生み、昭和 40 年代後半から大活躍。**「鷺捕り」「代書屋」「うどん屋」**などで、高座で暴れ、**「雨乞い源兵衛」**（作・小佐田定雄）などの新作や英語落語でも活躍。テレビドラマや映画にも主演した。

「はんなり」が
似合う

五代目 桂文《ぶん》枝《し》

（1930～2005年）

上方の女を語らせれば文枝の右に出る人はいない。**「舟弁慶」**のおかみさんから、**「立ち切れ」「辻占茶屋」**の花柳界の女たちも秀逸。ハメモノの噺も得意で、**「蛸芝居」「浮かれの屑より」**なども愉快。一門には新作で活躍の六代目文枝から、ハメモノを継承している弟子まで多彩。

【Column】

さらに落語のことを知りたくなった人へ

落語の深みへ誘う本リスト

落語をもっと知りたい人に、おすすめの本を紹介。入門書から、研究家や評論家による「落語論」もあれば、落語家の自伝や芸談集、エッセイ集もある。

立川談志『現代落語論』(三一新書)は昭和40年の本だが、いまだにロングセラー。談志の本は亡くなる前後にかなりたくさん出版された。最近では、落語評論家の正岡容や安藤鶴夫の本も文庫化され、手に入りやすくなっている。

落語家自身のエッセイもの

『赤めだか』

立川談春/扶桑社/1,333円+税

立川談春の赤裸々な修業時代。平成27(2015)年にテレビドラマ化もされた。

『寄席爆笑王 ガーコン落語一代』

川柳川柳/河出文庫/760円+税

落語家で破天荒の王様といえばこの人。でも六代目三遊亭圓生門下のエリート落語家だった。

『びんぼう自慢』

古今亭志ん生/ちくま文庫/880円+税

志ん生は別格。志ん生目線で綴られる大正、昭和の落語史でもある。

『芸談 あばらかべっそん』

桂文楽/ちくま文庫/900円+税

文楽には薫陶を受けた二人の師匠がいた。正岡容が聞き書きした、文楽の本格的芸論。

落語論、落語家論

『創作落語論』

五代目 柳家つばめ/河出文庫/800円+税

「古典落語は邪道だ!」と新作落語の道標を示した本の復刻版。この本の影響を受けた新作派は多い。

『落語家論』

柳家小三治/ちくま文庫/724円+税

修業や楽屋のいろいろ、趣味のことまで語った、小三治のマクラを聞くような1冊。

『新版 三遊亭円朝』

永井啓夫/青蛙房/2,800円+税

三遊亭圓朝研究のバイブル本。圓朝の人とネタについて知ることができる。昭和46(1971)年に出版されたものの新版。

『落語の履歴書 語り継がれて400年』

山本進/小学館101新書/740円+税

落語の歴史が端的にわかりやすく書かれた一冊。著者の落語研究の姿勢も随所に記されている。

シリーズ『川端誠 落語絵本』全15巻

川端誠／クレヨンハウス／セット 21,000円＋税／各 1,400円＋税

「ばけものつかい」「まんじゅうこわい」などおなじみの落語。

『どうらく息子』1～18巻

尾瀬あきら／小学館／各 552円＋税

落語家の修業を描く連続漫画。落語監修は柳家三三。

『昭和元禄落語心中』1～10巻

雲田はるこ／講談社／各 562円＋税

アニメ化されて、平成 29 年（2017）年頃の落語ブームの火付け役になった。昭和の色濃い落語世界。落語を題材にした漫画。

『圓太郎馬車』

正岡容／河出文庫／880円＋税

正岡容の芸道小説の復刻版。圓朝の時代の落語や講談の世界が色濃く描かれる。

『千秋楽の酒』

吉川潮／ランダムハウス講談社文庫／1,359円＋税

寄席をモチーフにした芸人たちの物語。昭和の寄席のよき時代への郷愁も強い。

『ファイティング寿限無』

立川談四楼／祥伝社文庫／670円＋税

落語家見習いがボクシングチャンピオンをめざす青春小説。漫画化もされている。談四楼は小説家としても活躍している。

『ご隠居さん』

野口卓／文春文庫／640円＋税

鏡磨きの老人を主人公にした江戸市井小説。落語のうんちくがふんだん。

噺についての知識もの

『古典落語体系』1～3

江國滋・大西信行・永井啓夫・矢野誠一・三田純市・編／静山社文庫／各 800円＋税

昭和 40 年代の編者リライトによる復刻文庫。解説がユニークで、ネタの周辺を知ることができる。

『落語の種あかし』

中込重明／岩波書店／2,800円＋税

30 代で亡くなった落語研究家が、しつこいくらい落語を突き詰めて語る本格的な落語研究。

『大落語』上・下

平岡正明／法政大学出版局／各 2,300円＋税

ジャズ、浪曲、新内節、革命、水滸伝を熱く論じる著者が、落語を縦横無尽に論じる。

『〈男〉の落語評論』

稲田和浩／彩流社／1,800円＋税

落語のネタを男目線で捉えて論じる、落語ネタ評論。

絵本、漫画、小説

『ねっけつ！怪談部』

林家彦いち／絵・加藤休ミ／あかね書房／1,500円＋税

古典の多い落語絵本の中、このシリーズは、柳家喬太郎、春風亭昇太ら新作も多彩に取り上げている。

まだまだ知りたい

落語レジェンドに関するQ&A

Q 他の伝統芸と違って、なぜ落語は世襲制ではないの？

A 子供がやりたがらない、親がやらせたくない、などの理由があるんでしょう。最近は二世落語家、三世落語家が登場し、活躍しているので、これからは世襲も増えてくるのかもしれません。

Q 一番襲名されている名前は？

A 桂文治、金原亭馬生が11代、林家正蔵、桂文楽が9代などがあります。

Q 協会が一つになる可能性は？

A 多分ないと思います。
ただ、昭和15（1940）年に落語家、講釈師など演芸家の団体が講談落語協会として一つにまとめられたことがありました。そんなことにならないようにしたいものです。

Q 圓朝、圓生、志ん生など、襲名されていないのはなぜ？

A 複雑な問題がいろいろあります。落語研究家の山本進氏は、圓生が襲名されない理由を知っているらしいですが、「とても人にはいえない。墓場まで持っていく」といっていました。何があるのでしょうか。

Q 三題噺の創始者は？

A 初代三笑亭可楽が始めたといわれています。

Q 速記本ってなんですか？

A 落語の口演が速記され、出版されたものです。
明治政府は国会開設のため速記者を養成しなくてはならず、速記者の見習いたちは、寄席に行って三遊亭圓朝の噺を速記して練習しました。これが出版されて評判を呼び、明治20年代には落語や講談の速記本ブームが起こります。
速記本は文学界の言文一致運動にも影響を及ぼしました。二葉亭四迷の『浮雲』は圓朝の速記に影響を受けたといわれています。落語の速記本のおかげで今日、私たちが普通の文章で小説などを読むことができるようになったのです。

Q 名人のおもしろいエピソードを教えて

A 圓生は稽古を欠かさない人で、寄席が終わって帰りの車に乗る時に、すでに口の中で何かブツブツいって、噺をさらっていました。最晩年でも柔軟体操と発声練習を欠かさなかったといわれています。

ぞろっぺいなエピソードの多い古今亭志ん生も、実は稽古の人で、倒れて自宅療養していた晩年も『圓朝全集』を手離さず稽古していたといわれています。名人はとにかく稽古をしたのです。

Q 真打になるのが一番早かった人は？

A 戦後すぐに入門した桂米丸が3年で真打になりました。戦後すぐで落語家が少なかった時代背景もあります。他は、五代目古今亭志ん生の息子、十代目金原亭馬生が6年、古今亭志ん朝が5年。36人抜きの抜擢で話題を呼んだ春風亭小朝が10年、落語立川流の寄席を知らない真打一号の立川志の輔が7年などがあります。

Q 録音が残っている最古の落語家は誰ですか？

A 日本初のレコード録音をプロデュースしたのは、オーストラリア生まれイギリス国籍（日本に帰化）の異色落語家、初代快楽亭ブラックです。明治36（1903）年、ドイツ、グラモフォン社の来日に際し、ブラックが親しい芸人を斡旋《あっせん》、レコードをプロデュースしました。この時、録音された落語家に、四代目橘家圓喬、初代三遊亭圓右、初代三遊亭圓遊、三代目柳家小さんらがいます。明治の名人たちの録音が不鮮明ながら残っているのは貴重です。

Q 落語家って、食べていけるのですか？

A 餓死した落語家の噂は聞きませんから、おそらく食べてはいけるのでしょう。新劇の俳優やミュージシャン、お笑い芸人のように、居酒屋や道路工事のアルバイトをしている人は原則、落語家にはいません。特に前座修業の間はアルバイトをしている暇はありません。ただ遊ぶ暇もないので、ほとんど金は使いません。「他人の家の飯を食うのが修業」といって、たいていは師匠の家でご飯を食べさせてくれるので食費もかかりません。

でも中には生活が苦しく廃業した落語家はいるそうです。

【Column】

人間国宝もいる落語界 そもそも名人って何？

名人の定義は難しい。緻密な表現技術か、落語なんだから「笑い」が重要なのではないか、それらを含めた総合的な話芸をもっていうのか……。

昭和の名人といわれたのは、五代目古今亭志ん生、八代目桂文楽、六代目三遊亭圓生ら。志ん生の絶妙の間、文楽の緻密な描写、圓生の表現力などはまさに名人芸といえるだろう。だが、「志ん生や文楽は素晴らしかった」といっている先輩たちも、そのまた先輩たちから「三代目小さんや、四代目橘家圓喬は素晴らしかった」といわれている。

何も昔の名人をありがたがっているわけじゃない。実は、落語の演技術、表現術といった技術的なものは、昔よりも、今のほうがかなり進んでいるんじゃないかと思う。笑いの質も昔と今では違う。落語家が800人くらいいて、昔の100人くらいしかいなかった時代よりも、層が厚くなっているというのもあるかもしれない。落語家自身が演劇や音楽、他のお笑いから、ギャグやセンスや表現方法を学び落語に活かしている、というのもある。

ただ、昭和の名人やそれ以前の落語家の世界の時代（昭和30年代以前）は、落語が普通に身近な存在だった。長屋があって、八つぁん、熊さんみたいな人が実際にいた。今は長屋も吉原もない。すべてが文献などで知る知識と想像力でしかない。それは落語家もだが、聞く側の観客も同じなのだ。

名人が生まれ難い時代なのかもしれないが、むしろ昔の名人とは違う名人が生まれてくるだろう。

昔の名人は、実体験や身近な人物を活写して落語を演じればよかった。今の落語家は江戸の噺や、江戸の雰囲気を、現代のセンスで語る技術がなければならない。

落語は大衆芸能であり、お客さんの共感が得られることが最も重要。技術だけでなく、お客さんの感性を汲み取るセンスが必要になってくるのだ。「笑い」がある落語は他の芸能に比べて、そのあたりの汲み取りはしやすい。近い将来、現代の名人は必ず登場するであろう。

巻末Special

ゼロ落流
落語おすすめデータ

「ゼロからわかる落語（ゼロ落）」がおすすめする
落語ライブに関する情報や注目の落語家のデータ、
落語基礎用語を詰め込みました。
これをとっかかりに、長くも楽しい落語への道に
一歩踏み出されることを願っています!

落語ライブに出かけよう!

寄席・落語会案内

落語を聞ける場所は、いつでもやっている定席寄席や、
定例の落語会や不定期開催の落語会など、いろいろな形があり、特徴があります。
気になるものからどんどん出かけてみましょう。

※ 2018年2月時点の情報を掲載しています。

A 住所
B 電話番号（またはメールアドレス）
C ホームページなどのURL
D 出演する団体
E 時間
F 料金（とくに記載のない場合は一般料金）
G その他の特徴など

池袋演芸場

A 〒171-0021
東京都豊島区西池袋1-23-1
B 03-3971-4545
C http://www.ike-en.com/
D 落語協会、落語芸術協会
E 上席（1～10日）・中席（11～20日）
［昼の部］12時30分～16時30分
［夜の部］17時～20時30分
下席（21～30日）
［昼の部］14時～17時15分
［夜の部］18時～20時30分
F 上席・中席［昼の部］2500円
下席［昼の部］2,000円
［夜の部］日毎に変わる
G 昭和26（1951）年創業。席数が92と小さめの劇場なので、落語家との距離が近いアットホームな寄席。また、一人あたりのもち時間が長いことも特徴で、珍しい演目が聞けることもある。

定席寄席

浅草演芸ホール

A 〒111-0032
東京都台東区浅草1-43-12
（六区ブロードウェイ商店街中央）
B 03-3841-6545
C http://www.asakusaengei.com/
D 落語協会、落語芸術協会
E ［昼の部］11時40分～16時30分
［夜の部］16時40分～21時
F 2,800円（夜割（18時～）2,300円
（19時～）1,800円
G 東京オリンピックが開かれた昭和39（1964）年に、「浅草フランス座」を増築した4階と5階からスタートした。落語の他、漫才、漫談、マジック、曲芸、紙切り、コントなどバラエティ豊かな公演内容。席数は340。

新宿末廣亭

A 〒160-0022
東京都新宿区新宿3-6-12
B 03-3351-2974
C http://www.suehirotei.com/
D 落語協会、落語芸術協会
E [昼の部] 12時〜16時30分 /
[夜の部] 17時〜21時
F 3,000円
G 創業は明治時代、当時は浪曲の寄席だった。昭和5(1930)年、現・落語芸術協会の前身の日本芸術協会が発足し、その拠点として昭和7(1932)年に落語の寄席になる。太平洋戦争で焼けた後、初代席亭となる北村銀太郎が自力で建てたのが今の建物。席数は313。

天満天神繁昌亭

A 〒530-0041
大阪府大阪市北区天神橋2-1-34
B 06-6352-4874
C https://www.hanjotei.jp/
D 上方落語協会
E [昼席] 13時〜16時10分
[夜席] 18時30分〜21時
※終演時間は日によって前後する
F 前売り2,500円 / 当日3,000円
G 平成18(2006)年に開場。上方落語協会会長に平成15(2003)年に就任した6代桂文枝の奔走により実現。大阪天満宮の寺井種伯宮司の好意により、無償で提供された社有用地に作られた。席数は216。

上野鈴本演芸場

A 〒110-0005
東京都台東区上野2-7-12
B 03-3834-5906
C http://www.rakugo.or.jp/
D 落語協会
E [昼の部] 12時30分〜16時30分
[夜の部] 17時30分〜20時40分
F 2,800円
G 安政4(1857)年、上野で開業した「軍談席本牧亭」という講釈場が母体。現存する寄席では最古の歴史をもち、現在の建物は昭和46(1971)年に建て直されたもの。席数は285。

国立演芸場

A 〒102-8656
東京都千代田区隼町4-1
B 03-3265-7411(代表)
C http://www.ntj.jac.go.jp/engei.html
D 落語協会、落語芸術協会他
E 公演によって異なる
F 公演によって異なる
G 伝統的な大衆芸能の保存と振興のため、昭和54(1979)年に開場した。上席1日〜10日(1月と5月はなし、7月は2日〜)、中席11日〜20日、他に花形演芸会、国立名人会、特別企画公演を開催。席数は300。

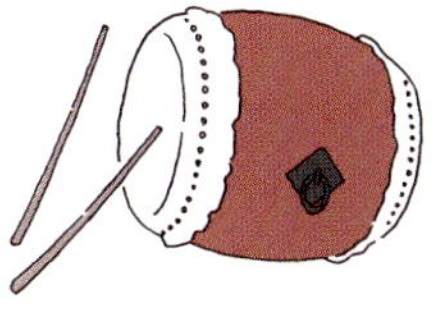

新宿角座

A 〒160-0022
東京都新宿区新宿3丁目20-8 トップスハウス 4F
B 03-3226-8081
C https://www.shochikugeino.co.jp/kadoza_category/shinjuku/
G 松竹芸能が運営。大阪に江戸時代からあった演芸場、道頓堀角座が平成20(2008)年に閉館し、由緒ある「角座」の名を平成23(2011)年に東京で復活させた。松竹芸能所属の芸人による、落語、漫才、コントなど幅広いエンターテイメントを輩出する場として運営している。

新宿永谷ホール(新宿 Fu-)

A 〒160-0021
東京都新宿区歌舞伎町2-45-5新宿永谷ビル 1F
B 03-3232-1251
C http://ntgp.co.jp/engei/
G お笑いライブが多数開かれているが、落語や講談などの古典芸能も上演されている。

すがも巣ごもり寄席(スタジオフォー)

A 〒170-0002
東京都豊島区巣鴨4-42-4
B 03-3918-5944
C http://studiofour.sakura.ne.jp/
G 巣鴨とげぬき地蔵から徒歩10分。流派を超えた若手二ツ目4人が出演する。毎週水曜、13時～開催。

立川流日暮里寄席

A 〒116-0014
東京都荒川区東日暮里5-50-5
ホテルラングウッド 4F (日暮里サニーホール)
B rakugotatekawaryu@gmail.com
C http://tatekawa.info/
G 毎月2日間、日暮里サニーホールのコンサートサロンで開かれる落語立川流の寄席。ホームページから出演者が確認できる。

永谷お江戸上野広小路亭

A 〒110-0005
東京都台東区上野1-20-10
上野永谷ビル 2階
B 03-3833-1789
C http://www.ntgp.co.jp/engei/
G 落語芸術協会の定席(毎月1～15日昼開催)をはじめ、古典芸能からお笑いライブまでバラエティ豊かなプログラムが楽しめる。

寄席処

大須演芸場

A 〒460-0011
愛知県名古屋市中区大須2丁目19-39
B 0577-62-9203
C http://www.osuengei.nagoya/
G 中京圏で唯一の寄席。昭和40(1965)年から定席寄席として賑わっていたが平成26(2014)年に閉館。大改修工事を経て平成27(2015)年に新たな寄席処として再開した。

角座
(DAIHATSU MOVE 道頓堀角座)

A 〒542-0071
大阪府大阪市中央区道頓堀1-4-20
B 06-7898-9011
C http://www.shochikugeino.co.jp
http://www.kadoza.jp/dotonbori/
G 新宿に続き、平成25(2013)年に松竹芸能によりオープン。落語、漫才、コントなど幅広い。お笑い芸人の「角座800円お笑い寄席」なども開催。

亀戸梅屋敷寄席

A 〒136-0071
東京都江東区亀戸4-18-8
B 03-6802-9550
C http://www.kameume.com/
G 亀戸梅屋敷の藤の間で13時30分から開催される寄席。五代目円楽一門会が出演する。開催の日程はホームページで確認できる。

黒門亭

A 〒110-0005
東京都台東区上野1-9-5
B 03-3833-8563
C http://rakugo-kyokai.jp/jyoseki/index.php?pid=6
G 落語協会所属の落語家が出演する寄席。開催日時は毎週土曜、日曜。場所は、桂文楽、古今亭今輔の住居があった上野黒門町、落語協会の事務所の2階。

朝日名人会

A 〒100-0006
東京都千代田区有楽町2-5-1
有楽町マリオン 11F【有楽町朝日ホール】
B 03-3267-9990（朝日ホール・チケットセンター）
C https://www.asahi-hall.jp/yurakucho/concert/【有楽町朝日ホール HP】
F 4,300円
G これまで古今亭志ん朝、柳家小さん、桂米朝ら往年の名人が出演し、2018年6月に第180回公演を迎える。毎回5人出演。柳家小三治、桂文珍、柳家三三、春風亭一之輔ら、最も旬な名人たちの話芸を楽しめる。

大手町落語会

A 〒100-8066
東京都千代田区大手町1-3-7日経ビル 3F
【日経ホール】
B サンケイリビング新聞社事業部：
03-5216-9235（平日10:00～17:00）
C http://living-ticket.eplus.co.jp
G 平成22年にスタートして9年目になる人気のホール落語会。偶数月に開催され、都心のアクセスの良さに加え、若手からベテラン、女流、講談までの幅広い出演者のバランスが絶妙な会。

紀伊國屋寄席

A 〒163-8636
東京都新宿区新宿3-17-7
紀伊國屋書店新宿本店4F【紀伊國屋ホール】
B 03-3354-0141
C https://www.kinokuniya.co.jp/c/store/hall.html【紀伊國屋ホール HP】
G 紀伊國屋書店が主催。通算600回を超える歴史ある寄席。ホームページで開催日時や内容が確認できる。

JAL 名人会

A 〒100-0011
東京都千代田区内幸町1-5-1
【内幸町ホール】
B 0570-550-799（キョードー東京）
C http://www.jalbrand.co.jp/shopping/meijinkai.html
G JAL グループの機内で人気のオーディオ番組『JAL 名人会』の公開収録。

永谷お江戸日本橋亭

A 〒103-0023
東京都中央区日本橋本町3-1-6
日本橋永谷ビル 1階
B 03-3245-1278
C http://www.ntgp.co.jp/engei/
G 落語芸術協会の定席（毎月21～27日までの平日夜開催）をはじめ、講談・浪曲、新内・小唄・長唄・義太夫などの伝統芸能を体感できる。

永谷お江戸両国亭

A 〒130-0026
東京都墨田区両国4-30-4
両国武蔵野マンション 1階
B 03-3833-1789（永谷お江戸上野広小路亭）
C http://www.ntgp.co.jp/engei/
G 五代目圓楽一門会の両国寄席（毎月1～15日開催）を中心に、趣味の発表会・お稽古・プロの公演まで幅広く楽しめる地域密着型演芸場。

横浜にぎわい座

A 〒231-0064
神奈川県横浜市中区野毛町3丁目110番1号
B 045-231-2525
C http://www.yaf.or.jp/nigiwaiza/
G 落語、漫才など大衆芸能の専門施設として平成14（2002）年に開場。現館長は、『笑点』の5代目司会者をつとめた桂歌丸。

おもな落語会

朝日いつかは名人会

A 〒104-8011
東京都中央区築地5-3-2
朝日新聞東京本社新館2F
【浜離宮朝日ホール（小ホール）】
B 03-3267-9990（朝日ホール・チケットセンター）
C http://www.asahi-hall.jp/hamarikyu/
【浜離宮朝日ホール HP】
F 2,500円
G 今勢いのある真打1人と二ツ目2人が出演。3人が気ままに語り合う「とっておきトークタイム」は、噺家の素顔が垣間見えるこのイベントならではの楽しみ。

毎日落語会

A 〒450-0002
愛知県名古屋市中村区名駅 1-2-4
名鉄バスターミナルビル 10F

B 052-581-1521

C http://www.maimode.co.jp/rakugo.html

G 毎日文化センター（名古屋）主催・企画の独演会と二人会。顔ぶれはほぼ固定。時に柳亭小燕枝ら名古屋で馴染みの薄い実力派も。2018年3月以降の年内は、立川志らく、柳亭市馬、春風亭一朝、立川龍志、柳家さん喬、立川談笑、桂雀々、露の新治、春風亭一之輔が出演予定。

三越落語会

A 〒103-8001
東京都中央区日本橋室町1-4-1
日本橋三越本店本館6F【三越劇場】

B 0120-03-9354【三越劇場】

C http://mitsukoshi.mistore.jp/bunka/theater/

G 昭和28（1953）年に、“ホール落語”の先駆けとして発足した三越落語会。2カ月に1回の定例開催の他、不定期で特別企画の寄席も開催。日時や詳細はホームページで確認できる。

みなと毎月落語会

A 〒106-0032 東京都港区六本木5-16-45
【麻布区民センター】
〒107-0052 東京都港区赤坂4-18-13
赤坂コミュニティーぷらざ内
【赤坂区民センター】

B 03-5483-0085（立川企画）

C http://www.tatekawa.jp/

G 立川企画が主催し、港区の区民センターで開催される落語会。毎月1回開催。

よみらくご

A 〒100-8055
東京都千代田区大手町1-7-1
【よみうり大手町ホール】

B 東京 0570-00-3337【サンライズプロモーション】

C http://event.yomiuri.co.jp/yomirakugo/

G 読売新聞社が主催。「よみうり大手町ホール」を拠点に、2015年にはじまった定例落語会。2018年度は2公演を開催予定。

J亭落語会

A 〒100-8066 東京都千代田区大手町1-3-7
日経ビル 3F【日経ホール】

B サンケイリビング新聞社事業部：
03-5216-9235（平日10:00 ～ 17:00）

C http://living-ticket.eplus.co.jp

G 平成21（2009）年にスタートして10年目になり、112回を越える会。今年より会場を移し、奇数月に開催される。今最も勢いのある桃月庵白酒、柳家三三、春風亭一之輔が交代で出演し、チケットが取りづらい会。

TBSテレビ主催 第5次落語研究会

A 〒102-8656 東京都千代田区隼町4-1
【国立劇場小劇場】

B 03-3746-6666（TBS テレビ代表）※「落語研究会についての問い合わせ」と伝えてください。

C http://www.tbs.co.jp/rakuken/

G TBS テレビが主催。場所は国立劇場の小劇場。月に1回開催され、年間通し券がある。当日券は午後5時30分より発売。毎月第3日曜日に放送される。

東京落語会

A 〒105-0001 東京都港区虎ノ門2丁目9番16号
【日本消防会館】

B 03-3464-1124

C http://www.nhk-sc.or.jp/rakugo/

G 落語協会、落語芸術協会、NHK、NHK サービスセンターの4団体の主催。一部、NHK の番組『日本の話芸』（E テレ、総合）で放映。原則会員制ではあるが、毎回当日券も販売している。毎月定例で行われ、通算700回を超えている歴史ある落語会。

人形町らくだ亭

A 〒103-0014 東京都中央区日本橋蛎殻町1-31-1
【日本橋公会堂（日本橋劇場）】

B 080-5191-0945

C https://serai.jp/rakudatei

G 雑誌『サライ』（小学館）が主催する落語会。平成19（2007）年から開始。年6回開催。古典落語を重んじ、「レギュラー制」を採用。柳家小満ん、柳家さん喬、五街道雲助、春風亭一朝、古今亭志ん輔がレギュラー。

ねぎし三平堂落語会

A 〒110-0003 東京都台東区根岸2-10-12

B 03-3873-0760

C http://www.sanpeido.com/

G 「昭和の爆笑王」と謳われた初代・林家三平の遺した資料館の広間で毎月第3土曜日に開催されている。また若手のネタおろし、得意芸をしている日もある。

地域の落語会

板橋落語会

A 〒173-0014
東京都板橋区大山東町51番1号
【板橋区文化会館小ホール】
B 03-3579-3130
(〈公財〉板橋区文化・国際交流財団)
C http://www.itabashi-ci.org/
G 板橋区内在住の6人の若手落語家・講談師による充実の話芸が楽しめる。年に3回開催。

上原落語会

B info@uehara-rakugo.com
C http://uehara-rakugo.com
G 2015年からスタートした落語会。東京都渋谷区のムジカーザという会場で開かれる。詳細はホームページで確認できる。

鎌倉はなし会

A 〒248-0013
神奈川県鎌倉市材木座2-12-9
B 0467-23-0992
m-aki@df7.so-net.ne.jp
G 鎌倉芸術館(小ホール)や、逗子文化プラザ(なぎさホール)の会場で年に6回程開催される。

かめあり亭

A 〒125-0061
東京都葛飾区亀有3丁目26番1号
【かめありリリオホール】
B 03-5680-2222/03-5680-3333
C http://www.k-mil.gr.jp/

清瀬けやき亭落語会

A 〒204-0021
東京都清瀬市元町1-6-6
【清瀬けやきホール】
B 042-493-4011
C http://kiyosekeyakihall.jp

グリーンホール八起寄席

A 〒252-0303
神奈川県相模原市南区相模大野4丁目4−1
【相模女子大学グリーンホール】
B 042-749-2200
C http://hall-net.or.jp/01greenhall/
【相模女子大学グリーンホール HP】

落語が聞ける飲食店

江戸味楽茶屋 そらまち亭(押上)

A 〒131-0045
東京都墨田区押上1-1-2 東京ソラマチ 7F
B 03-5809-7047
C http://solamachitei.jp/
G「ねぎし三平堂(林家)」プロデュースによる落語や色物などの寄席芸を開催。店内に設置したステージ(高座)において、お酒やお料理と一緒に寄席芸を楽しめる。寄席芸は18時30分〜19時の1回公演。

茶や あさくさ 文七

A 〒111-0032
東京都台東区浅草1-21-5 エリカビル2階
B 03 - 6231 - 6711
C https://ameblo.jp/asakusabunshichi/
G 2009年、「若手の落語家が活躍できる場を」との思いからオープン。浅草の和風喫茶。プロ・アマを問わず利用できる高座がある。

ノラや HACO

A 〒166-0003
東京都杉並区高円寺南3-69-1
B 03-3310-2020
C http://www.noraya.jp/
G 毎月数回ずつ、落語会、演芸会を開催している。落語会は「ノラや寄席」「高円寺★若手箱」「鐙の会」。

櫻田落語会(炭焼き櫻田)

A 〒111-0034
東京都台東区雷門
1-15-12永谷マンション 1F(江戸料理『櫻田』)
B 03-3845-3995
C http://www.sakurada.tv/rakugo/
G 奇数月第3土曜に開催している。

らくごカフェ(神保町)

A 〒101-0051
東京都千代田区神田神保町2-3
神田古書センター 5F
B 03-6268-9818(平日12時〜18時)
C http://rakugocafe.exblog.jp/
G 神田古書センターの5Fにオープンした落語をテーマにしたカフェ。落語に関する本やCDが店内に多数。夜には1杯やりながら高座を聞ける。

府中の森笑劇場

A 〒183-0001 東京都府中市浅間町1-2
【府中の森芸術劇場】
B 042-333-9999（チケットふちゅう）
C http://www.fuchu-cpf.or.jp/theater/

ふなばし市民寄席

A 〒273-0005 千葉県船橋市本町2-2-5
【船橋市民文化ホール】
B 047-434-5555
C http://www.city.funabashi.lg.jp/index.html
G 年に2回程度開催される。詳細は船橋市のホームページから確認できる。

文京春日亭

A 〒112-0003 東京都文京区春日1-16-21
【文京シビック小ホール】
B サンケイリビング新聞社事業部：
03-5216-9235（平日10:00 ～ 17:00）
C http://living-ticket.eplus.co.jp
G 平成29（2017）年11月スタート。都心ど真ん中の落語会のように尖って凝った企画でなく、話題の落語家をシンプルに楽しむ会、別名シングルモルトな落語会。

落語興行主催

オフィスエムズ

B 03-6277-7403
C https://www.mixyose.jp/
G 柳家さん喬、柳家権太楼、五街道雲助、春風亭一朝、春風亭一之輔など、人気の落語家が出演するミックス寄席や独演会や赤坂倶楽部などの主催。

北沢落語会

B 03-3482-1313（成城ホール事務室）
C http://seijohall.jp
G 成城ホールの落語会を主催している。話題の若手ユニット「成金」などの企画も催す。

ぎやまん寄席

B 090-5785-3369
（ラブロック・ミュージック問合せ先）
C https://www.aikogiyaman.com/
G 柳家喬太郎、入船亭扇遊、桃月庵白酒などの出演する「湯島 de 落語」（東京）「メルカ de 落語」（長崎）などを主催している。

ごらくハマ寄席（県民ホール寄席）

A 〒231-0063
神奈川県横浜市中区花咲町2-69 アルプスビル 2F
B 045-242-5697（ごらく茶屋）
G 38年目を迎え、通算350回以上開催されている歴史ある横浜の落語会。毎月1回、たっぷり楽しめる落語家の独演会が開かれる。場所は、神奈川県民ホール、横浜市市民文化会館関内ホール、かなっくホールなど。

高津の富亭

A 〒542-0072 大阪府大阪市中央区高津1-1-29
【高津神社 富亭】
B 06-6762-1122
C http://www.kouzu.or.jp/
G 毎月1回の定期の寄席と、月に2～3回の不定期の寄席が開催されている。

つながり寄席

B 090-4222-8881
C https://www.facebook.com/tsunagariyose/
G 博多・天神を中心に福岡、熊本、札幌、東京にて落語会を開催。実力派の落語家さん、色物さんが出演する。

爆笑寄席●てやん亭

A 〒154-0004　東京都世田谷区太子堂
4丁目1番地1号キャロットタワー 3F
【世田谷パブリックシアター】
B 03-5432-1515
（世田谷パブリックシアターチケットセンター）
C https://setagaya-pt.jp/
G 劇場の開場年より続くシリーズであり、質の高い落語・漫才・漫談などの寄席芸能を通し伝統的かつ本格的な大衆演芸の魅力を伝える企画。

東大和落語会

A 〒207-0013 東京都東大和市向原6-1
【東大和市民会館ハミングホール】
B 042-566-2264（えごの樹）
G 年に1回11月に、東大和市民会館などで開催される。10年続いている会。桂伸治、桂伸三などが出演する。

深川落語倶楽部

A 〒135-0021 東京都江東区白河1-3-28
【江東区深川江戸資料館】
B 03-3633-7961
C https://www.kcf.or.jp/fukagawa/
【江東区深川江戸資料館 HP】

夢空間

B 03-5785-0380
C http://yume-kukan.net
G 人気落語家の独演会、ホール落語の会を各種企画している。

イベント

博多天神落語まつり

C http://rakugomatsuri.com/
G 人気長寿 TV 番組『笑点』メンバーとしても活躍中の三遊亭円楽がプロデュース。年に1度、11月に催される。東西の人気落語家による日本最大の落語フェス。ベテランから若手まで東西の人気落語家60名超が出演し、古典落語から創作落語まで、様々なコラボレーションで、楽しむことができる。会場はFFG ホールや、イムズホール、都久志会館、JR 九州ホールなど。

高円寺演芸まつり

C http://www.koenji-engei.com/
G 開催8回目を迎える。10日間に渡って落語、講談、浪曲に漫談、紙切り、太神楽などが高円寺の街なかのいろいろな場所で開催される。お寺やお店など60カ所以上のいろいろな場所が、1日限りの寄席になるお祭り。

情報サイト

東京かわら版 .NET

C http://www.tokyo-kawaraban.net/
G 昭和49（1974）年11月に創刊した、日本で唯一の寄席演芸専門の情報誌のサイト。落語・講談・浪曲・漫才・マジック・太神楽・紙切り・コントなど、寄席演芸とお笑いに関する情報が詰まっている。最新号の案内、オンラインショップ「東京かわら版のお店」を掲載。

噺 -HANASHI-

C http://hanashi.jp/
G 落語のあれこれを知りたい人のための「落語系情報サイト」。関東圏内の公演情報や落語に関する情報がたくさん掲載されている。

高円寺演芸まつり実行委員会事務局

B 03-3223-7500（座・高円寺内）
C http://www.koenji-engei.com
G 10日間に渡って高円寺の町なか60か所で地域寄席を開催。フィナーレに、桂文治、林家彦いち、立川談笑、三遊亭兼好などが出演する「座・高円寺寄席」も企画。

渋谷らくご

B 03-3461-0211
C http://eurolive.jp/shibuya-rakugo/
G 初心者でも楽しめる落語毎月第2金曜日から5日間開催される。6通りの落語会スタイルがある。

道楽亭

B 03-6457-8366
C http://dourakutei.com/
G 東西の落語家、講談師、浪曲師、お笑い芸人を招き、月20数回の「道楽亭寄席」「出張寄席」を開催。

噺小屋 いがぐみ

B 03-6909-4101
C http://www.igagumi.co.jp/
G 独自プロデュース公演「噺小屋」シリーズを中心とした落語会などの企画制作、興行を開催。

プーク人形劇場

B 03-3379-0234
C http://www.puk.jp/theatre/theater.html
G 人形劇団プークの常設劇場として昭和46（1971）年に誕生。

ミュージックテイト西新宿店

B 03-5332-6369
C http://www.musicteito.co.jp/html/company.html
G 老舗レコードショップ「ミュージック・テイト」は落語・演芸関連の CD や DVD は約3,000 タイトル。人気のホール落語会「亭砥寄席」「西新宿ぶら〜り寄席」を開催。

らくご@《あっと》座《ざ》

B 03-5474-1929
C http://rakugo-atto-za.jp/
G 2009年よりスタート。二人会や三人会などを中心に、工夫を凝らした落語会の企画制作をしている。

自分好みの落語家を探そう!

注目の落語家198人

爆笑をとるのが得意だったり、人情噺で思わず涙をさそったり……、
それぞれの落語家に個性や特徴があり、相性もあります。
ぜひいろいろな落語家の噺を聞いて、自分好みの落語家を探してみてください。

2018年2月時点の情報を掲載しています。

落語協会（真打）74人……………………P.172
落語協会（二ツ目）11人…………………P.178
落語芸術協会（真打）38人………………P.179
落語芸術協会（二ツ目）9人……………P.182
落語立川流 16人……………………………P.183
五代目圓楽一門会 7人……………………P.184
上方落語協会 41人…………………………P.185
フリー 2人……………………………………P.187

① 生年月日（もしくは前座登録日）
出身地
② 入門年月、入門師匠名
③ 二ツ目昇進年月
④ 真打昇進年月
⑤ 備考

※ ①～④については『東京かわら版増刊号 東西寄席演芸家名鑑』（平成27年9月5日発行）を参考にしています。

落語協会：真打

柳家小三治 やなぎや・こさんじ

①1939年12月17日　東京　②1959年3月　五代目柳家小さん　③1963年4月　④1969年9月　⑤重要無形文化財保持者（人間国宝）

三遊亭圓窓 さんゆうてい・えんそう

①1940年10月3日　東京　②1959年3月　八代目春風亭柳枝→六代目三遊亭圓生　③1962年11月　④1969年3月　⑤「圓窓五百噺」を達成。「新しい噺絵巻きの会」で江戸物の新作も手掛けていた

桂文楽 かつら・ぶんらく

①1938年9月21日　東京　②1957年4月　八代目桂文楽→七代目橘家圓蔵　③1959年6月　④1973年3月　⑤九代目を襲名して四半世紀

鈴々舎馬風 れいれいしゃ・ばふう

①1939年12月19日　千葉　②1956年12月　五代目柳家小さん　③1960年3月　④1973年3月　⑤落語協会最高顧問。真打披露の口上などおもしろく見せる。小さん譲りの「親子酒」も得意

三遊亭金馬 さんゆうてい・きんば

①1929年3月19日　東京　②1941年7月　三代目三遊亭金馬　③1945年8月　④1958年3月　⑤戦前からの落語家は、今や金馬一人。公開バラエティコメディ番組の『お笑い三人組』（ＮＨＫ）などに出演していた

春風亭小朝 しゅんぷうてい・こあさ

①1955年3月6日　東京　②1970年4月　五代目春風亭柳朝　③1976年7月　④1980年5月　⑤メディアなどでも八面六臂の活躍。近年は精力的に菊池寛作品の落語化を手掛けている

柳家さん喬 やなぎや・さんきょう

①1948年8月4日　東京　②1967年3月　五代目柳家小さん　③1972年11月　④1981年3月　⑤「雪の瀬川」などでは女性のお客さんがハンカチを手放せない

五街道雲助 ごかいどう・くもすけ

①1948年3月2日　東京　②1968年2月　十代目金原亭馬生　③1972年11月　④1981年3月　⑤豪胆な語り口と遊び心で客席を魅了。「幾代餅」など古今亭のネタや、人情噺も充実

むかし家今松 むかしや・いままつ

①1945年10月30日　千葉　②1965年1月　十代目金原亭馬生　③1970年4月　④1981年3月　⑤「安中草三（あんなかそうざ）」「阿三（おさん）の森」などの長編人情噺を編集して口演。年末の寄席での「芝浜」も恒例

柳家さん八 やなぎや・さんぱち

①1944年10月3日　東京　②1966年6月　立川談志→五代目柳家小さん　③1971年11月　④1981年9月　⑤寄席で聞く滑稽噺に味。幼児期の体験をもとにした「東京大空襲夜話」も口演

柳家権太楼 やなぎや・ごんたろう

①1947年1月24日　東京　②1970年4月　五代目柳家つばめ→五代目柳家小さん　③1975年11月　④1982年9月　⑤「代書屋」「猫の災難」など爆笑噺から、「柳田格之進」などの人情噺、どんな噺も大熱演

林家木久扇 はやしや・きくおう

①1937年10月19日　東京　②1960年8月　三代目桂三木助→八代目林家正蔵　③1965年9月　④1972年9月　⑤『笑点』のレギュラーとして活躍。「彦六伝」などでの物真似は絶品

川柳川柳 かわやなぎ・せんりゅう

①1931年3月23日　埼玉　②1955年7月　六代目三遊亭圓生　③1958年3月　④1974年3月　⑤軍歌を歌う「ガーコン」は寄席でおなじみ。他にも「ジャズ息子」など逸品の新作

柳家小満ん やなぎや・こまん

①1942年2月17日　神奈川　②1961年5月　八代目桂文楽→五代目柳家小さん　③1965年3月　④1975年9月　⑤八代目文楽のネタを継承する他、ネタ数の多さと緻密さは抜群。新作も手掛けている

柳家小さん やなぎや・こさん

①1947年7月21日　東京　②1963年4月　五代目柳家小さん　③1967年3月　④1976年9月　⑤父は五代目柳家小さん。小さんネタに定評

三遊亭圓丈 さんゆうてい・えんじょう

①1944年12月10日　愛知　②1964年12月　六代目三遊亭圓生　③1969年3月　④1978年3月　⑤新作落語のレジェンド。「作り続けて前のめりで死ぬ」と意欲的に新作を作り続ける

柳亭小燕枝 りゅうてい・こえんし

①1945年1月28日　東京　②1965年3月　五代目柳家小さん　③1970年4月　④1980年4月　⑤独特の味わいをかもし出す落語の世界が魅力的。寄席で聞く短い噺も楽しい

柳家小ゑん　やなぎや・こえん

①1953年9月15日　東京　②1975年2月　五代目柳家小さん　③1979年5月　④1985年9月　⑤古典と新作の両輪で活躍。「ぐつぐつ」「鉄の男」など独自の世界観を語る新作は爆笑もの

春風亭正朝　しゅんぷうてい・しょうちょう

①1953年1月12日　山口　②1975年7月　五代目春風亭柳朝　③1980年2月　④1985年9月　⑤端正で明るい芸風で寄席では欠かせない存在

金原亭馬生　きんげんてい・ばしょう

①1947年9月28日　東京　②1969年3月　十代目金原亭馬生　③1978年3月　④1987年3月　⑤銀座生まれの江戸前。鹿芝居一座の座長もつとめる

林家正蔵　はやしや・しょうぞう

①1962年12月1日　東京　②1978年4月　初代林家三平→林家こん平　③1981年5月　④1988年3月　⑤父は初代林家三平、弟は二代目三平。古典に深みのある味わい。声優としても活躍している

三遊亭歌之介　さんゆうてい・うたのすけ

①1959年4月8日　鹿児島　②1978年3月　三遊亭圓歌　③1982年4月　④1987年10月　⑤「爆笑龍馬伝」「B型人間」などで寄席の爆笑王の一人として活躍

夢月亭清麿　むげつてい・きよまろ

①1950年5月16日　東京　②1973年3月　五代目柳家つばめ→五代目柳家小さん　③1978年3月　④1989年3月　⑤街をテーマにした新作落語や、スポーツ、映画、社会派の事件も落語的視点で語る

春風亭一朝　しゅんぷうてい・いっちょう

①1950年12月10日　東京　②1968年3月　五代目春風亭柳朝　③1973年9月　④1982年12月　⑤今日も高座は「イッチョー懸命」。粋で江戸前。笛の名人としても知られている

古今亭志ん橋　ここんてい・しんきょう

①1944年8月17日　東京　②1969年1月　古今亭志ん朝　③1975年5月　④1982年12月　⑤粋な威勢のよさをたっぷりと堪能できる。「井戸の茶碗」「三枚起請」など古今亭の噺が秀逸

柳家小里ん　やなぎや・こりん

①1948年1月22日　東京　②1969年1月　五代目柳家小さん　③1974年5月　④1983年9月　⑤江戸前の芸。吉原にも精通。五代目小さん譲りの滑稽噺は洗練された味わい

林家正雀　はやしや・しょうじゃく

①1951年12月25日　山梨　②1974年2月　八代目林家正蔵　③1978年9月　④1983年9月　⑤林家正蔵の芝居噺を継承。鹿芝居の脚本を手掛け、女形で出演もする

古今亭志ん輔　ここんてい・しんすけ

①1953年9月25日　東京　②1972年3月　古今亭志ん朝　③1977年3月　④1985年9月　⑤長年、ＮＨＫ『おかあさんといっしょ』に出演していた。威勢のいい噺が聞きどころ

入船亭扇遊　いりふねてい・せんゆう

①1953年7月5日　静岡　②1972年11月　入船亭扇橋　③1977年3月　④1985年9月　⑤正統派の古典で寄席の核となる芸。まさに落語の王道を行く

柳家花緑 やなぎや・かろく

①1971年8月2日　東京　②1980年頃　五代目柳家小さん　③1989年9月　④1994年3月　⑤五代目柳家小さんの孫

三遊亭歌武蔵 さんゆうてい・うたむさし

①1968年3月15日　岐阜　②1983年　三遊亭圓歌　③1988年9月　④1998年3月　⑤元力士。寄席での相撲裏話は爆笑

五明楼玉の輔 ごめいろう・たまのすけ

①1966年1月4日　神奈川　②1985年4月　春風亭小朝　③1989年5月　④1998年9月　⑤噺家の手ぬぐいのコレクションで、テレビなどにもたびたび出演

林家たい平 はやしや・たいへい

①1964年12月6日　埼玉　②1987年春　林家こん平　③1992年5月　④2000年3月　⑤『笑点』メンバーとして活躍。絵本なども出版

柳家喬太郎 やなぎや・きょうたろう

①1963年11月30日　東京　②1989年10月　柳家さん喬　③1993年5月　④2000年3月　⑤古典と新作の両輪で活躍。「ハワイの雪」「母恋くらげ」「諜報員メアリー」など、新作の名作が豊富

三遊亭白鳥 さんゆうてい・はくちょう

①1963年5月21日　新潟　②1986年7月　三遊亭圓丈　③1990年9月　④2001年9月　⑤新作の餓鬼。あらゆることを貪欲に笑いに昇華させる天才。小説でも才能を発揮

橘家文蔵 たちばなや・ぶんぞう

①1962年3月25日　東京　②1986年10月　二代目橘家文蔵　③1990年9月　④2001年9月　⑤強面で演じる「らくだ」「天災」などが魅力。2016年に師匠の名跡を襲名し、三代目となる

林家しん平 はやしや・しんぺい

①1955年10月26日　東京　②1974年11月　初代林家三平→林家こん平　③1979年5月　④1990年3月　⑤映画『落語物語』などを監督。寄席では独特の漫談で爆笑をとる

林家錦平 はやしや・きんぺい

①1953年12月12日　神奈川　②1975年3月　初代林家三平→林家こん平　③1980年2月　④1990年3月　⑤持ちネタが豊富で、古典落語で活躍する

三遊亭歌る多 さんゆうてい・かるた

①1962年10月9日　東京　②1981年9月　三遊亭圓歌　③1987年5月　④1993年3月　⑤初の女性真打。後進の指導にも意欲的

古今亭菊千代 ここんてい・きくちよ

①1956年7月24日　東京　②1984年7月　古今亭圓菊　③1988年9月　④1993年3月　⑤歌る多とともに初の女性真打となった。「芸人9条の会」も組織

柳家さん生 やなぎや・さんしょう

①1957年3月7日　富山　②1977年10月　柳家小満ん　③1982年3月　④1993年9月　⑤古典落語に定評があるが、人気の小劇場作家による新作落語も手掛けている

柳亭市馬 りゅうてい・いちば

①1961年12月6日　大分　②1980年3月　五代目柳家小さん　③1984年5月　④1993年9月　⑤落語協会会長。余興で歌う「俵星玄蕃」は逸品。懐メロに精通。古典落語も粋に語る

柳家三三 やなぎや・さんざ

①1974年7月4日　神奈川　②1993年3月　柳家小三治　③1996年5月　④2006年3月
⑤談洲楼燕枝の演じた人情噺「嶋鵆沖津白浪」を口演したり、こだわりの落語を演じ、人気

隅田川馬石 すみだがわ・ばせき

①1969年7月14日　兵庫　②1993年10月　五街道雲助　③1997年9月　④2007年3月
⑤五街道一門の二番弟子。雲助のネタなどを達者な芸風でおもしろく聞かせる

春風亭柳朝 しゅんぷうてい・りゅうちょう

①1970年8月28日　静岡　②1994年8月　春風亭一朝　③1998年11月　④2007年3月
⑤大師匠の名跡を襲名。「おしの釣り」などで先代のDNAを感じさせる

林家木久蔵 はやしや・きくぞう

①1975年9月29日　東京　②1995年10月　林家木久扇　③1999年9月　④2007年9月
⑤父は林家木久扇。2007年にW襲名で話題になった

春風亭百栄 しゅんぷうてい・ももえ

①1962年9月3日　静岡　②1995年2月　春風亭栄枝　③1999年5月　④2008年9月　⑤さまざまな職業を経て落語家に。アメリカ生活の経験もある。不思議な新作に魅力

柳家三之助 やなぎや・さんのすけ

①1973年5月1日　千葉　②1995年9月　柳家小三治　③1999年11月　④2010年3月　⑤飛行機マニアで知られ、三遊亭遊雀と飛行機本まで出している

柳家一琴 やなぎや・いっきん

①1967年6月28日　大阪　②1988年5月　柳家小三治　③1992年5月　④2001年9月
⑤「平林」など寄席での軽いネタに魅力、大ネタから新作まで多彩に口演

入船亭扇辰 いりふねてい・せんたつ

①1964年2月13日　新潟　②1989年8月　入船亭扇橋　③1993年5月　④2002年3月
⑤扇橋譲りの「藁人形」「茄子娘」などに味わい

林家彦いち はやしや・ひこいち

①1969年7月3日　鹿児島　②1989年9月　林家木久扇　③1993年5月　④2002年3月
⑤エベレストで落語を演じるなど、冒険落語家としても活躍。冒険者視点が落語に活きる

林家三平 はやしや・さんぺい

①1970年12月11日　東京　②1989年11月　林家こん平　③1993年11月　④2002年9月
⑤父は初代林家三平、兄は林家正蔵。『笑点』メンバーとしても活躍

古今亭菊之丞 ここんてい・きくのじょう

①1972年10月7日　東京　②1991年5月　古今亭圓菊　③1994年11月　④2003年9月
⑤色っぽい落語をやらせればピカイチ。佇まいに色気がみなぎる

桃月庵白酒 とうげつあん・はくしゅ

①1968年12月26日　鹿児島　②1992年4月　五街道雲助　③1995年5月　④2005年9月
⑤繊細にていねいに古典落語を演じ好評。たまに新作も掛ける

古今亭文菊　ここんてい・ぶんぎく

①1979年2月23日　東京　②2002年11月　古今亭圓菊　③2006年5月　④2012年9月
⑤やんわりした調子が魅力

川柳つくし　かわやなぎ・つくし

①9月7日　千葉　②1997年3月　川柳川柳　③2000年11月　④2013年9月　⑤女性落語家で、自作の新作で活躍

金原亭龍馬　きんげんてい・りょうま

①1972年10月6日　千葉　②1997年4月　金原亭伯楽　③2000年11月　④2013年9月
⑤金原亭の新しい名跡で真打。陽気な芸風で、地域寄席などで活躍

三遊亭天どん　さんゆうてい・てんどん

①1972年8月12日　東京　②1997年4月　三遊亭圓丈　③2001年5月　④2013年9月
⑤新作と古典の両輪で活躍。噺の本質に迫る「二番煎じ」「子別れ」などを好演

柳家東三楼　やなぎや・とうざぶろう

①1976年9月28日　東京　②1999年5月　柳家権太楼　③2002年11月　④2014年3月
⑤小劇場演劇や映画などで俳優、演出家としても活躍している

三遊亭究斗　さんゆうてい・きゅうと

①1963年2月6日　香川　②1997年　春風亭小朝→三遊亭圓丈　③2002年11月　④2014年3月　⑤元劇団四季という異色の経歴。ミュージカル落語で活躍

入船亭扇里　いりふねてい・せんり

①1976年7月11日　神奈川　②1996年4月　入船亭扇橋　③2000年5月　④2010年9月
⑤ワークショップなどでも活動。子供向けの落語本も出版している

三遊亭鬼丸　さんゆうてい・おにまる

①1972年8月31日　長野　②1997年1月　三遊亭圓歌　③2000年6月　④2010年9月
⑤ラジオパーソナリティとしても活躍

蜃気楼龍玉　しんきろう・りゅうぎょく

①1972年11月10日　埼玉　②1997年2月　五街道雲助　③2000年6月　④2010年9月
⑤長編人情噺に挑み、注目されている

柳家小せん　やなぎや・こせん

①1974年6月28日　神奈川　②1997年2月　鈴々舎馬桜→鈴々舎馬風　③2000年6月
④2010年9月　⑤川柳川柳の「ガーコン」を継承。他にも「支那の野ざらし」など珍品にも挑む

春風亭一之輔　しゅんぷうてい・いちのすけ

①1978年1月28日　千葉　②2001年5月　春風亭一朝　③2004年11月　④2012年3月
⑤落語の常識を変えた、といわれる活躍ぶり。確かな芸が落語の可能性を広げる

古今亭志ん陽　ここんてい・しんよう

①1974年10月24日　東京　②1998年12月　古今亭志ん朝→初代古今亭志ん五→古今亭志ん橋　③2003年5月　④2012年9月　⑤古今亭志ん朝の最後の弟子で、志ん五、志ん橋と3人の師匠から古今亭の真髄を受け継ぐ

古今亭志ん五 ここんてい・しんご

①1975年6月16日　埼玉　②2003年2月　初代古今亭志ん五→古今亭志ん橋　③2006年11月　④2017年9月　⑤前師匠の二代目を襲名。映画『の・ようなもの のようなもの』の劇中新作落語の作者

落語協会：二ツ目

古今亭駒次 ここんてい・こまじ

①1978年12月23日　東京　②2003年3月　古今亭志ん駒　③2007年2月　⑤鉄道マニアで知られる。鉄道をモチーフにした新作も多数

柳家わさび やなぎや・わさび

①1980年8月24日　東京　②2003年11月　柳家さん生　③2008年3月　⑤独特のフラが味わいだが、古典、新作に才気あふれる高座を展開

春風亭正太郎 しゅんぷうてい・しょうたろう

①1981年8月23日　東京　②2006年4月　春風亭正朝　③2009年11月　⑤骨太な古典落語を聞かせてくれる

春風亭ぴっかり☆ しゅんぷうてい・ぴっかり

①5月13日　東京　②2006年11月　春風亭小朝　③2011年11月　⑤ていねいに語っていく古典に味わい。余興で、大江戸玉すだれも

鈴々舎八ゑ馬 れいれいしゃ・やえば

①1974年7月7日　大阪　②2007年2月　鈴々舎馬風　③2011年11月　⑤ショート落語や漫談でも活動

林家たけ平 はやしや・たけへい

①1977年10月27日　東京　②2001年12月　林家正蔵　③2005年5月　④2016年3月　⑤懐メロ、昭和歌謡に造詣が深い

林家ぼたん はやしや・ぼたん

①1980年1月18日　静岡　②2002年3月　林家こん平　③2005年5月　④2016年3月　⑤司会なども巧みにこなす女性落語家

春風亭三朝 しゅんぷうてい・さんちょう

①1979年3月16日　大分　②2002年5月　春風亭一朝　③2005年11月　④2017年3月　⑤勉強会を多く開催し、ネタ数豊富。一朝譲りの威勢のよさが魅力

柳家小八 やなぎや・こはち

①1977年1月26日　広島　②2003年2月　柳家喜多八→柳家小三治　③2006年5月　④2017年3月　⑤亡き師匠より受け継いだ噺を工夫し、未来につなぐ。妻は新作派の三遊亭粋歌

鈴々舎馬るこ れいれいしゃ・まるこ

①1980年8月4日　山口　②2003年5月　鈴々舎馬風　③2006年5月　④2017年3月　⑤「千早ふる」「牛ほめ」などの改作が秀逸

桂三木助 かつら・みきすけ

①1984年3月19日　東京　②2003年9月　金原亭馬生　③2006年11月　④2017年9月　⑤祖父は三代目桂三木助、叔父は四代目桂三木助。真打昇進時に五代目を襲名した

柳亭こみち りゅうてい・こみち

①12月10日　東京　②2003年　柳亭燕路　③2006年11月　④2017年9月　⑤夫は漫才師の宮田昇。地域寄席などでも幅広く活動

落語芸術協会：真打

桂米丸 かつら・よねまる

①1925年4月6日　神奈川　②1946年1月　五代目古今亭今輔　③1947年1月　④1949年4月　⑤新作落語のプリンスも、落語界最高齢。今でも新作を作り続けている

三笑亭笑三 さんしょうてい・しょうざ

①1925年10月28日　東京　②1946年12月　八代目三笑亭可楽→二代目三遊亭圓歌→八代目三笑亭可楽　③1950年5月　④1961年4月　⑤初代林家三平の小噺の作者だった。自作と二代目円歌の懐かしい新作、八代目可楽譲りの古典

三遊亭遊三 さんゆうてい・ゆうざ

①1938年2月28日　東京　②1955年1月　四代目三遊亭圓馬　③1958年9月　④1964年5月　⑤古典落語に味わい。寄席ではたまに歌謡曲を「ぱぴぷぺぽ」で歌う

桂歌丸 かつら・うたまる

①1936年8月14日　神奈川　②1951年11月　五代目古今亭今輔→桂米丸　③1954年11月　④1968年3月　⑤『笑点』メンバーは勇退したが、圓朝ものなどをライフワークに、落語は生涯現役

三笑亭可楽 さんしょうてい・からく

①1936年7月21日　茨城　②1955年3月　八代目三笑亭可楽　③1958年9月　④1969年10月　⑤八代目可楽譲りの古典「うどん屋」などが味わい深い

三遊亭圓輔 さんゆうてい・えんすけ

①1932年1月3日　東京　②1958年2月　三代目桂三木助→四代目三遊亭圓馬　③1962年4月　④1974年4月　⑤寄席の古典が光る。トリでは大ネタもみっちり聞かせてくれる

入船亭小辰 いりふねてい・こたつ

①1983年11月24日　東京　②2008年2月　入船亭扇辰　③2012年11月　⑤扇橋、扇辰とつながる芸風を継承

柳家緑太 やなぎや・ろくた

①1984年8月27日　大分　②2009年11月　柳家花緑　③2014年11月　⑤五代目小さん、花緑から通じる落語世界を伝えている

柳家やなぎ やなぎや・やなぎ

①1990年2月18日　北海道　②2010年9月　柳家さん喬　③2015年5月　⑤牛の乳搾りのできる落語家。北海道のマクラはおもしろい

林家つる子 はやしや・つるこ

①6月5日　群馬　②2010年9月　林家正蔵　③2015年11月　⑤講談社主催の「ミスiD2016」で「I♡JAPAN賞」受賞

三遊亭ふう丈 さんゆうてい・ふうじょう

①1984年8月23日　熊本　②2011年4月　三遊亭圓丈　③2016年5月　⑤ほんわかした新作に味わい。浪曲師の港家小ゆきと同級生

三遊亭わん丈 さんゆうてい・わんじょう

①1982年12月1日　滋賀　②2011年4月　三遊亭圓丈　③2016年5月　⑤才気あふれる新作。古典も巧みに語る

古今亭寿輔　ここんてい・じゅすけ

①1944年5月15日　山梨　②1968年3月　三代目三遊亭圓右　③1972年5月　④1983年4月　⑤新作で活躍。派手な着物と高座の毒舌の冴えが魅力

春雨や雷蔵　はるさめや・らいぞう

①1951年1月27日　東京　②1968年3月　八代目雷門助六　③1972年5月　④1983年4月　⑤八代目助六のネタや、「ねぎまの殿様」「囃子長屋」など珍しいネタも手掛けている

桂歌春　かつら・うたはる

①1949年9月9日　宮崎　②1970年10月　二代目桂枝太郎→桂歌丸　③1976年4月　④1985年9月　⑤娘はアイドルの田代沙織

桂伸治　かつら・しんじ

①1952年5月14日　東京　②1974年4月　十代目桂文治　③1979年4月　④1989年5月　⑤寄席のスタンダードなネタに定評がある

瀧川鯉昇　たきがわ・りしょう

①1953年2月11日　静岡　②1973年10月　八代目春風亭小柳枝→五代目春風亭柳昇　③1980年2月　④1990年5月　⑤「時そば」などの過剰な演出に爆笑。若い頃の貧乏話などもおもしろすぎる

桂幸丸　かつら・ゆきまる

①1954年12月23日　福島　②1974年6月　桂米丸　③1980年9月　④1990年5月　⑤新作落語に「常磐ハワイアンセンター物語」がある

三笑亭茶楽　さんしょうてい・ちゃらく

①1942年7月3日　東京　②1963年4月　八代目三笑亭可楽→三笑亭夢楽　③1966年10月　④1976年4月　⑤寄席出演の他、多彩に活動

春風亭小柳枝　しゅんぷうてい・こりゅうし

①1936年1月18日　東京　②1965年5月　四代目春風亭柳好→五代目春風亭柳昇　③1968年9月　④1978年9月　⑤大ネタも軽く演じて味わい深い。四代目柳好の薫陶が高座に活きる

三笑亭夢太朗　さんしょうてい・ゆめたろう

①1948年12月3日　東京　②1967年2月　三笑亭夢楽　③1971年4月　④1981年4月　⑤世界各国に遠征し、落語を広めている

雷門助六　かみなりもん・すけろく

①1947年1月13日　神奈川　②1965年4月　八代目雷門助六　③1968年9月　④1981年10月　⑤1995年に襲名し、九代目となる。養父は八代目雷門助六で、芸を受け継ぐ

昔昔亭桃太郎　せきせきてい・ももたろう

①1945年5月20日　長野　②1966年6月　五代目春風亭柳昇　③1969年4月　④1981年10月　⑤自作の他、「金満家族」など爆笑ネタ多数

桂米助　かつら・よねすけ

①1948年4月15日　千葉　②1967年4月　桂米丸　③1971年4月　④1981年10月　⑤野球解説などテレビでもおなじみの顔。最近は「ラーメン屋」など人情噺も口演

三遊亭小遊三　さんゆうてい・こゆうざ

①1947年3月2日　山梨　②1968年4月　三遊亭遊三　③1973年9月　④1983年3月　⑤「千早ふる」「短命」など勢いのいい落語が抜群のおもしろさ。『笑点』のキャラクターも愉快

桂文治 かつら・ぶんじ

①1967年8月25日　大分　②1985年8月　十代目桂文治　③1990年6月　④1999年5月　⑤2012年に襲名し、十一代目となる。大きな声の明るい芸。師ゆずりの「源平盛衰記」の脱線は爆笑

春風亭柳好 しゅんぷうてい・りゅうこう

①1967年7月13日　神奈川　②1986年12月　五代目春風亭柳昇　③1991年2月　④2000年5月　⑤真打昇進時に襲名し、五代目となる。独特の雰囲気が落語的

桂右團治 かつら・うだんじ

①兵庫　②1986年11月　十代目桂文治　③1991年2月　④2000年5月　⑤男装の女性落語家でカッコよく江戸前の落語を聞かせる。落語芸術協会初の女性真打に昇進

桂米福 かつら・よねふく

①1965年5月31日　富山　②1990年12月　桂米丸　③1995年2月　④2004年5月　⑤寄席などで古典のおもしろさをたっぷり聞かせる

三遊亭遊史郎 さんゆうてい・ゆうしろう

①1967年12月16日　神奈川　②1991年10月　三遊亭小遊三　③1996年2月　④2005年5月　⑤大ネタも快活に語る。自ら三味線を弾いて端唄も歌う

瀧川鯉朝 たきがわ・りちょう

①1968年1月30日　高知　②1992年8月　五代目春風亭柳昇→瀧川鯉昇　③1996年9月　④2006年5月　⑤古典と新作の両輪で活動。ファンサービス満載の「ちょっと変わった寄席」をプロデュース

桂南なん かつら・なんなん

①1957年7月30日　千葉　②1977年4月　二代目桂小南　③1981年10月　④1991年5月　⑤独特の風貌で語る古典落語に味

春風亭昇太 しゅんぷうてい・しょうた

①1959年12月9日　静岡　②1982年5月　五代目春風亭柳昇　③1986年9月　④1992年5月　⑤新作落語は昇太ワールド。『笑点』の司会、演劇など活躍は多岐にわたる。城マニアでも知られる

桂小文治 かつら・こぶんじ

①1957年5月29日　青森　②1979年8月　十代目桂文治　③1984年2月　④1993年5月　⑤大師匠の名跡襲名。軽いネタから大ネタまで多彩な高座

桂小南 かつら・こなん

①1961年10月20日　埼玉　②1980年3月　二代目桂小南　③1984年8月　④1993年5月　⑤紙切り名人・二代目林家正楽の長男。師の名跡を継ぐ

桂竹丸 かつら・たけまる

①1957年3月26日　鹿児島　②1980年11月　桂米丸　③1985年5月　④1993年8月　⑤「五稜郭」「信長」など、歴史を題材にした新作地噺で活躍する

春風亭柳橋 しゅんぷうてい・りゅうきょう

①1956年5月30日　茨城　②1982年3月　七代目春風亭柳橋　③1986年9月　④1994年5月　⑤2008年に襲名し、八代目となる。明るい芸風が高座に冴える

落語芸術協会：二ツ目

桂夏丸 かつら・なつまる

①1984年8月15日　群馬　②2003年3月　桂幸丸　③2007年9月　⑤2018年春に真打昇進。高座でよく歌っている。「印鑑証明」など昔の新作も手掛けている

瀧川鯉斗 たきがわ・こいと

①1984年1月25日　愛知　②2005年3月　瀧川鯉昇　③2009年4月　⑤イケメン落語家で注目されている

柳亭小痴楽 りゅうてい・こちらく

①1988年12月13日　東京　②2005年10月　桂文治→五代目柳亭痴楽→柳亭楽輔　③2009年11月　⑤五代目柳亭痴楽の息子。イケメン落語家で注目されている

春風亭昇々 しゅんぷうてい・しょうしょう

①1984年11月26日　千葉　②2007年3月　春風亭昇太　③2011年4月　⑤異色の新作で注目を集めている

春風亭昇吉 しゅんぷうてい・しょうきち

①岡山　②2007年4月　春風亭昇太　③2011年5月　⑤クイズ番組にも出演。新作に才気

笑福亭羽光 しょうふくてい・うこう

①1972年9月24日　大阪　②2007年4月　笑福亭鶴光　③2011年5月　⑤私小説落語に新味なおもしろさ

三遊亭遊雀 さんゆうてい・ゆうじゃく

①1965年1月28日　千葉　②1988年2月　柳家権太楼→三遊亭小遊三　③1991年10月　④2001年9月　⑤2006年落語協会から、落語芸術協会に移籍

古今亭今輔 ここんてい・いますけ

①1970年7月30日　群馬　②1994年12月　古今亭寿輔　③1998年11月　④2008年5月　⑤真打昇進時に襲名し、六代目となる。趣味はクイズで、歴史に強い。「飽食の城」などの新作がある

桂枝太郎 かつら・えだたろう

①1977年8月28日　岩手　②1996年6月　桂歌丸　③2000年6月　④2009年5月　⑤新作と古典の両輪で活動。年末の浅草演芸ホールのトリが恒例。アイドルの落語指導も

雷門小助六 かみなりもん・こすけろく

①1982年1月19日　千葉　②1999年9月　雷門助六　③2004年4月　④2013年5月　⑤映像、音源の収集家としても知られる

三笑亭夢丸 さんしょうてい・ゆめまる

①1983年5月19日　新潟　②2002年1月　初代三笑亭夢丸　③2006年10月　④2015年5月　⑤真打昇進で師匠の二代目を襲名

立川談幸 たてかわ・だんこう

①1954年7月29日　東京　②1978年3月　立川談志　③1982年4月　④1987年5月　⑤談志没後の2015年に、落語芸術協会に入会

笑福亭鶴光 しょうふくてい・つるこ

①1948年1月18日　大阪　②1967年4月　六代目笑福亭松鶴　⑤上方落語だが、東京の落語芸術協会で活動。スケベなおじさんで、メディアでおなじみ

立川龍志　たてかわ・りゅうし

①1948年9月17日　東京　②1971年3月　立川談志　③1976年7月　④1987年3月　⑤江戸前の口調が活きた落語に味わい

立川談之助　たてかわ・だんのすけ

①1953年6月22日　群馬　②1974年7月　立川談志　③1978年9月　④1992年9月　⑤スーパーヒーローの早変わりや、戦中の禁演落語、昭和人物史の新作など多彩な活動

立川志の輔　たてかわ・しのすけ

①1954年2月15日　富山　②1983年1月　立川談志　③1984年10月　④1990年5月
⑤「歓喜の歌」などの大掛かりな新作の他、多彩な新作や古典を持ち、メディアでも活躍

立川談春　たてかわ・だんしゅん

①1966年6月27日　東京　②1984年3月　立川談志　③1988年3月　④1997年9月　⑤全国的に活動する落語トップランナーの一人。テレビドラマや映画にも重要な役で出演

立川志らく　たてかわ・しらく

①1963年8月16日　東京　②1985年10月　立川談志　③1988年3月　④1995年11月　⑤「シネマ落語」などに才気。芝居の作、演出や、コメンテーターとしても活躍

立川生志　たてかわ・しょうし

①1963年12月16日　福岡　②1988年7月　立川談志　③1997年2月　④2008年4月
⑤大ネタも積極的に掛け、ファン層も広い

立川雲水　たてかわ・うんすい

①1970年3月31日　徳島　②1988年11月　立川談志　③1997年2月　④2009年12月　⑤関西弁で軽快な噺を聞かせる

春雨や風子　はるさめや・ふうこ

①1月16日　埼玉　②2007年秋　春雨や雷蔵　③2012年3月　⑤シングルマザー落語家。新作で活動

桂宮治　かつら・みやじ

①1976年10月7日　東京　②2008年2月　桂伸治　③2012年3月　⑤注目の若手でメキメキと腕を上げている

雷門音助　かみなりもん・おとすけ

① 1987 年 11 月 30 日　静岡　② 2011 年 10 月　雷門助六　③ 2016 年 2 月　⑤各地で勉強会を意欲的に開催

落語立川流

土橋亭里う馬　どきょうてい・りうば

①1948年9月16日　埼玉　②1967年3月　立川談志　③1972年11月　④1981年9月　⑤立川流代表

立川左談次　たてかわ・さだんじ

①1950年12月2日　東京　②1968年4月　立川談志　③1973年9月　④1982年12月
⑤飄々とした高座の味わいが抜群。「権兵衛狸」「町内の若い衆」などの軽い噺が爆笑を生む

立川談四楼　たてかわ・だんしろう

①1951年6月30日　群馬　②1970年3月　立川談志　③1975年11月　④1984年5月　⑤小説家、書評家としても活躍。噺に風格がある

五代目円楽一門会

三遊亭鳳楽 さんゆうてい・ほうらく

①1947年3月1日　埼玉　②1965年10月　五代目三遊亭圓楽　③1971年11月　④1979年9月
⑤端正な芸風。六代目圓生のネタを多く継承している

三遊亭好楽 さんゆうてい・こうらく

①1946年8月6日　東京　②1966年4月　八代目林家正蔵→五代目三遊亭圓楽　③1971年11月
④1981年9月　⑤師・正蔵没後、圓楽一門へ。『笑点』でも活躍

三遊亭圓橘 さんゆうてい・えんきつ

①1945年11月21日　東京　②1966年3月　三代目三遊亭小圓朝→五代目三遊亭圓楽
③1971年11月　④1980年9月　⑤小圓朝譲りの端麗な芸風が魅力

三遊亭円楽 さんゆうてい・えんらく

①1950年2月8日　東京　②1970年4月　五代目三遊亭圓楽　③1976年7月　④1981年3月
⑤前名楽太郎時代より『笑点』などで活躍、2010年に六代目円楽を襲名

三遊亭兼好 さんゆうてい・けんこう

①1970年1月11日　福島　②1998年10月　三遊亭好楽　③2002年3月　④2008年9月
⑤軽快で頓才の効いた落語だけでなく、エッセイやイラストにも才気

三遊亭王楽 さんゆうてい・おうらく

①1977年11月7日　東京　②2001年5月　五代目三遊亭圓楽　③2004年5月　④2009年10月
⑤三遊亭好楽の息子

立川談慶 たてかわ・だんけい

①1965年11月16日　長野　②1991年4月　立川談志　③2000年12月　④2005年4月
⑤人生のいろいろなことを落語で解決する著書を多数執筆

立川談笑 たてかわ・だんしょう

①1965年9月23日　東京　②1993年2月　立川談志　③1996年7月　④2005年10月
⑤落語の本質を突き詰めるような改作に才気

立川志ら乃 たてかわ・しらの

①1974年2月24日　東京　②1998年3月　立川志らく　③2003年5月　④2012年12月
⑤二ツ目時代から中規模のホールで独演会を開催、着実に人気を得て活躍。新作にも意欲的に取り組み、シブラク創作賞受賞

立川こしら たてかわ・こしら

①1975年11月14日　千葉　②1996年5月　立川志らく　③2002年5月　④2012年12月　⑤掟破りの落語新機軸を次々に打ち出し注目

立川こはる たてかわ・こはる 二ツ目

①1982年10月7日　東京　②2006年3月　立川談春　③2012年6月　⑤食べられる草がわかるという特技を持つ女流落語家

立川吉笑 たてかわ・きっしょう 二ツ目

①1984年6月27日　京都　②2010年11月　立川談笑　③2012年4月　⑤著書『現在落語論』(毎日新聞社)で落語界に一石を投じる

桂文枝　かつら・ぶんし

①1943年7月16日　大阪　②1966年　五代目桂文枝　⑤上方落語協会会長。2012年に襲名し、六代目となる。作った新作の数は220席を超えている

笑福亭福笑　しょうふくてい・ふくしょう

①1949年2月27日　大阪　②1968年10月　六代目笑福亭松鶴　⑤過激な新作が心に刺さる

月亭八方　つきてい・はっぽう

①1948年2月23日　大阪　②1968年12月　月亭可朝　⑤野球をテーマにした新作も口演

笑福亭松枝　しょうふくてい・しょうし

①1950年11月20日　大阪　②1969年3月　六代目笑福亭松鶴　⑤修業時代を綴った著書『ためいき坂くちぶえ坂』がある

笑福亭呂鶴　しょうふくてい・ろかく

①1950年6月22日　兵庫　②1969年4月　六代目笑福亭松鶴　⑤地域寄席などで活動

桂きん枝　かつら・きんし

①1951年1月5日　大阪　②1969年7月　五代目桂文枝　⑤2019年、桂小文枝を襲名予定

桂文珍　かつら・ぶんちん

①1948年12月10日　兵庫　②1969年10月　五代目桂文枝　⑤古典と新作いずれも絶品。タレント、大学教授と多岐に活動

桂南光　かつら・なんこう

①1951年12月8日　大阪　②1970年3月　桂枝雀　⑤NHK『バラエティー生活笑百科』では室長代理で出演

三遊亭萬橘　さんゆうてい・まんきつ

①1979年1月20日　愛知　②2003年7月　三遊亭圓橘　③2006年10月　④2013年3月　⑤落語に対する斬新な視点が活きた改作に才気

上方落語協会

笑福亭松之助　しょうふくてい・まつのすけ

①1925年8月6日　兵庫　②1948年6月　五代目笑福亭松鶴　⑤戦後上方落語界を牽引。最近では、映画にも出演

月亭可朝　つきてい・かちょう

①1938年3月10日　神奈川　②1959年4月　三代目林家染丸→桂米朝　⑤「嘆きのボイン」で一世を風靡

桂福團治　かつら・ふくだんじ

①1940年10月26日　三重　②1960年　三代目桂春團治　⑤春團治一門の惣領

笑福亭仁鶴　しょうふくてい・にかく

①1937年1月28日　大阪　②1961年4月　六代目笑福亭松鶴　⑤上方落語界を牽引

桂ざこば　かつら・ざこば

①1947年9月21日　大阪　②1963年5月　桂米朝　⑤今は上方落語界の重鎮。若い頃にやっていた「動物いじめ」は爆笑

桂春團治　かつら・はるだんじ

①1948年7月20日　大阪　②1965年　三代目桂春團治　⑤2018年2月に、四代目桂春團治を襲名した

桂塩鯛 かつら・しおだい

①1955年2月9日　京都　②1977年1月　桂ざこば　⑤「地獄八景亡者戯」などの他、文枝の新作も手掛けている

桂雀々 かつら・じゃくじゃく

①1960年8月9日　大阪　②1977年6月　桂枝雀　⑤東京での公演も多く、パワフルな芸風にファンも多い

桂米團治 かつら・よねだんじ

①1958年12月20日　大阪　②1978年8月　桂米朝　⑤2008年に襲名し、五代目となる。桂米朝の長男。クラッシック落語なども演じる

桂文我 かつら・ぶんが

①1960年8月15日　三重　②1979年3月　桂枝雀　⑤学究派としても活躍。著書多数

桂九雀 かつら・くじゃく

①1960年12月2日　広島　②1979年3月　桂枝雀　⑤豊富なネタ数で、枝雀の志を継ぐ

桂あやめ かつら・あやめ

①1964年2月1日　兵庫　②1982年6月　五代目桂文枝　⑤女性落語家として活躍。自作の新作や、「立ち切れ」の改作なども口演

笑福亭松喬 しょうふくてい・しょきょう

①1961年3月4日　兵庫　②1983年4月　六代目笑福亭松喬　⑤2017年に襲名し、七代目となる。古典と新作の両輪で活動

笑福亭鶴笑 しょうふくてい・かくしょう

①1960年5月2日　兵庫　②1984年　六代目笑福亭松鶴　⑤人形を使った新作落語で、国際的に活躍

桂雀三郎 かつら・じゃくさぶろう

①1949年3月30日　大阪　②1971年3月　桂枝雀　⑤小佐田定雄作の新作などを手掛ける。歌のCD「ヨーデル食べ放題」がヒット

笑福亭仁智 しょうふくてい・じんち

①1952年8月12日　大阪　②1971年4月　笑福亭仁鶴　⑤新作で活動

笑福亭鶴瓶 しょうふくてい・つるべ

①1951年12月23日　大阪　②1972年2月　六代目笑福亭松鶴　⑤上方落語協会副会長。2006年頃より落語に本格的に取り組みだす

森乃福郎 もりの・ふくろう

①1948年8月9日　京都　②1972年3月　初代森乃福郎　⑤2000年に襲名し、二代目となる。昭和40年代は落語家タレントとして活動

桂文福 かつら・ぶんぶく

①1953年3月31日　和歌山　②1972年4月　五代目桂文枝　⑤新作、河内音頭、相撲評論など活動は多岐にわたる

桂文喬 かつら・ぶんきょう

①1950年8月7日　兵庫　②1973年2月　五代目桂文枝　⑤環境問題、人権問題などの講演でも活動

桂小枝 かつら・こえだ

①1955年5月25日　兵庫　②1974年　五代目桂文枝　⑤メディアなどでも活動

露の都 つゆの・みやこ

①1956年1月21日　大阪　②1974年3月　露の五郎兵衛　⑤女性落語家の草分け。多くの女性落語家の弟子を育てている

桂三四郎 かつら・さんしろう

①1982年2月24日　兵庫　②2004年　桂文枝　⑤上方のイケメン落語家

月亭方正 つきてい・ほうせい

①1968年2月15日　兵庫　②2008年5月　月亭八方　⑤タレント山崎邦正から転身し、本格派の落語を口演

桂三度 かつら・さんど

①1969年8月27日　滋賀　②2011年3月　桂文枝　⑤放送作家やタレント、世界のナベアツで活躍後、落語家に転身。新作に取り組む

フリー

快楽亭ブラック かいらくてい・ぶらっく

①1952年5月26日　東京　②1969年2月　立川談志→桂文枝→立川談志　③1979年11月　④1992年9月　⑤歌舞伎、映画に精通し、新作、改作、文筆、映画出演などで活躍していたが、2005年に落語立川流を脱会

古今亭駿菊 ここんてい・しゅんぎく

①1964年7月8日　東京　②1988年9月　古今亭圓菊　③1992年5月　④2001年9月　⑤2015年落語協会を退会。「今そこに落語と笑いを配達する演芸団」を組織し全国で活動

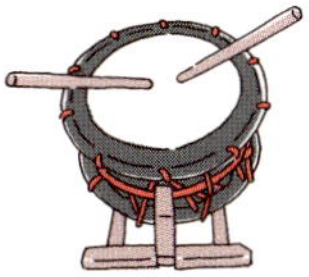

林家染二 はやしや・そめじ

①1961年9月17日　大阪　②1984年9月　林家染丸　⑤迫真に迫る熱演ぶり

月亭遊方 つきてい・ゆうほう

①1964年9月4日　兵庫　②1986年2月　月亭八方　⑤新作で活動。東京の公演も多い

林家染丸 はやしや・そめまる

①1949年10月10日　大阪　②1966年8月　三代目林家染丸　⑤1991年に襲名し、四代目となる。邦楽に詳しくハメモノの噺も得意。NHK『ちりとてちん』の落語監修をつとめた

桂吉弥 かつら・きちや

①1971年2月25日　大阪　②1994年11月　桂吉朝　⑤NHK『ちりとてちん』『新選組！』などに俳優としても出演

桂春蝶 かつら・しゅんちょう

①1975年1月14日　大阪　②1994年4月　桂春團治　⑤父は二代目桂春蝶。2009年に襲名し、三代目となる

月亭八光 つきてい・はちみつ

①1977年4月20日　大阪　②1996年4月　月亭八方　⑤月亭八方の息子

桂すずめ かつら・すずめ

①1951年7月17日　大阪　②1997年9月　桂米朝　⑤女優・三林京子としても活躍

桂吉坊 かつら・きちぼう

①1981年8月27日　兵庫　②1999年1月　桂吉朝　⑤吉朝亡きあと、米朝のもとで修業した。上方芸能の真髄を受け継ぐ

もっと落語を楽しむために
知っておきたい

寄席・落語ワード集

【あご足】 あごは食事、足は交通費のこと。芸人に出演料とは別に用意される。

【兄《あに》さん】 落語家が先輩（二ツ目、前座）を呼ぶ時の敬称。最近は女性落語家もいるので、女性落語家は姐《ねえ》さんになる（中には兄さんと呼ばせる女性落語家もいる）。

【板《いた》】 高座のこと。幕が開く前にあらかじめ高座に座っていることを「板付き」という。

【一番太鼓】 寄席の開場の時に叩く太鼓。大太鼓を用い、お客さんがたくさん来るようにとの願いを込めて、「どんどんどんと来い」と叩く。

【一門】 演芸界では師匠を軸にした弟子、孫弟子らをいう。例：小さん一門。

【一束《そく》】 数字の隠語で「百」のこと。

【色物】 落語以外の演芸。漫才、太神楽、紙切り、音曲、奇術など。

【内弟子】 師匠の家に住み込みで修業する弟子。⇔通い弟子

【江戸落語】 ①江戸時代の雰囲気を今日に伝える落語。古典落語。②上方落語に対して、東京の落語の意味。

【追い出し】 寄席が終演の時に叩く太鼓。大太鼓で「デテケデテケ」と叩く。鈴本演芸場では終演の時に木戸にて、追い出し太鼓の実演を見ることができる。

【大喜利】 トリの口演のあと、落語家らが余興や踊りなどを見せる観客サービス。現在では、住吉踊りや高座舞、落語家バンドの「にゅうおいらんず」の演奏などが行われている。落語家が大勢並んで、なぞかけやお題噺をするのもそういった余興の一つ。人気テレビ番組『笑点』の大喜利もその一つである。

【音曲噺】 噺の中に音曲が入る落語。「豊竹屋」「後家殺し」「稽古屋」「ガーコン」など。

【怪談噺】 幽霊や怪異譚を扱った落語。昔はクライマックスで前座が幽霊になって客席に出てくることもあった。「牡丹灯籠」「真景累ヶ淵」などがある。

【カゼ】 扇子のこと。最近の楽屋ではあまりいわないらしい。

【カタゴ】 数字の隠語で「五」のこと。

【片しゃぎり】 演者の登場、退場などの時、出囃子を用いず締太鼓のみの時の太鼓の打ち方。

【上方落語】 関西の落語。上方ことばで演じられる。落語のスタイルは東京とほぼ同じだが、上方ならではの演題も豊富にある。また、「はめもの」といって噺の途中で鳴物が入るネタも多い。

【紙切り】 寄席の色物芸の一つ。一筆描きの要領で白い紙を切り抜き、季節の風物や動物などのシルエットを見せる。

【上下（カミシモ）】 落語の演技術。人物を演じ分けるために、偉い人や在宅者が上手にいるという設定で、下手（客席から見て左側）に話しかける。目下や来訪者は上手（客席から見て右側）に話しかける。歌舞伎の舞台では通常、花道のあるほうが下手になる。来訪者は下手から来るものなのである。

【上席・中席・下席】 寄席のプログラムは原則として10日ごとに番組が組まれている。1～10日が上席、11～20日が中席、21～30日が下席と呼ばれている。

【義太夫】 音曲の一つ。元禄の頃に竹本義太夫が創始。太棹三味線を用い、おもに文楽（人形浄瑠璃）の伴奏音楽として発展。江戸中期より素浄瑠璃も流行し、江戸後期から明治、

大正、昭和初期には娘義太夫が寄席の高座に上がり人気を博した。

【木戸】寄席の入り口。

【木戸銭】寄席の入場料。

【キン】①お客さんのこと。お金を持って来るから。※今日は甘キンだね（よく笑うお客だね、という意味）。②バカのこと。蔑視の意味でも使うが、むしろ「天然」みたいな、芸人的には「素質がある」というような意味にも用いる。

【くいつき】寄席で仲入りの後すぐの出番。お客さんはお弁当やお菓子をまだ食べている時間なので、じっくり聞かせる落語は不向きなところから、色物か若手が出ることが多い。

【下座さん】出囃子や曲芸、奇術、紙切りなどのBGMを弾く三味線のお姉さん。

【下足】靴や草履など履物のこと。

【見台】上方落語で用いる小机。今日では場面転換などの演出に効果的である。

【高座】寄席の舞台のこと。

【高座返し】落語家の出番の入れ替わりに、前座が高座の座布団をひっくり返すこと。

【講談】演芸のジャンルの一つ。軍談、金襖物（お家騒動）、政談、武勇伝、世話物、侠客物など物語を語り聞かせる芸。もともとは釈台の上に本を置き、戦記などを一般のお客さんにわかりやすく読み聞かせたもの。兵書をわかりやすく講釈していたものが芸能化して、講談となった。

【香盤】落語家を序列の順に並べたもの。1日でも入門が早ければ香盤が1枚上となる。

【古典落語】一般に江戸や明治を舞台にした、語り継がれている落語をいう。⇕新作落語

【小噺】短い落語。マクラなどで用いたり、寄席などで時間がない時は小噺だけで降りてしまうこともある。

【ご贔屓】芸人のファン、応援する人。

【サゲ】落ちのこと。落語の最後の重要な部分。

【ササキ】数字の隠語で「四」のこと。佐々木家の家紋「四つ目結い」より。

【サナダ】数字の隠語で「六」のこと。真田幸村の家紋「六文銭」より。

【三題噺】客席から3つの題をもらい、短時間で一席の落語を作るもの。職業落語家第一号の初代三笑亭可楽が得意にした。明治に三遊亭圓朝、昭和に三遊亭圓丈、平成に三遊亭白鳥らもやっている。

【鹿芝居】落語家が余興でやる芝居。ハナシカ芝居が略されて、シカ芝居。

【師匠】①真打のこと。弟子から見た師匠。一般に先生のこと。②真打の敬称。③幇間、音曲師、舞踊家などの敬称。

【芝居】①寄席の10日間の興行。②一般に演劇、歌舞伎の意味。

【芝居噺】芝居（歌舞伎）の所作などが入る落語。主に人情噺などで、最後の場面になると背景が登場し、落語家が一場面を歌舞伎調で演じる。初代三遊亭圓生を流祖とし、三遊亭圓朝も若き日には芝居噺で売れたという。近年では、八代目林家正蔵（彦六）が演じていたものを、林家正雀が継承している。

【洒落（シャレ）】①同音異語などの滑稽な言葉遊び。地口。②冗談。

【真打】落語家の階級。師匠と呼ばれ、寄席でトリをとることができる。

【新作落語】新しく作られる落語。創作落語。⇔古典落語、江戸落語。

【新内節】江戸浄瑠璃の一つ。遊里を題材にした哀切あふれる節調が特徴。

【スケ】落語会におけるゲスト、助演のこと。

【席亭】寄席の経営者。

【セコ】①セコいこと。しみったれ。②大便のこと。

【前座】①落語家の階級。一番下の階級で、修業期間。寄席などでは一番最初に口演し、真打らの着物をたたんだり、お茶を出したり、出囃子の太鼓を叩いたり、雑用一切を行う。②独演会などで最初に出演すること。

【前座噺】おもに前座がやる落語。単純な構成ながら受けどころも多い。口慣らしのため言い立てがあるものも多い。「子ほめ」「寿限無」「たらちね」などがある。

【先生】①落語家以外の講談師、浪曲師、色物芸人の幹部への敬称。②評論家、作家など

への敬称、あるいはその人たちのこと。③根問ネタなどに登場する知ったかぶりをする人物から、知ったかぶりをするような人への蔑称としても用いる。④一般に教員や政治家など。

【速記本】落語家の口演を速記したものが出版されたもの。明治14（1881）年の国会開設の詔に際し速記者を養成するため、速記者候補の者たちが三遊亭圓朝の高座を速記した。その後、多くの速記本が出版されたことは、のちの落語研究に役立っている。また口演されなくなったネタも速記本のおかげで復活口演も可能である。

【袖】舞台の脇。客席からは見えない場所。

【代演】予定されていた出演者のかわりに登場する演者のこと。

【太神楽】色物芸の一つ。もともとは伊勢神宮、熱田神宮などに奉納した芸能。曲芸、獅子舞などがある。

【立て前座】前座の中の一番古株。寄席の楽屋で進行を受け持つ。ネタ帳をつけるのも立て前座の仕事で、得体の知れない新作落語のタイトル（「ガーコン」「冬のそなた」など）には、当時の立て前座がつけたものが随分ある。

【タヌマ】数字の隠語で「七」のこと。田沼家の家紋「七曜紋」より。

【タロ】お金。ギャラの意味でも用いる。

【地域寄席】商店街や有志がプロデュースする地域コミュニティの落語会。町内会館や飲食店などを会場に、ほとんど手弁当で行われる。当然、出演料なども安いが、若手落語家には貴重な勉強の場である。

【地噺】せりふでなく説明でストーリーを進める落語。歴史上の人物を描いた落語などに多く、随所にクスグリを入れ放題なため、爆笑落語になる。「源平盛衰記」「西行」「お血脈」「大師の杵」など。

【つなぎ】寄席などの高座で、次の演者が遅れた時に噺を延ばしたりして、バトンタッチするまでその場を取り繕うこと。

【つばなれ】数字の隠語で「十」のこと。一〜九は、「ひとつ、ふたつ……ここのつ」と「つ」が付くが、十は「とう」で「つ」が離れるから。例：お客がつばなれした（10人来た）。

【テケツ】切符売り場。チケットが訛ってテケツになった。

【出囃子】落語家のテーマソング。登場時に下座さんによる三味線と前座の太鼓で演奏される。笛が入ることもある。長唄をはじめ民謡などをアレンジしたものが多いが、最近では童謡や歌謡曲もあったりする。

【天狗連】素人落語家のこと。大学の落研なども天狗連の一種。

【東京かわら版】毎月一回刊行の演芸情報誌。

【独演会】一人の落語家がメインで開催される落語会。最近では、まったくの独演もあるが、たいていは前座とゲスト一組が入るものが多い。

【ドサ】田舎（地方）のこと。あるいは田舎っぽいこと。ドサ回りは、地方ばかり公演していることの蔑称。

【トリ】寄席などで最後に出演すること。※トリをとる。

【仲入り】公演の途中に入る休憩時間のこと。

【二番太鼓】寄席で、開演間際に、もうすぐ開演ですよとお客さんに知らせるために叩く太鼓。大太鼓と締太鼓を用いる。場合によっては笛も入る。劇場の1ベルに当たる。

【人情噺】①物語をじっくりと聞かせる落語。人間模様や感情表現で客席の涙を誘うような噺。「芝浜」「文七元結」「浜野矩随」など。②長編人情噺。昔はトリの落語家が連続で演じた。「真景累ヶ淵」「お富与三郎」など。

【抜く】芸人が出番を休むこと。

【ネタ】落語などの演目。

【ネタがつく】同じような演目が一日の寄席のプログラムの中に登場してしまうこと。例：「道具屋」と「牛ほめ」は与太郎の出てくる噺なのでネタがついてしまう。

【ネタ帳】ネタがつくことを防ぐために、その日演じられたネタを書いておく帳面。立て前座が記入する。近年では、寄席研究の貴重な資料にもなっている。

【寝床】素人が得意がって芸をやること。落語の「寝床」が語源。落語家でも音曲に凝っている人なんかを、「あの人は寝床だ」と言ったりする。

【のせる】食べること。「大のせ」は大食らいの意味。

【化ける】①芸人が急に芸がよくなり人気となること。②予想外に大入りになること。

【初席】寄席の正月1日から10日までの興行。1年中で一番大入りとなる。

【破門】師匠から縁を切られて、一門をクビになること。前座、二ツ目のうちだと廃業しなくてはならない。

【バレ噺】エッチな噺のこと。

【ビキ】数字の隠語で「二」のこと。足利家の家紋「丸に二つ引き」より。

【ひざがわり】トリのすぐ前の出演者。トリの邪魔にならないように、さらりとやることを要求される。寄席などでは、太神楽、紙切り、音曲などが上がることが多い。

【評論家】演芸評論家。演芸を評論したり、雑誌などに紹介記事を書いたりする職業。それだけではなかなか食えないため専業の演芸評論家は少なく、新聞記者や大学教授が多い。

【ビラ下】招待券のこと。ポスターなどを貼らせてくれた飲食店などに配る。

【披露目】真打昇進や襲名などの特別公演。高座に菰樽などが飾られ、師匠や協会の幹部が並ぶ口上があり、派手な公演となる。

【二ツ目】落語家の階級。通常、前座の次の二番目に上がるから二ツ目と呼ばれる。

【フラ】その芸人がかもし出す独特のおかしさのこと。

【へー】数字の隠語で「一」のこと。

【ホール落語】ホールで上演される落語会。放送局、新聞社、劇場などが主催し、月に一回程度開催されている。

【マクラ】落語の導入部分。落語のテーマにそった小噺などを聞かせる。たとえば、酔っ払いの落語なら、酒の小噺をやったりする。最近では、特に決められた小噺などをやらずに、時事ネタや身辺雑記を語ることもある。

【マンダラ】手ぬぐいのこと。最近の楽屋ではあまり使わないらしい。

【漫談】①一人で時事ネタなどをおもしろおかしくしゃべるお笑い芸。②落語家が落語をやらず、時事ネタや身辺雑記をしゃべること。

【やかん】知ったかぶりをする人のこと。落語「やかん」からくる。

【ヤマ】数字の隠語で「三」のこと。

【ヤワタ】数字の隠語で「八」のこと。

【余一会】大の月の31日に寄席で開催される特別公演。

【余興】①落語家の落語以外の芸。二人羽織や踊りなどの芸。②落語家が行う落語以外の仕事。パーティやイベントの司会や盛り上げ役、紙芝居や南京玉すだれなど。

【楽】10日の寄席興行の最後の日。千秋楽。

【落語事典】落語の演題で落語の内容を知ることができる事典。東大落語研究会編による青蛙房刊のものがもっともポピュラー。他に、保田武宏・著「ライブラリー落語事典」（弘文出版）などがある。

【理事】落語協会、落語芸術協会は社団法人であるため、幹部は「理事」である。

【浪曲】寄席演芸の一つ。三味線を伴奏に、節と語りで物語を綴る。大道芸だったものが明治初年に寄席の高座に登場。大正、昭和に、ラジオとレコードで日本中を席巻した。

【ロセン】男性性器のこと。総じて男性の意味にも用いる。

【ワリ】寄席の出演料のこと。入場料収入を楽屋で割るところからこう呼ばれている。前座と下座さんは定給（一定額の決められた金額）だが、真打、二ツ目は客入りに応じて金額が決まる。

文 稲田和浩 （いなだ・かずひろ）
大衆芸能脚本家

1960年東京都生まれ。日本大学芸術学部演劇学科卒業。タウン誌
記者、コピーライターを経て、86年頃より作家活動を始める。演芸（落
語、講談、浪曲、漫才）の台本、邦楽（長唄、新内、琵琶、端唄など）
の作詞、演劇の脚本、演出などを手がけ、演芸情報誌『東京かわら版』
の編集にも携わっている。また芸能評論や現代風俗、江戸風俗などに
関する執筆、講演などでも活躍している。著書に『食べる落語』（教育
評論社）、『落語が教えてくれる生活の知恵30』（明治書院）、『落語
長屋 噺の処方箋』（アールズ出版）など多数。
http://blog.livedoor.jp/ganbaresinsaku/

イラストレーション / 小野寺美恵
装丁・本文デザイン / 齋藤彩子
校正 / 株式会社円水社
編集 / 入江弘子
　　　吉原朋江（株式会社スリーシーズン）
　　　贄川 雪

ゼロから分かる！
図解 落語入門

発行日　2018年3月25日　初版第1刷発行
　　　　2023年2月25日　　　第4刷発行

発行者　竹間 勉
発行　　株式会社文化ブックス
発行・発売　株式会社世界文化社
　　　　〒102-8195
　　　　東京都千代田区九段北4-2-29
　　　　電話 03（3262）5118（編集部）
　　　　　　 03（3262）5115（販売部）
印刷・製本　株式会社リーブルテック

©Sekaibunka Holdings, 2018. Printed in Japan
ISBN978-4-418-18211-4

無断転載・複写（コピー、スキャン、デジタル化等）を禁じます。
定価はカバーに表示してあります。
落丁・乱丁のある場合はお取り替えいたします。
本書を代行業者等の第三者に依頼して複製する行為は、
たとえ個人や家庭内での利用であっても認められていません。